R 试验设计与数据分析

基于 R 语言应用

主　编　郑　杰
编　委　邓志民　陈　林　崔亦华
　　　　彭进平　魏志钢

·广州·

图书在版编目(CIP)数据

试验设计与数据分析：基于 R 语言应用/郑杰主编．—广州：华南理工大学出版社，2016.8（2022.8 重印）
ISBN 978 - 7 - 5623 - 5057 - 6

Ⅰ.①试… Ⅱ.①郑… Ⅲ.①试验设计 - 高等学校 - 教材②实验数据 - 数据处理 - 高等学校 - 教材　Ⅳ.①O212.6 ②N33

中国版本图书馆 CIP 数据核字（2016）第 197354 号

试验设计与数据分析——基于 R 语言应用
郑 杰　主编

出 版 人：柯 宁
出版发行：华南理工大学出版社
　　　　　（广州五山华南理工大学 17 号楼，邮编 510640）
　　　　　http：//hg．cb．scut．edu．cn　E-mail：scutc13@ scut．edu．cn
　　　　　营销部电话：020 - 87113487　87111048（传真）
责任编辑：欧建岸
印 刷 者：广州小明数码快印有限公司
开　　本：787mm×960mm　1/16　印张：16.5　字数：305 千
版　　次：2016 年 8 月第 1 版　2022 年 8 月第 3 次印刷
印　　数：4 001～5 000 册
定　　价：35.00 元

版权所有　盗版必究　印装差错　负责调换

前　言

　　试验设计与数据分析是数理统计的一个重要分支，主要研究如何制定适当的试验方案以及对试验数据进行有效统计分析的理论与方法，应用十分广泛，受到实际工作者的重视，已成为广大工程技术人员和科研工作者必备的基础知识。从另一个角度看，试验设计与数据分析又是一门实用性很强的课程。绝大部分工程技术人员和科研工作者使用试验设计与数据分析，其目的是解决工程生产或科学研究中的具体问题，因而希望通过具体实例的模仿，不需投入太多时间和额外开销，就可以解决实际问题。

　　试验设计与数据分析涉及大量复杂的计算，如果不使用专门的软件，使用者几乎不能够真正进行试验设计及其数据的分析处理。目前，国内外介绍试验设计与数据分析的书籍大多通过商业软件来介绍，如 MATLAB，Mintab，SPSS，SAS，Excel，Design-Expert，Origin 等，且大多数仅介绍如何使用软件进行数据分析，较少讲授如何使用软件实现试验方案的设计。试验方案设计涉及较多的数学、统计学原理，学生通过课程的学习之后，如果没有试验设计专业软件帮助，仍然难以在实际环境中设计试验方案，这在某种程度上影响了试验设计这一提高产品质量的重要方法的推广使用。

　　本书结合国际流行的自由、免费、开源统计计算和统计制图软件 R 语言介绍试验设计与数据分析。在国外，R 语言已经成为统计计算和统计制图的通用语言，国内近年来也在高校及工业界推广使用。R 语言拥有大量与试验设计及数据分析有关的扩展包与函数，除了开源免费外，其更新速度也非常快，因此结合 R 语言介绍试验设计与数据分析，可以让学习者实时跟进最新的前沿方法而又无需担心版权问题，其优势不言自明。

本书的突出特点体现在两个方面：一是通过 R 语言设计试验方案，二是结合 R 语言实现数据分析。书中提供了大量翔实的案例。学生通过本书的学习后，只需对书中案例程序模仿、修改，就可以解决实际问题。

本书介绍了常用试验设计方法的基本原理、R 语言编程实现试验方案设计及其数据分析处理。主要内容涵盖常见的试验设计方法，如完全随机试验设计、随机区组试验设计、拉丁方试验设计、尧敦方试验设计、正交试验设计、因素筛选的 Plackett - Burman 试验设计、响应面试验设计中的中心复合试验和 Box-Behnken 试验设计、混料试验设计的单纯形格子试验和单纯形重心试验设计等。

本书取材新颖、内容丰富、思路清晰、深入浅出，所有试验设计与数据分析方法均给出了 R 语言程序，有大量翔实的应用实例可供参考，便于教学与自学，可作为制药、化工、食品、生物、材料、轻工、环境、农林等相关专业高年级本科生或研究生教学用书，也可作为工程技术人员、科研人员和教师参考用书。

本书在编写过程中，参考了大量国内外已出版的教材，吸收了它们的许多精华和优点，并引用了其中的一些内容和实例，在此向所有原作者和译者表示感谢。本书使用了数量众多的 R 语言扩展包及其函数，对无私奉献 R 语言及其扩展包的作者们，同样表示衷心感谢。

受作者学识水平及能力所限，尽管做了很大努力，教材中疏漏、不妥甚至是错误之处在所难免，请广大师生及同仁批评指正。

郑 杰

2016 年 4 月·广州大学城

目　录

第一章　试验设计基础 …………………………………… 1
1.1　试验设计概述 ………………………………………… 1
　　1.1.1　试验设计的意义和任务 ……………………………… 1
　　1.1.2　试验设计基本概念 …………………………………… 2
　　1.1.3　试验数据的误差 ……………………………………… 4
　　1.1.4　试验设计的基本原则 ………………………………… 6
　　1.1.5　试验设计的基本类型 ………………………………… 9
　　1.1.6　试验设计的主要内容 ………………………………… 10
1.2　试验设计与数据分析常用工具软件 ……………………… 10
　　1.2.1　商业软件 …………………………………………… 10
　　1.2.2　自由软件——R 语言 ………………………………… 12
1.3　试验设计发展简史 …………………………………… 13

第二章　R 语言基础 …………………………………… 15
2.1　R 语言概述 …………………………………………… 15
　　2.1.1　R 语言特色 ………………………………………… 15
　　2.1.2　R 语言下载与安装 …………………………………… 16
　　2.1.3　R 语言扩展包的安装 ………………………………… 20
　　2.1.4　R 语言帮助的获取 …………………………………… 22
　　2.1.5　R 语言常用的 GUI 程序 ……………………………… 24
2.2　R 语言使用入门 ……………………………………… 26
　　2.2.1　R 语言数据结构 ……………………………………… 27
　　2.2.2　R 语言数据输入与输出 ……………………………… 32
　　2.2.3　R 语言数据管理 ……………………………………… 34
　　2.2.4　R 语言绘制统计图形 ………………………………… 35

第三章　试验数据分析的统计学基础 ………………………… 44
3.1　统计学的基本概念 …………………………………… 44
　　3.1.1　总体与样本 ………………………………………… 44

        3.1.2 变异与误差 …………………………………………… 46
        3.1.3 随机现象与随机变量 …………………………………… 46
        3.1.4 概率与分布 ……………………………………………… 48
        3.1.5 自由度 …………………………………………………… 53
    3.2 试验数据的统计描述 ………………………………………… 53
        3.2.1 描述统计量 ……………………………………………… 53
        3.2.2 集中性统计指标 ………………………………………… 54
        3.2.3 离散趋势的统计指标 …………………………………… 56
    3.3 试验数据的统计推断 ………………………………………… 59
        3.3.1 参数估计 ………………………………………………… 60
        3.3.2 假设检验 ………………………………………………… 65
        3.3.3 重要的参数检验 ………………………………………… 67

第四章 试验数据的方差分析 …………………………………… 74
    4.1 方差分析的基本思想 ………………………………………… 74
    4.2 单因素方差分析 ……………………………………………… 77
        4.2.1 方差分析表的计算 ……………………………………… 78
        4.2.2 均值的多重比较 ………………………………………… 80
        4.2.3 方差分析的假设条件 …………………………………… 84
    4.3 双因素方差分析 ……………………………………………… 88
    4.4 重复测量数据的方差分析 …………………………………… 92
    4.5 方差分析注意事项 …………………………………………… 96

第五章 试验数据的回归分析 …………………………………… 99
    5.1 回归分析概述 ………………………………………………… 99
    5.2 一元线性回归分析 …………………………………………… 100
        5.2.1 一元线性回归模型 ……………………………………… 100
        5.2.2 一元线性回归模型的检验 ……………………………… 102
        5.2.3 利用回归方程进行预测 ………………………………… 106
    5.3 多元线性回归分析 …………………………………………… 107
        5.3.1 多元线性回归模型 ……………………………………… 107
        5.3.2 多元线性回归模型的检验 ……………………………… 108
        5.3.3 自变量选择的方法 ……………………………………… 111

5.4 回归诊断 114
5.5 异常观测值的分析 120
5.6 非线性回归 124
　　5.6.1 多项式回归 124
　　5.6.2 多元非线性回归 127

第六章　完全随机试验设计 131
6.1 完全随机试验设计概述 131
　　6.1.1 完全随机试验设计的含义 131
　　6.1.2 完全随机试验设计的特点 131
6.2 用 R 语言实现完全随机试验设计的方法 132
6.3 完全随机试验数据的分析方法 134
　　6.3.1 t 检验 134
　　6.3.2 方差分析 136
　　6.3.3 多重比较 139

第七章　随机区组试验设计 143
7.1 随机区组试验设计概述 143
　　7.1.1 随机区组试验设计的含义 143
　　7.1.2 随机区组试验设计的适用范围 143
　　7.1.3 随机区组试验设计的特点 144
7.2 用 R 语言实现随机区组试验方案的设计 145
　　7.2.1 自编 R 语言程序实现随机区组试验方案的设计 ... 145
　　7.2.2 R 语言函数实现随机区组试验方案的设计 146
7.3 随机区组试验数据的分析方法 148
7.4 随机区组试验设计应用实例 148

第八章　拉丁方试验设计 156
8.1 拉丁方试验设计概述 156
　　8.1.1 拉丁方试验设计的含义 156
　　8.1.2 拉丁方试验设计的特点 157
8.2 用 R 语言实现拉丁方试验方案的设计 157
8.3 拉丁方试验数据的分析方法 158

8.4 拉丁方试验设计应用实例 ·············· 158

第九章　尧敦方试验设计 ············· 163
9.1　尧敦方试验设计概述 ············· 163
9.2　用 R 语言实现尧敦方试验方案的设计 ············· 163
9.3　尧敦方试验数据的分析方法 ············· 164
9.4　尧敦方试验设计应用实例 ············· 164

第十章　正交试验设计 ············· 168
10.1　正交试验设计概述 ············· 168
10.1.1　正交试验设计的基本思想 ············· 168
10.1.2　正交试验设计的工具——正交表 ············· 169
10.1.3　正交表的性质 ············· 170
10.1.4　正交表的类别 ············· 171
10.1.5　正交试验设计的特点 ············· 172
10.1.6　正交试验的安排 ············· 172
10.2　用 R 语言实现正交试验方案的设计 ············· 173
10.3　正交试验数据的分析方法 ············· 175
10.3.1　直观分析法 ············· 175
10.3.2　方差分析法 ············· 176
10.4　正交试验设计应用实例 ············· 176

第十一章　Plackett – Burman 试验设计 ············· 188
11.1　PB 试验设计概述 ············· 188
11.1.1　PB 试验设计的基本原理 ············· 188
11.1.2　PB 试验设计的特点及其适应范围 ············· 189
11.2　用 R 语言实现 PB 试验方案的设计 ············· 190
11.3　PB 试验设计应用实例 ············· 192

第十二章　中心复合试验设计 ············· 200
12.1　中心复合试验设计概述 ············· 200
12.1.1　中心复合试验设计的基本原理 ············· 200
12.1.2　中心复合试验设计的基本类型 ············· 202

12.1.3　中心复合试验设计的特点 …………………………… 203
12.2　用 R 语言实现中心复合试验方案的设计 …………………… 203
12.3　中心复合试验设计的数据分析 ……………………………… 208
12.4　中心复合试验设计应用实例 ………………………………… 208
　12.4.1　试验方案的设计 ……………………………………… 209
　12.4.2　试验数据的回归分析 ………………………………… 210
　12.4.3　最优试验方案的确定 ………………………………… 212

第十三章　Box-Behnken 试验设计 ……………………………… 223
13.1　Box-Behnken 试验设计概述 ………………………………… 223
　13.1.1　Box-Behnken 试验设计的原理 ……………………… 223
　13.1.2　Box-Behnken 试验设计的特点与应用范围 ………… 224
13.2　用 R 语言实现 Box-Behnken 试验方案的设计 ……………… 224
13.3　Box-Behnken 试验设计应用实例 …………………………… 227

第十四章　混料试验设计 …………………………………………… 235
14.1　混料试验设计概述 …………………………………………… 235
14.2　混料试验设计的类型 ………………………………………… 235
　14.2.1　单纯形格子试验设计 ………………………………… 236
　14.2.2　单纯形重心试验设计 ………………………………… 237
　14.2.3　有上下界约束的混料试验设计 ……………………… 238
14.3　用 R 语言实现混料试验方案的设计 ………………………… 239
14.4　混料试验的数据分析方法 …………………………………… 245
14.5　混料试验设计应用实例 ……………………………………… 246

附录　R 语言扩展包及函数索引 …………………………………… 251

参考文献 ……………………………………………………………… 253

第一章 试验设计基础

试验设计与数据分析是统计学的一门分支学科，它与生产实践和科学研究紧密结合，是进行生产实践和科学研究的重要工具。在工农业生产实践与科学研究中，经常需要通过试验寻找研究对象的变化规律，并通过对变化规律的研究达到各种实用的目的，如提高产量、提高产品性能或质量、降低消耗等。在工农业生产实践与科学研究中要获得客观、理想的结果与结论，必须做到试验设计科学合理，试验实施精心周密，并采用相应的统计方法对试验数据进行分析处理。

1.1 试验设计概述

试验设计与数据分析的任务就是以概率论与数理统计知识为理论基础，在生产实践或科学研究过程中，根据所研究的目的和要求，结合专业知识和实践经验，应用统计学的原理，经济、科学、合理设计试验方案，周密安排试验，有效地控制试验干扰，力求用较少的人力、物力、财力和时间，最大限度地获得丰富而可靠的资料；充分利用和科学地分析所获得的试验数据，从而达到能明确回答研究项目所提出的问题和尽快获得最优方案的目的。因此，试验设计与数据分析是关系到研究工作成败的关键。

1.1.1 试验设计的意义和任务

在科学研究和工农业生产中，为了革新生产工艺，开发新产品，寻求优质、高效、低耗的方法等，特别是新产品试验，未知的东西很多，经常要进行各种试验，以求达到预期的目的。如何合理安排试验，如何对结果进行科学分析，是生产实践、科研工作中经常遇到的现实问题。试验设计的好坏直接影响试验的结果和试验效率。如何做试验，其中大有学问。试验设计得好，会事半功倍；反之则会事倍功半，甚至劳而无功。因此，试验前有必要对试验进行良好设计。

一个科学而完善的试验设计，能够合理地安排各种试验因素，严格控制试验误差，而且能够有效地分析试验数据，从而用较少的人力、物力、财力和时间最大限度地获取丰富而可靠的试验资料和研究成果。具体来讲，试验设计的意义体现在以下几个方面：

(1) 科学合理地安排试验，减少试验次数，缩短试验周期，提高效益。

(2) 能在众多影响因素中分清主次，找出影响指标的主要因素。通过试验设计，分清各个试验因素对试验指标的影响大小顺序，找出主要因素，抓住主要矛盾。

(3) 通过试验设计可以了解因素与水平指标间的规律性，即每个因素水平改变时，指标是怎样变化的。同时，通过试验设计可以了解各试验因素之间的相互影响情况，即因素间的交互作用。

(4) 通过试验设计可分析出试验误差影响的大小，可以正确估计和有效控制、降低试验误差，从而提高试验精度。

(5) 通过试验设计，可以迅速地找出最优生产条件或工艺条件，确定最优方案，并能预测在最优生产条件下或工艺条件下试验指标及其波动范围。通过对试验结果的分析，可以明确进一步试验的研究方向。

1.1.2　试验设计基本概念

在这里首先介绍几个有关试验设计的基本概念，以帮助我们进一步掌握试验设计的原理和方法。

1.1.2.1　试验指标

在试验设计中，根据试验的目的而选定的用于衡量试验结果好坏或处理效应高低的质量指标，称为试验指标，简称指标。由于试验目的的不同，选择的试验指标也不相同。

试验指标可以分为两大类，一类是定量指标，也称为数量指标，它是在试验中能够直接得到具体数值的指标，如强度、硬度、重量、光洁度、精度、寿命、成本、合格率、pH 值等；另一类是定性指标，或称非数量指标，它是在试验中不能得到具体数值的指标，如颜色、味道、光泽、手感等。在试验设计中，为便于分析试验结果，一般把定性指标定量化，例如，可把色泽按不同深度分成不同等级。能用数量表示的指标称为定量指标，不能用数量表示的指标称为定性指标。

在试验过程中，试验指标可以是一个，也可以是多个。前者称为单指标试验设计，后者称为多指标试验设计。无论是单指标还是多指标，试验指标应该通过专业知识来确定。

1.1.2.2 试验因素

对试验指标特征值可能有影响的原因或要素称为因素(factor)，也称为因子，它是进行试验时重点考察的内容。因素一般用大写英文字母 A，B，C，…来标记。把除试验因素以外的其他所有对试验指标有影响的因素统称为条件因素，又称为试验条件。

因素有各种分类方法，最简单的是分为可控因素和不可控因素。可控因素是指人们可以控制和调节的因素，如温度、流量、pH 值等。不可控因素指人们暂时不能控制和调节的因素，如设备的轻微振动、刀具的轻微磨损等。进行试验设计时，一般只考虑可控因素。

只考察一个因素的试验叫单因素试验，考察两个因素的试验叫双因素试验，考察三个或三个以上因素的试验叫多因素试验。

1.1.2.3 因素水平

在试验设计中，为考察试验因素对试验指标的影响情况，要使试验因素处于不同的状态。把试验因素所处的各种状态称为因素水平或试验水平，简称水平或位级。

一个因素选几个水平，就称该因素为几水平因素。例如，某试验中温度 A 选了 30℃ 和 50℃ 二个水平，时间 B 选了 20min，40min，60min 三个水平，就称 A 为二水平因素，B 为三水平因素。因素 A 的第一、二水平通常分别用 A_1 和 A_2 表示(即 $A_1 = 30℃$，$A_2 = 50℃$)，而因素 B 的三个水平通常分别用 B_1，B_2 和 B_3 表示(即 $B_1 = 20min$，$B_2 = 30min$，$B_3 = 60min$)。

1.1.2.4 试验单位

在试验中接受不同处理的试验载体叫作试验单位，也称为试验单元。试验单位往往也是观测数据的单位。

1.1.2.5 试验处理

试验处理是指各试验因素不同水平之间的联合搭配。因此，试验处理也叫因素的水平组合或组合处理。在单因素试验中，水平和处理是一致的，即一个水平就是一个处理。在双因素或多因素试验中，由于因素和水平较多，可以形成若干个水平组合。例如，研究两种不同温度(A_1，A_2)和三种不同时间(B_1，B_2，B_3)对某反应的影响，则形成 A_1B_1，A_1B_2，A_1B_3，A_2B_1，A_2B_2 和 A_2B_3 六种水平组合，该试验共有六个处理。

多因素试验中，由于因素水平较多，可以形成多个因素各个水平的组合(处理)，每一种组合就是一个处理，各因素水平的乘积就是全部试验处理数。如3因素3水平试验共有 $3 \times 3 \times 3 = 27$ 个处理。

1.1.2.6 全面试验

对试验因素的所有水平组合都进行实施的试验方案称为全面试验。全面试验能够获得全面的试验信息，无一遗漏，各因素及各级交互作用对试验指标的影响剖析得比较清楚，又称为全面析因试验。但是随着试验因素和水平的增多，试验处理数目会剧增，全面试验次数也就急剧增加。当还要进行重复试验时，试验规模就非常庞大，以致难以实施。因此，全面试验通常适用于因素和水平数目都不太多的试验。

1.1.2.7 部分实施

随着因素数量和因素水平的增多，所有因素及水平组合的数目即试验的处理数急剧增加，全面试验往往难以实施，即使能够实施，全面试验也不是一个经济有效的方法。为此，在实际试验研究中，大多采用部分实施方法。所谓部分实施就是在保证能估计全部主效应和小部分低阶交互作用的前提下，从全面试验中选取部分有代表性的处理进行实施。

从某种意义上来讲，试验方案设计的主要任务，就是采用不同的选取原则，从全面的因素水平组合中，挑选部分处理构成合适试验方案的过程。

1.1.3 试验数据的误差

众所周知，任何试验所得的结果(数据)总是存在差异，即使在同一条件下进行重复试验或重复取样，所得的数据也不完全一样。影响试验结果的原因很多，并且这些原因不是同等重要，而是有主有次、有大有小。如果抓住一些重要因素加以控制，使这些因素固定在我们希望的水平上，从理论上讲，它们对试验结果的影响也是固定的，以 m 表示。而对那些次要因素不加控制，将它们对试验结果的影响归为一项，称为误差项，以 ε 表示。因此，任何一个试验结果数据 X 都可分解为两部分，即 $X = m + \varepsilon$。其中 m 为被控因素(即影响指标的主要因素)对指标的影响之和，它是某一生产条件下所得指标应有的理论值(真值)。ε 是误差项,它是整个生产过程中许多未加控制因素(随机因素)对试验结果的影响之和,称为随机误差。

任何一个试验数据都不可避免地包含实验误差 ε,它的大小决定试验数据的精度,并直接影响试验结果分析的可靠性。试验设计的一个重要任务就是设法减少试验误差 ε,从而提高对试验结果分析的精确性和判断的准确性。

试验数据误差来源于以下几个方面:

①材料。试验中所用的试验材料在质量和纯度上不可能完全一致,即使是同一包装内的产品,有时也会存在某种程度的不均匀性。可见,试验材料的差异在一定范围内是普遍存在的。这种差异会对试验结果带来影响,产生误差。

②仪器设备。仪器误差是客观存在的,不可避免的。仪器的精密度是有限的,长期使用的仪器会老化等,均会使试验结果产生误差。

③环境条件。环境因素主要包括温度、气压、振动、光线、电磁场、海拔高度和气流等。试验条件对试验的影响是十分重要的,试验在完全相同的条件下进行,才能得到可靠的结果。但是,实际上难以控制环境因素,特别是试验周期较长时,受环境影响的可能性就更大了。环境的变化还可能影响到实验材料的性质和试验仪器的性能,从而引起误差。

④操作。由于试验操作人员的某些生理特点和固有习惯,均会带来操作误差。

根据误差的性质,误差可分为两种类型:

①随机误差。随机误差是由于在试验过程中一系列有关因素的细小随机波动而形成的具有相互抵消性误差。它决定试验结果的精密度。

随机误差在一次试验中是没有规律的,但在多次试验中具有统计规律性。随机误差是无法严格控制的,是不可避免的。试验人员可设法将其大大减小,但不可能完全消除。

②系统误差。系统误差是在一定条件下,由某个或某些因素按照某一确定的规律起作用而形成的误差。它决定了试验结果的准确度。系统误差是有规律的,是可以设法避免或通过校正加以消除的。

总之,试验过程中出现误差是不可避免的,但又必须设法尽量减小误差。否则,有可能产生"假数据真计算"现象。如何尽可能地减小试验误差呢?这需要在试验过程中,遵循试验设计的基本原则。

1.1.4 试验设计的基本原则

在试验设计中，为了尽量减少试验误差，就必须严格控制试验干扰。所谓试验干扰，就是指前面讨论的试验误差来源的四个方面的因素。这些干扰的影响是随机的，有些是事先无法估计的，并且试验过程中也无法控制的。

为了保证试验结果的精确度，各种试验组合处理必须在基本均匀一致的条件下进行，即应尽量控制或消除试验干扰的影响。控制和消除试验干扰的方法，就是严格遵循试验设计的四个基本原则，即重复、对照、随机和局部控制。

1.1.4.1 重复原则

试验误差是客观存在和不可避免的，试验设计的任务之一是尽量减少误差和正确估计误差。若某试验条件下只进行一次试验，那么就无法从一次试验结果中估计随机误差的大小。只有重复试验才能利用同一条件取得的多个数据的差异，把随机误差估计出来。试验重复次数越多，试验的精度也就越高。虽然强调试验的重复，但并非盲目地追求反复进行试验。没有正确的试验设计方法为指导，再多次的重复也无助于减少试验误差，反而造成人力、物力、财力和时间的大量浪费。

重复是指在相同的试验条件下，进行两次或两次以上独立的试验。重复试验的目的在于估计和减小随机误差。许多试验都属于随机试验，其结果不能事先准确断定。就一次试验而言，看不出有什么规律，要想比较正确地反映随机试验结果出现的一般规律，必须进行大量的独立重复试验。因此，重复的作用就是确保能真实地反映随机变量的统计规律性。重复实际上就是说试验要能经得起考验。例如，只有某个人做出了阳性结果，其他人都做不出来，这也说明不了试验有多好。其实，重复在某种意义上跟样本量是差不多的。如果试验只有 1 例，比如用某种药治疗一人，结果治愈，就贸然下结论说该药治愈率是 100%，是不是有些唐突？但是，如果治疗了 1 万例，仍然都治愈，这时说治愈率 100%，是不是更令人可信？

重复试验必须在"局部控制"的前提下进行。此外，相同条件下的重复试验不能发现和减小系统误差，只有改变试验条件才能发现或减小系统误差。

1.1.4.2 对照原则

在确定接受处理因素的试验组时，应同时设立对照组。只有设立了对照，才能消除非处理因素对试验结果的影响，从而把处理因素的效应分离出来。

设立对照的常用形式有：

①空白对照，对照组不施加任何处理因素。

②安慰剂对照，对照组采用一种无药理作用的假药，它在药物剂型或处置上不能为受试者识别，称安慰剂。

③实验对照，对照组不施加处理因素，但施加某种与处理因素有关的实验因素。

④标准对照，用现有标准方法或常规方法做对照。这种对照在临床试验中用得较多，因为很多情况下不给病人任何治疗是不符合医德的。另外，还可用于某种新的检验方法是否能代替传统方法的研究。

⑤自身对照，对照与试验在同一受试对象进行，如以病人用药前后的血压值作对比。

⑥相互对照，几种处理(或水平)互为对照。

1.1.4.3 随机原则

在试验过程中，往往人为地有次序地安排试验而引起系统误差。试验结果中一旦含有系统误差，就不能通过任何数据处理的方法来消除，从而严重影响试验数据的准确性，有时甚至使试验做不出正确的判断而归于失败。在试验设计中，遵循随机原则是消除系统误差的有效手段。

所谓随机原则，就是在试验中对试验的顺序和步骤按随机性原则来安排，使每一个组合处理及其每一个重复都有同等的机会被安排在某一特定的空间和时间环境中，保证试验条件在空间和时间上的均匀性。

随机可消除系统误差，使系统误差转化为随机误差，从而可正确和无偏地估计试验误差，并可保证试验数据的独立性和随机性，以满足统计分析的基本要求。但它必须在设置适当次数重复的基础上才能发挥作用。

随机的主要目的是为了试验对象的均衡分布。试验设计随机原则，是因为只有将影响试验的其他因素在各个组间分布达到均衡，才能将组间试验结果出现差异的原因归结于干预的因素，即所考察的因素。比如，要比较两种药物对患者治疗的疗效，如果两组病人的病情不均衡，即便在试验结果上表现出两个药物组之间有差异，也无法得到这种差异是由于采用不同药物进行治疗所导致,也可能是因为病情轻重不同所致,因此无法得到结果或结论。当根据患者病情轻重的不同,随机地进行分组,使得两组患者在使用药物治疗之前,病情程度这一干扰因素在两组中的分布达到均衡,当试验结果表现出差异时,才可能得出是由于药物的不同这一考察因素所带来的疗效差异这一结论。

1.1.4.4 局部控制原则

做一次试验,总是希望试验条件(即试验因素以外的所有其他条件,又称条件因素)基本上保持一致,这样得到的试验结果才可以直接看出试验因素对试验指标的影响情况,因素的不同水平之间才具有可比性。那么,如何使试验条件基本保持一致呢?

任何一项试验都是在一定的时空范围内进行的,而不同时空范围内的试验条件是有差异的。试验次数越多,所占的时空范围就越大,试验条件之间的差异也就越大。反之,试验时空范围越小,试验条件越均匀一致。如果我们把一项试验范围划分为几个小的范围——区组,使得每个区组内试验条件尽可能均匀一致,每个区组内各处理的试验顺序随机安排,这样每个区组内的试验误差就大大减小。虽然区组间的试验条件差异较大,但可用适当的统计方法来处理。这种安排试验的方法称为局部控制,也称局部管理。

实施局部控制时,究竟如何划分区组,则应根据具体情况确定。例如,可以根据时间、空间、仪器设备、操作人员等划分区组。

在实际应用中,试验设计的四个原则是相辅相成、相互补充和融为一体的,从而能控制试验干扰,保证试验条件均匀一致,提高试验精度,减少试验误差。再结合适当的统计分析方法,就能准确地评价试验因素的作用,正确地估计试验误差,作出可靠的推断,从而获得正确的结论。

☞**例1-1** 用A,B,C三种方法测定维生素C,由甲、乙、丙三人操作,每个试验重复3次,共9次试验(即9个处理),目的是评价三种方法的好坏。表1-1例出了三种试验设计方法。

表1-1 试验设计的随机化及局部控制原则

试验安排	规则设计			完全设计化设计			随机化局部控制设计		
	甲	乙	丙	甲	乙	丙	甲	乙	丙
试验处理	AAA	BBB	CCC	ABB	BCC	CAA	ABC	BCA	CAB

很显然，规则设计所带来的试验误差将会非常明显，随机化局部控制设计的误差最小。试验设计的基本原则不是空头理论，它就存在于我们的身边，我们在进行试验时，尽管可能没有系统学过试验设计，但已经在不自觉地运用了。

1.1.5　试验设计的基本类型

试验的类型很多，依照因素数量分类是重要方法之一。这里所指的因素不是指处理，而是指需要通过统计学初级分析回答的问题。例如，单纯比较四个不同药物（四个处理）的降血压效应，只需要回答处理间（组间）差异有无统计学意义，这就属于单因素试验，四个不同药物只是一个因素的 4 个不同水平。倘若除回答处理间差异意义外，还需要考察五种不同类型的高血压的病人对降血压的影响，则需要回答的问题有两个，此时属于两因素试验。如果除回答前两个问题外，还需要考察三个不同年龄阶段的高血压病人对降压的影响，那么需要回答的问题有三个，就属于三因素试验。若除了前述三个问题外，还需要回答性别对降压的影响，需要回答的问题就有四个，就属于四因素试验。至于组间有差异，若需要了解哪个（或哪些）两两之间差异有无统计学意义，则需要进一步的统计学分析处理。这不作为因素考虑。

单因素试验设计包括完全随机设计、配对设计（配对条件不作为因素考虑）和序贯设计。两因素试验设计包括配伍组（随机取组）设计、均衡不完全配伍组设计、配对设计（配对条件作为因素考虑）和两层次分组设计。三因素以上的试验设计可采用拉丁方设计、尧敦方设计、裂区设计、析因设计、正交设计、均匀设计、配方设计、响应面设计等。

多因素多水平研究不仅要回答因素的主次，而且要回答交互作用与最佳组合。前面已经指出多因素的设计方法主要有析因设计、正交设计和均匀设计三种。析因设计是全面考虑，全部实施，工作量大，故一般仅用于简单的多因素多水平试验。正交设计是全面考虑，部分实施，工作量小于析因设计，故一般多因素多水平研究常用这种设计。均匀设计是均匀分散，代表性强，工作量还少于正交设计，但统计分析比较复杂，适用于水平数大于 4 的多因素多水平研究。

1.1.6 试验设计的主要内容

试验设计的主要内容应包括以下三个方面：

第一，试验方案的设计。这里首先要明确试验的目的，确定要考察的因素以及它们的变动范围，然后根据目的设计出合理的试验方案。

第二，试验的具体实施。按照设计出的试验方案，尽可能排除干扰，实地进行试验，取得必要的试验结果数据。

第三，试验数据的分析处理。根据统计学原理，对试验所得数据进行统计分析，判定所考察的因素中哪些是主要的，因素应处于何种水平，从而确定出最好试验条件，即最优试验方案。从这个意义上来讲，试验设计本身就是试验的最优化设计。

1.2 试验设计与数据分析常用工具软件

试验设计和数据分析往往涉及大量复杂的计算，如果不采用软件进行，几乎不能够真正进行试验设计及其数据的分析处理。

1.2.1 商业软件

1.2.1.1 SAS

SAS 是美国 NORTH CAROLINA 州立大学 1966 年开发的商业统计分析软件。1976 年 SAS 软件研究所（SAS INSTITUTE INC）成立，开始进行 SAS 系统的开发、销售、人员培训和维护工作。后来开发出许多版本，并经过多年来的完善和发展，目前 SAS 系统在国际上已被誉为统计分析的标准软件，在各个领域得到广泛应用。SAS 有专门的模块用于试验设计。

1.2.1.2 JMP

JMP 同属统计软件，是供应商 SAS 集团旗下的桌面统计分析软件。JMP 的试验设计内容完整，除了包括部分因子、完全因子、响应面设计、扩充设计、混料设计和田口设计等传统试验设计外，还包括空间填充、非线性和定制设计等高级试验设计。JMP 的试验设计功能强大，除了整合传统的统计建模、图形展示等分析方法外,还融入了模拟、数据挖掘等独特方法,强化分析效果。另外,JMP 的试验设计实现方便,因子的数量、水平的数量、试验的次数等都可以自定义,用户能够根据实际问题的要求构建试验。

1.2.1.3 SPSS

SPSS 是软件英文名称的首字母缩写,原意为 Statistical Package for the Social Sciences,即"社会科学统计软件包"。随着 SPSS 产品服务领域的扩大和服务深度的增加,SPSS 公司已于 2000 年正式将软件英文全称更改为 Statistical Product and Service Solutions。SPSS 长于数据统计分析,其为菜单模式,入门要求低,操作相对容易。但是 SPSS 没有专门的模块进行试验方案的设计,主要使用其数据的统计分析功能,用于试验数据的分析处理。

1.2.1.4 MATLAB

MATLAB 是美国 Math Works 公司出品的商业数学软件,包括 MATLAB 和 Simulink 两大部分。将数值分析、矩阵计算、科学数据可视化以及非线性动态系统的建模和仿真等诸多强大功能集成在一个易于使用的视窗环境中,为科学研究、工程设计以及必须进行有效数值计算的众多科学领域提供了一种全面的解决方案,并在很大程度上摆脱了传统非交互式程序设计语言(如 C 语言、Fortran 语言)的编辑模式,代表了当今国际科学计算软件的先进水平,广泛地应用于科学计算、控制系统、信息处理等领域的分析、仿真和设计工作。MATLAB 有专门用于试验设计的工具箱,当然也可以通过编写相应程序进行试验设计与数据分析。

1.2.1.5 S-PLUS

S-PLUS 是 S 语言实现的商业版本。S 语言是由 ATT 贝尔实验室开发的一种用来进行数据探索、统计分析、作图的解释型语言。它丰富的数据类型(向量、数组、列表、对象等)特别有利于实现新的统计算法。S-PLUS 可以通过编程与菜单结合的方式进行数据分析及作图,其交互式运行方式、强大的图形及交互图形功能,使用户可以方便地探索和分析数据。

1.2.1.6　Minitab

Minitab 是美国宾州大学研制的国际上流行的一个商业统计软件包，是现代质量管理统计的领先者，以其强大功能和简易的可视化操作深受广大质量学者和统计专家的青睐。Minitab 有专门的试验设计菜单，使用起来非常简单易懂。

1.2.1.7　Design-Expert

Design-Expert 是专门用于试验设计与数据分析的商业软件。Design-Expert 是易于使用、功能完整、界面最具亲和力的软件。在已经发表的有关响应曲面优化试验的论文中，Design-Expert 是广泛使用的软件。Plackett-Burman（PB）、Central Composite Design（CCD）、Box-Behnken Design（BBD）是最常用的实验设计方法。

目前，国内试验设计与数据分析相关教材大多是通过商业软件来介绍，使用商业软件涉及版权问题。大部分学校尤其是一些地方院校基本上都没有购买这些商业软件的版权，采用商业软件进行课程的讲授，导致学生广泛使用没有版权的软件，在一定程度上也使得软件盗版的现象更加严重，同时也是在为这些商业软件做免费广告，不利于国家版权相关法律法规的执行。使用商业软件进行教学，但无其使用版权，也进一步阻碍了试验设计这一提高产品质量的重要方法在企业，尤其是在中小企业的推广使用，将间接影响我国工农业产品质量的提高。

1.2.2　自由软件——R 语言

R 语言是属于 GNU 系统的一个自由、免费、源代码开放的软件，它是一个用于统计计算和统计制图的优秀工具。R 语言是用于数据分析和图形展示的语言、平台和环境，其官方机构每年都会举办"useR!"会议，各个国家及地区也定期有 R 用户的交流活动，国内近几年来每年召开一次 R 语言会议。在国外，R 语言已经成为统计计算和统计制图的通用语言，国内近年来也在高校及企业界推广使用。R 语言的应用领域非常广泛，在电商、互联网、金融、医疗、生物医学等领域有着广泛的应用前景。

R 语言具有非常多可用于试验方案设计的扩展包及相应函数，通过这些扩展包或函数，可以非常简便地完成诸如完全随机试验设计、随机区组试验设计、拉丁方试验设计、尧敦方试验设计、析因试验设计（如因素筛选的 Plackett – Burman 试验设计)、正交试验设计、响应面试验设计(中心复合试验设计、Box-Behnken 试验设计等)、混料试验设计等。除了免费开源的优越性之外，R 语言更新速度也非常之快，可以让我们能够实时跟进最新的前沿方法。

本书就是结合自由、免费、开源的 R 语言，对试验设计与数据分析进行介绍。在介绍试验设计基本原理的基础上，重点介绍如何通过 R 语言实现试验方案设计以及相应的试验数据分析方法，使读者在学习本门课程之后，除了理解基本理论知识外，还能够举一反三，直接在科学研究或生产实际中进行应用。

1.3 试验设计发展简史

试验设计作为相对独立的一门学科，既是应用数学的一个新分支，也是试验优化的一个重要组成部分。

试验设计与分析的创始人是英国农学家、遗传学家、统计学家 R. A. Fisher(1890—1962)，他在 20 世纪 20 年代至 40 年代初，运用均衡排列的拉丁方解决了长期未能解决的试验条件不均匀问题，建立了试验设计方法和方差分析。Fisher 作为统计学家，其统计研究始终和农业科学、生物学、遗传学研究紧密联系在一起，创立了试验设计，并将这一方法应用于农业生产，使农业大幅度增产。在试验设计的发展道路上，Fisher 创立的传统试验设计是第一个里程碑。

20 世纪 30 年代和 40 年代，英、美、苏等工业化国家将试验设计及其分析方法推广到工业领域，如采矿、冶金、建筑、纺织、机械和医药等行业，取得了很好的经济效益。

二次世界大战后，日本从英、美引进了这一技术。田口玄一博士在试验设计的基础上，于 1949 年创造了"正交试验设计"方法。1952 年田口玄一在日本东海电报公司通过正交表进行正交试验取得成功。之后，正交试验设计方法在日本工业生产中得到了迅速推广。在 1952 年至 1962 年的 10 年间，试验项目达到了 100 万项，其中三分之一的项目取得了十分明显的效果，并获得了极大的经济效益。在日本，正交试验设计技术已经成为企业界、工程技术界的研究人员和管理人员的必备技术知识，已经成为工程师共同语言的一部分。在正交试验设计的基础上，田口玄一又提出了信噪比设计和产品的三次设计(即系统设计、参数设计和容差设计)，使多因素试验能够部分实施，并解决了产品和工艺过程中的稳健性问题。

在二次世界大战后，日本的工业飞速发展的原因之一，就是在工业领域里普遍推广和应用正交试验设计及产品质量设计。日本的电子产品能够打进美国市场且畅销世界的秘诀之一，就是运用了正交试验设计和产品三次设计这个得力工具。因此，日本把正交试验设计技术誉为国宝是有一定道理的。

我国从20世纪50年代开始研究试验设计这门科学。20世纪60年代末，中国科学院统计数学研究室在正交试验设计的观点、理论和方法上都有新的创见，编写了一套较为适应的正交表，创立了简单易懂的正交试验设计法。许多科研、生产单位和高等院校应用正交试验设计方法解决了不少科研生产中的关键问题。

中国学者王元、方开泰等于1978年根据原七机部三院三个不同型号导弹指挥仪数学模型研制的要求，创立了均匀试验设计方法。均匀试验设计是国际统计学领域中一种全新的试验设计理论与方法，被用于计算机仿真试验和农业、工业、医药和高技术创新等领域中"模型未知的稳健试验设计"。

试验设计学科的发展历史不长，却渗透到工农业生产和科学研究等各个领域，体现了它强大的生命力，为工、农业生产和科学研究的发展作出了巨大贡献，已经成为科技工作者必须掌握的一门技术。

思考与练习

1. 什么是试验设计？介绍试验设计的几种常用类型。
2. 试述试验设计在科学研究和工农业生产中的作用与地位。
3. 试验为什么要进行设计？试验设计包括哪几方面的内容？
4. 试验设计的四个基本原则是什么？简述它们的作用与相互关系。
5. 引起试验误差的原因有哪些？
6. 简述试验设计的发展简史。

第二章 R语言基础

R语言是自由软件界使用最为广泛的统计计算与统计作图工具,是一种专门为统计计算和图形显示而设计的语言环境,由贝尔实验室(Bell Laboratories)的 Rick Becker,John Chambers 和 Allan Wilks 所开发的 S 语言演化而来。S 语言诞生于 20 世纪 70 年代,是一种用来进行数据探索、统计分析、作图的解释型语言。R 语言则属于 GNU 系统的一个自由、免费、源代码开放的软件,其核心计算模块是用 C、C++ 和 Fortran 等语言编写的。R 语言的创始人是奥克兰大学的 Ross Ihaka 和 Robert Gentleman,由于这两位"R 之父"的名字都以 R 开头,所以称之为 R 语言。

2.1 R语言概述

2.1.1 R语言特色

R 语言是一个开源的项目,由一个庞大而且活跃的全球性研究社区维护。R 语言已经成了统计、预测分析和数据可视化的通用语言,它提供各种用于处理分析数据的方法,从最基础的到最前沿的,无所不包。R 语言早期主要是学界的统计学家在使用,后来逐渐被其他很多领域的学者所用,许多研究院、公司和大学在使用 R 语言。R 语言有着各种不同的应用领域,包括统计分析、应用数学、计量经济、金融分析、财经分析、人文科学、数据挖掘、人工智能、生物信息学、制药、数据可视化等。

近几年来,由互联网引发的大数据让工业界逐渐认识 R 语言,越来越多有工程背景的人加入 R 语言的使用及开发队伍,R 语言开始向全领域发展,逐步实现工业化的要求。现在,R 语言已经不仅仅是学术界的语言,也是工业界必备的语言。

市面上有很多其他的商业统计计算与统计制图软件，如 SAS，MATLAB，SPSS，Minitab，EXCEL 等，与它们相比，R 语言具有哪些优势呢？

（1）多数商业软件价格昂贵，动辄需要投入成千上万美元，而 R 语言是免费的。

（2）R 语言是全面的统计分析处理平台，提供了各种各样的数据分析技术，几乎所有类型的数据分析工作均可以在 R 语言中完成。

（3）R 语言拥有顶级水平的制图功能，几乎可以进行任何数据的可视化展示。

（4）R 语言是一个可进行交互式数据分析和探索的平台，任意一步分析的结果均可被轻松保存、操作，并作为进一步分析的输入。

（5）R 语言可以从各种类型的数据源导入数据，包括文本文件、数据库、统计软件，乃至专门的数据仓库，同样也可以将数据输出并保存到这些系统中。

（6）在 R 语言上可使用一种简单而直接的方式编写新的统计方法，R 语言是一套十分自然的语言。

（7）R 语言囊括了其他软件尚不可用的、先进的统计计算实例；在 R 语言中新方法的更新非常快。

（8）R 语言的维护者开发有各种各样的 GUI(Graphical User Interface)图形用户界面，GUI 工具通过菜单和对话框提供了与 R 语言同等的功能。

（9）R 语言可运行于多种平台，包括 Windows，Linux 和 MacOSX。

2.1.2　R 语言下载与安装

要使用 R 语言，首先需要将 R 语言安装到计算机上。R 语言可以在 CRAN 网站免费下载，其链接地址为：http://cran.r-project.org/，图 2-1 显示的是 R 语言的 CRAN 社区网页。针对 Windows，Linux 和 MacOSX 等不同操作系统平台，都有相应预编译的二进制版本。根据平台的不同下载对应的文件，按照安装说明进行安装即可。R 语言软件升级比较频繁，大约一个季度就会升级一次，用户可以在 CRAN 网站下载最新版本进行安装，以便能够使用其最新的功能。

第二章　R语言基础

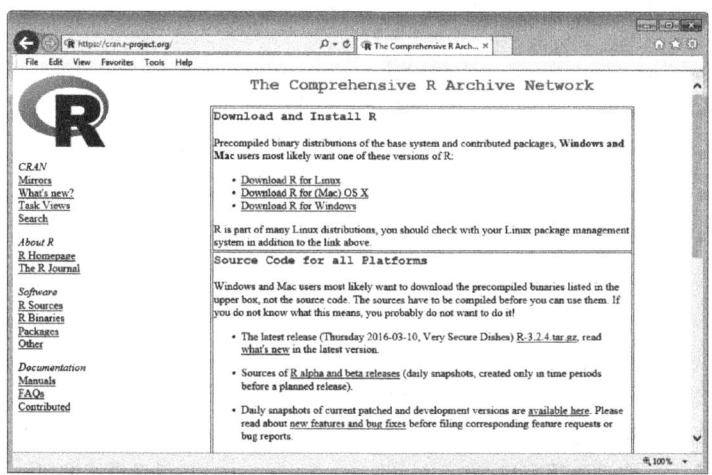

图2-1　R语言CRAN社区网页

在Windows计算机上安装R语言,可以按如下步骤进行:

从CRAN上先下载最新的R语言版本。

在Windows操作系统上安装R语言程序,如同安装其他Windows系统的应用软件一样简单:双击安装文件,选择安装提示语言(如英语,见图2-2),单击"OK"按钮进入安装向导窗口,单击"Next"进入"Information"窗口,可浏览相关信息,再单击"Next"进入"Select Destination Location"窗口,可以单击"Browse"选择安装目录,默认安装目录为"C:\Program Files\R\R-3.2.4"(现以安装R-3.2.4版本为例),然后单击"Next"按钮进入"Select Components"窗口(见图2-3),根据所要安装的计算机性能选择相应组件,选择后,单击

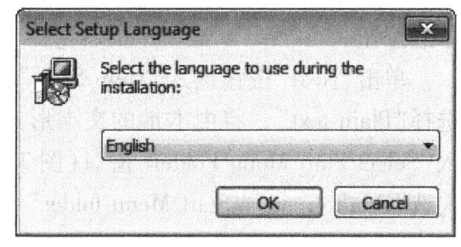

图2-2　R语言安装步骤1:选择安装语言窗口

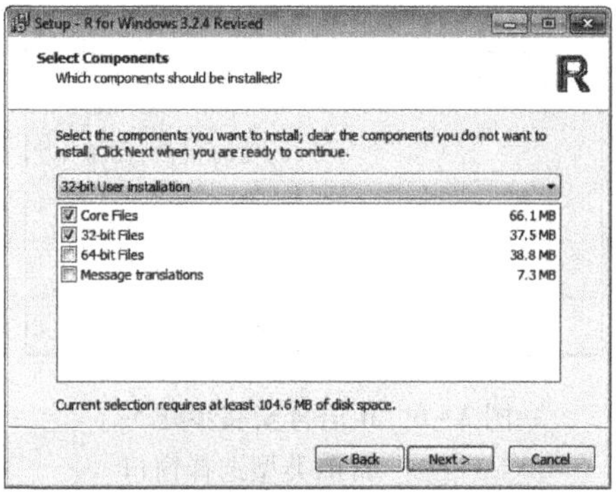

图2-3　R语言安装步骤2:选择安装组件窗口

17

"Next"按钮进入"Startup options"窗口(图 2 - 4)。

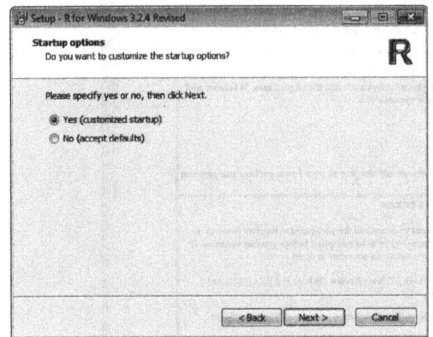

图 2 - 4　R 语言安装步骤 3：
　　　　启动选项窗口

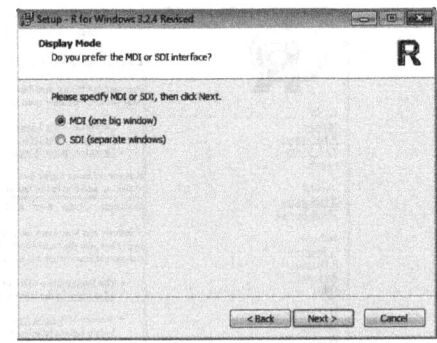

图 2 - 5　R 语言安装步骤 4：
　　　　显示模式窗口

在"Startup options"窗口中，可选择"Yes(customized startup)"或"No(accept defaults)"单选按钮。如果选择默认选项，以后的帮助文件将有网页提供。可以选择 Yes 后单击"Next"按钮进入"Display Mode"界面(图 2 - 5)。在这个窗口中选择"MDI(one big window)"或"SDI(separate windows)"单选按钮。

单击"Next"按钮进入"Help Style"窗口(图 2 - 6)。在这个窗口中，如选择"Plain text"，将由本地的文本形式提供帮助文件。单击"Next"按钮进入"Select Start Menu Folder"窗口(图 2 - 7)，选择创建开始菜单的位置，若勾选"Don't create a Start Menu folder"，将不创建开始菜单。

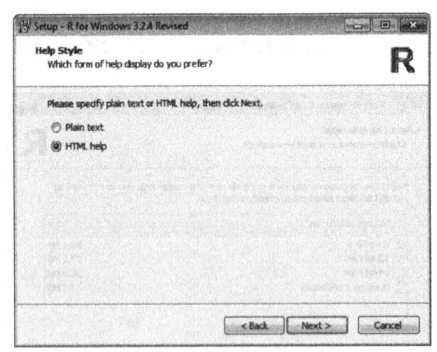

图 2 - 6　R 语言安装步骤 5：
　　　　帮助类型选择窗口

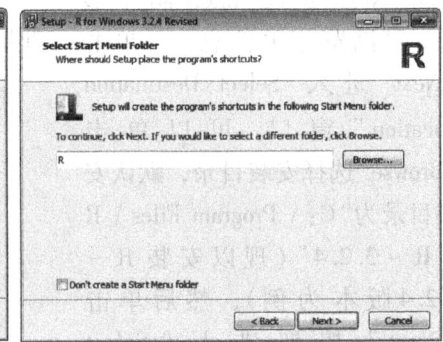

图 2 - 7　R 语言安装步骤 6：
　　　　开始菜单创建窗口

单击"Next"按钮进入"Select Additional Tasks"窗口(图 2-8),再单击"Next"按钮进入安装状态(图 2-9),稍等片刻,R 语言就安装好了。

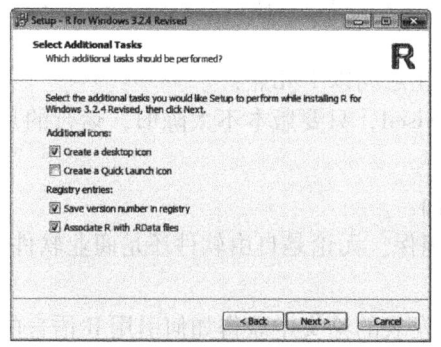

图 2.8　R 语言安装步骤 7：
其他安装任务窗口

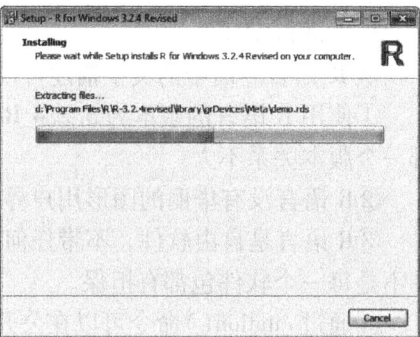

图 2-9　R 语言安装步骤 8：
安装状态

R 语言安装完成之后,可以在开始菜单找到 R 语言的程序菜单,或者通过桌面的图标启动 R 语言。启动之后,R 语言程序的窗口界面如图 2-10所示。这是进行 R 语言程序所有操作的起点。

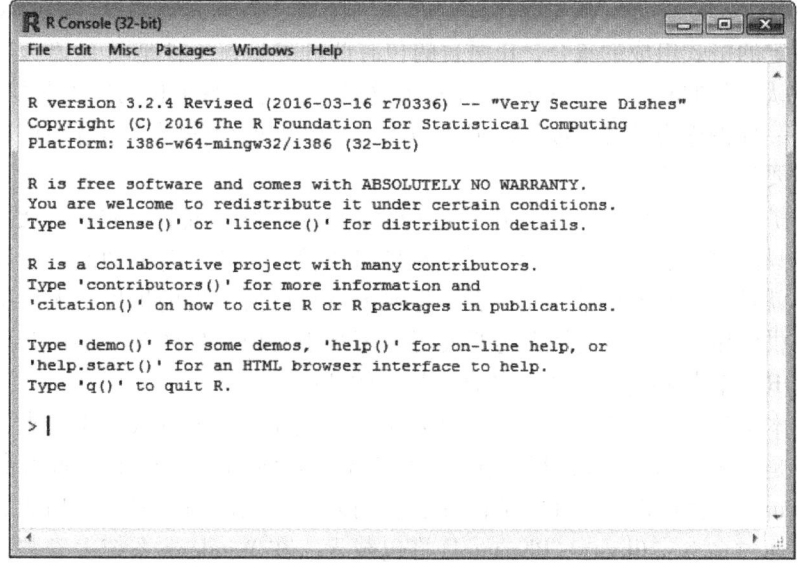

图 2-10　R 语言 3.2.4 Revised 版本界面

如果要将 R 语言安装到非 Windows 操作系统上，如 MacOS 或 Linux 系统上，可以下载相应系统平台对应的二进制文件，根据 CRAN 网站上的安装指引进行安装。当然也可以下载源代码，在自己的系统平台上进行编，译然后再进行安装。

从 R 语言界面中的文字描述可以注意到以下几点：

①使用 R 语言的版本为 3.2.4 Revised，只要版本不太陈旧，运行的是哪一个版本关系不大。

②R 语言没有华丽的图形用户界面。

③R 语言是自由软件，不带任何担保。无论是自由软件还是商业软件，并不是每一个软件包都有担保。

④通过 citation( )命令可以在公开发表的论文中获得如何引用 R 语言的信息。

⑤命令提示符号">"和光标。

2.1.3 R 语言扩展包的安装

R 语言的功能是通过包来实现的。所谓 R 语言的包，实际上就是为了完成某些特定任务，事先编写好的一系列函数、数据、预编译代码，以一种特定的格式组成的集合。R 语言的包有两种类型，一种是随 R 语言安装时默认安装的基础包，在 R 语言安装过程中，这些基础包已经安装好了；另外一种被称为扩展包或用户捐献包，这一类型的包需要使用者根据自己的需要另行安装。

扩展包大部分可以通过 R 语言 CRAN 网站下载，安装也非常方便。扩展包只需要安装一次，以后只需加载即可以使用。R 语言的功能之所以强大，就是因为有各种社区支持者、志愿者将自己所开发的扩展包无偿捐献出来供使用。R 语言使用者与开发者均可基于自由软件的开发协议开发自己的 R 语言扩展包，用于封装自己特定的功能。

本地计算机上存储包的目录是 R 语言安装路径下的 library 文件夹，也可以是用户自定义的路径。在 R 语言启动界面的命令行下，输入命令"library( )"就可以显示在本地已安装包的列表。在使用扩展包的功能之前需要通过命令：library("PKname")将包载入。在 Windows 系统上安装好 R 语言后，有多种方式可以安装所需要的扩展包，建议采用下述的第二种或第三种方式进行 R 语言扩展包的安装。

方式一：手动下载和安装扩展包。这种安装方式需要先将扩展包从

CRAN 网站下载下来。用于 Windows 系统的 R 语言扩展包都是 zip 文件，下载的 zip 文件不需要解压。启动 R 语言后在 packages 菜单选择从本地文件安装包，选择所下载的 zip 文件即可将该包安装好。需要注意的是，手动下载安装 R 语言扩展包可能会遇到一些问题，因为 R 语言扩展包可能依赖于另外一个扩展包，后者又不在基础包中，所以也需要下载并安装这些扩展包。手动下载安装扩展包的方式可能会在使用扩展包的时候因为依赖包没有安装而出现问题。任何依赖于其他包的扩展包，在网站上均会提及。

方式二：在 R 语言里自动下载并安装扩展包。在计算机连接网络的情况下，启动 R 语言，在菜单栏里选择 packages 菜单，选择 install packages，在选择合适的镜像站点后，将会出现一个扩展包的列表，根据需要选择相应的扩展包就可以安装了。这种安装扩展包的方式其依赖包会同时安装好。

方式三：根据 R 语言任务视图安装某一类扩展包。在 R 主站 CRAN 对所有扩展包进行了任务分类，其链接地址为 http://cran.r-project.org/web/views/。在该网页上有如何安装某一类扩展包的详细说明。R 语言代码清单 2.1 就是通过这种方式将试验设计分类任务的所有扩展包安装好。

R 语言代码清单 2.1 第 1 行是安装 R 语言 ctv 扩展包的命令；在命令提示符后输入该命令回车后，将弹出选择镜像站点的对话框，选择距离较近的某一镜像站点，点击"确认"即可安装 ctv 包。应注意的是，扩展包的安装只需要 1 次，以后在使用之前使用 library( ) 命令将扩展包加载即可。

第 2 行命令是加载 ctv 扩展包。

第 3 行命令是根据 Experimental Design 这一任务分类的名称，安装有关试验设计分类任务所有的扩展包。

第 4 行命令是将安装在本地计算机上的有关试验设计的扩展包列表读取出来，赋值给 DoE. packages。

第 5 行命令则将 DoE. packages 对象中的内容输出到屏幕。

📝代码清单 2.1　R 语言联网安装某一类扩展包的方法

```
1   install. packages("ctv")
2   library(ctv)
3   install. views("ExperimentalDesign")
4   DoE. packages <- read. ctv(system. file("ctv","ExperimentalDesign. ctv",package = "ctv"))
5   DoE. packages
```

```
# CRAN Task View
# --------------------
# Name:        ExperimentalDesign
# Topic:       Design of Experiments (DoE) & Analysis of Experimental Data
# Maintainer:  Ulrike Groemping
# Contact:     groemping@ bht – berlin. de
# Version:     2014 – 12 – 07
#
# Packages:    agricolae*, AlgDesign*, asd, BatchExperiments, BHH2, BsMD,
#              conf. design*, crossdes, dae, desirability, DiceDesign, DiceEval,
#              DiceKriging, DiceView, displayHTS, DoE. base*, DoE. wrapper*,
#              DoseFinding, dynaTree, experiment, FrF2*, FrF2. catlg128, GAD,
#              granova, gsbDesign, gsDesign, lhs, mixexp, mkssd, mxkssd,
#              osDesign, planor, plgp, qtlDesign, qualityTools,
#              RcmdrPlugin. DoE, rsm*, SensoMineR, support. CEs, TEQR, tgp,
#              Vdgraph
#              (* = core package)
```

值得注意的是，在 R 语言程序代码中，"#"是一个注释的标示，"#"之后的文字不被 R 语言执行。在写 R 语言程序代码的时候，应尽量加入相应的注释语句，注释对程序的理解会起到很好的帮助作用，可以增强程序的可读性。加入注释对程序的修改也有极大的帮助，在处理数据时，有些程序可能不需要，这时只需在其前加入一个"#"将其注释掉即可。

2.1.4 R 语言帮助的获取

2.1.4.1 获取在线帮助的方式

R 语言的使用主要是通过基础包或扩展包中的函数来实现其统计分析及统计制图功能。R 语言丰富的在线帮助系统能提供关于如何使用函数的非常有用的信息。可以使用以下方式启用 R 语言在线帮助。

（1）在 R 语言界面的菜单下，有 help 帮助菜单，其中大部分帮助是以 PDF 格式的文档放在 help 菜单栏的 munuals（手册）二级菜单里。

（2）通过在命令行界面下直接输入 help. start()命令开启网页形式的帮助文档。

（3）在命令行界面下，输入 help(函数名)，回车即可打开该函数的帮助文档。如要打开线性回归分析的函数 lm( ) 的帮助文档,只要在命令行输入 help(lm) 就可以获得 lm( ) 函数丰富的帮助信息。

(4)在命令行下输入"?PKname"并回车,同样可以打开函数的帮助文档。所有函数的在线帮助文档均可以通过这种方式获得。

2.1.4.2 函数帮助文档的主要内容

在命令提示符后输入命令"?lm"就可以获取线性回归函数 lm( ) 的帮助文档,如图 2 – 11 所示。

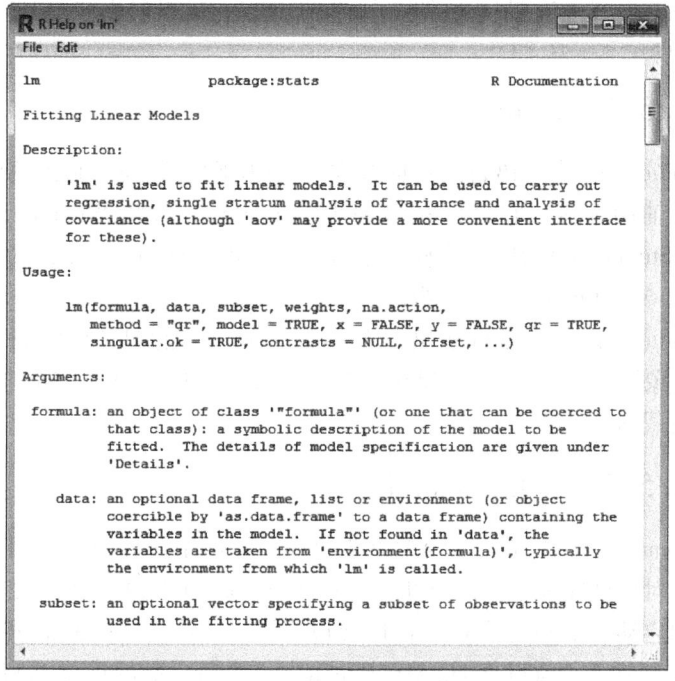

图 2 – 11　R 语言 lm( ) 函数帮助文档

帮助文档的第一行显示该函数所属 stats 包,然后是标题(Fitting Linear Models),之后是一些详细描述(Description),接下来是一个非常重要的帮助内容,即函数的用法(Usage),在用法之后是详细的参数介绍(Arguments),帮助文档最后一部分是示例程序(Examples)。初学者可以将实例的程序代码拷贝到 R 语言的命令行下,对照其输入及输出,理解函数的用法。学习 R 语言,帮助文档中的 example 部分通常可以给学习者提供非常好的示例程序。往往只需要对示例程序进行适当修改,即可满足基本需求。

2.1.5 R语言常用的GUI程序

R语言的默认安装只提供了一个简单的命令行界面,用户在命令行提示符后面输入命令,每次执行一个命令。对于数据分析而言,R语言的命令行界面使用起来不太方便。

R语言已经有不少图形界面,包括跟R语言交互的代码编辑器(如RStudio)、特定的软件包或函数GUI,以及使用者可以通过菜单和对话框完成数据分析的完整的GUI(如R Commander)。这里简单介绍RStudio和R Commander。

2.1.5.1 RStudio

RStudio是一种R语言的集成开发环境(IDE),其亮点是出色的界面设计及编程辅助工具。它可以在多种平台上运行,包括Windows、MacOS、Linux。RStudio与R语言一样,也是免费和开源的,可以在官方网页http://www.rstudio.org 上下载。

RStudio可以用于编辑和执行R语言代码,功能包括语法高亮、命令补全、对象浏览、项目管理和在线帮助。图2-12是RStudio的Windows版本界面截图。

2.1.5.2 R Commander

R Commander是R语言较为成熟的一个图形用户界面,使用者可以通过菜单和对话框完成数据的分析。R Commander可以通过R语言命令行进行安装和启动。如同安装R语言扩展包一样,计算机联网的情况下,在命令提示符下输入install.package("Rcmdr"),选择合适的镜像站点之后,R语言将自动将R Commander及其所依赖的其他扩展包一并安装好。

只需要在R语言命令提示符下输入library(Rcmdr)并回车,即可启动R Com-mander。R Commander图形用户界面下的统计分析均数比较菜单如图2-13所示。在R Commander图形用户界面下,也可以使用部分与试验设计有关的包,前提是需要安装R Commander相应的插件RcmdrPlugin.DoE扩展包,然后直接在R语言命令提示符下输入命令library(RcmdrPlugin.DoE)启动带有试验设计菜单的R Commander图形用户界面,如图2-14所示。

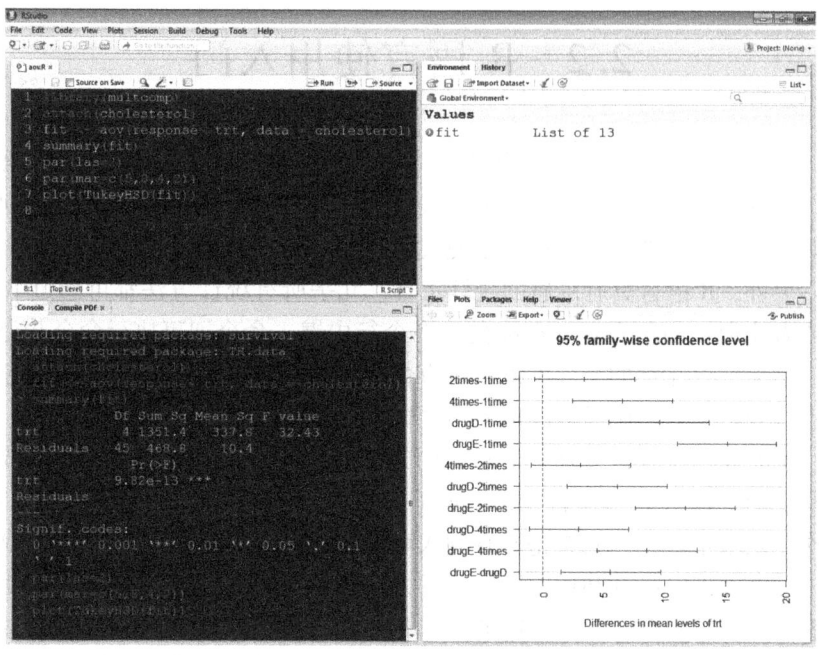

图 2-12　Windows 版本 RStudio 界面

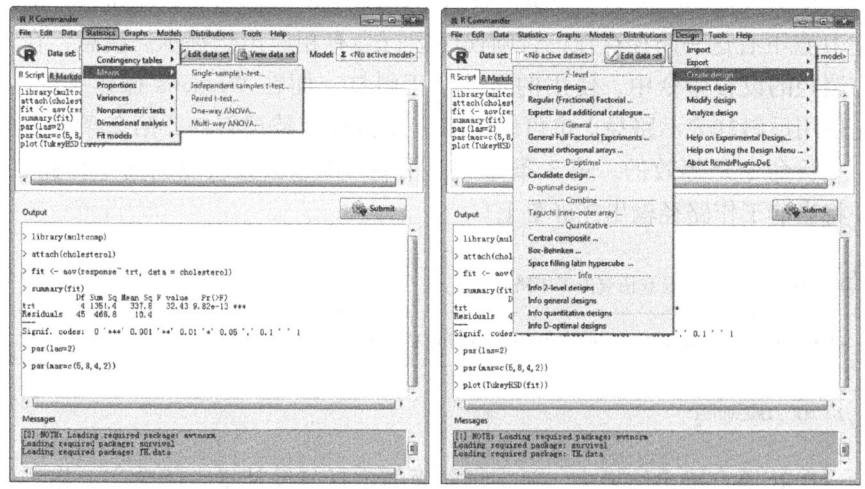

图 2-13　Rcmdr 界面的统计分析菜单　　图 2-14　Rcmdr 界面的试验设计菜单

2.2 R 语言使用入门

R 语言是允许使用者编辑算法并使用的一种计算机语言。在 R 语言中，编程与交互方法类似。例如，线性回归分析，只需要修改一些选项或者对公式做简单的改动，就可以使代码适应于广义线性模型或广义加法模型。另外，R 语言具有卓越的统计工具，几乎所有统计方法都可通过 R 编程或者使用扩展包实现。直接在 R 命令行中键入命令即可执行命令并得到相应结果。要注意的是，R 语言所有命令都必须在英文状态下输入，包括标点符号。另外，R 语言也是大小写敏感的一种语言。

R 语言运行时，会有一个默认的工作目录。可以通过 getwd( ) 函数获取其启动时默认的工作目录，setwd( ) 函数可以修改 R 语言的工作目录。工作目录很重要，因为它是所有输入和输出文件的默认位置，包括读取和写入数据文件、打开和保存脚本文件，以及保存工作空间的镜像。在使用 R 语言时，尽量设定个人合适的工作目录。这样，R 语言程序在运行过程中，读取或者保存数据文件时均在所设定的工作目录下进行，以避免可能出现的问题。

R 语言代码清单 2.2 中第 1 条命令，设置 R 语言当前工作路径，前提是 D 盘下有这一路径存在，否则程序运行会有相应出错提示。注意，在工作路径的设置命令中，使用的是一个正斜杠，而在 Windows 操作系统中，是使用反斜杠表示路径。也可以用两个反斜杠代替正斜杠，第 2 条命令与第 1 行命令是等效的。第 3 条命令，用 getwd( ) 函数获取当前工作路径，并将当前工作路径输出在屏幕上。

✐ 代码清单 2.2　设置 R 语言的工作路径

```
1 setwd("D:/DoEwithR/");setwd("D:\\DoEwithR\\");getwd()
```

#[1] "D:/DoEwithR"

在 R 语言输出结果中，每一行前面的中括号及其里面的数字，如本例中的"[1]"，仅起到标示作用，表示输出的第 1 个值。当输出的内容在一行里面放不下时，将在第二行继续显示。

在 R 语言命令提示符后可以直接输入数学计算公式，可以将其作为一个高级计算器使用。在 R 语言命令提示符下输入如下命令即可得到其输出的结果。

R 语言代码清单 2.3 看起来像是 1 条命令，实际上是英文分号隔开的 3 条命令。R 语言多条命令可以通过英文分号将其分开，写于同一行。第 1 条命令 $x <- 2 * 3$，是将 2 乘以 3 的结果赋值给 R 语言对象 x，"<-"是个 R 语言约定俗成的赋值符号。赋值符号也可以使用"="[①]。第 2 条命令 x，是将 x 的值输出到屏幕。第 3 条命令是计算 x 的平方根，并直接输出到屏幕。

📖代码清单 2.3　R 语言进行简单数学计算示例

```
1   x <- 2 * 3; x; sqrt(x)
```

\#[1] 6
\#[1] 2.44949

2.2.1　R 语言数据结构

R 语言有多种用于存储数据的结构类型，包括标量、向量、数组、数据库和列表。R 语言所能处理的数据类型可以多种多样，包括数值型、字符型、逻辑型等。

2.2.1.1　向量

向量是用于存储数值型、字符型或逻辑型数据的一维数组。只有一个元素的向量为标量。c() 函数可创建向量，其用法见 R 语言代码清单 2.4。

📖代码清单 2.4　在 R 语言中输入向量

```
1   a <- c(1, 2, 5, 3, 6, -2, 4); a
2   b <- c("one","two","three","four"); b
3   c <- c(TRUE,TRUE,TRUE,FALSE,TRUE,FALSE); c
```

\#[1]　1　2　5　3　6　-2　4
\#[1]　"one"　"two"　"three"　"four"
\#[1]　TRUE　TRUE　TRUE　FALSE　TRUE　FALSE

---

① 注：本书约定使用"<-"作为赋值符号。

2.2.1.2 矩阵

矩阵是一个二维数组，每个元素都拥有相同的模式（数值型、字符型或逻辑型）。矩阵生成函数 matrix()，其用法是：matrix(data, nrow = , ncol = , byrow = F)。其中数据 data 是必须的，其他都是选择参数，可以不选。byrow = F 默认为按列来排列数据，如果想要按行排列，令 byrow = T，见 R 语言代码清单 2.5。

📝代码清单 2.5 在 R 语言中输入矩阵

```
1  mymatrix1 <- matrix(1:20, nrow = 5, ncol = 4); mymatrix1
2  cells <- c(1, 26, 24, 68)
3  rnames <- c("R1","R2"); cnames <- c("C1", "C2")
4  mymatrix2 <- matrix(cells, nrow = 2, ncol = 2, byrow = TRUE, dimnames = list(rnames, cnames));
   mymatrix2
```

```
#        [,1] [,2] [,3] [,4]
# [1,]    1    6   11   16
# [2,]    2    7   12   17
# [3,]    3    8   13   18
# [4,]    4    9   14   19
# [5,]    5   10   15   20
#
#    C1 C2
# R1  1 26
# R2 24 68
```

2.2.1.3 数组

数组（array）与矩阵类似，只是可以有多个维度。一维数据是向量，二维数据是矩阵，数组是向量和矩阵的直接推广，是由三维或三维以上的数据构成的。

数组可通过 array() 函数来创建，其语法是：array(data, dim)。其中 data 必须是同一类型的数据，dim 是各维的长度组成的向量，见 R 语言代码清单 2.6。

📘代码清单 2.6 在 R 语言中输入数组

```
1    xx <- array(1:24,c(3,4,2));xx
```

```
# , , 1
#
#        [,1]   [,2]   [,3]   [,4]
# [1,]    1      4      7     10
# [2,]    2      5      8     11
# [3,]    3      6      9     12
#
# , , 2
#
#        [,1]   [,2]   [,3]   [,4]
# [1,]   13     16     19     22
# [2,]   14     17     20     23
# [3,]   15     18     21     24
```

2.2.1.4 数据框

在试验所获得的数据中，可能不同的列会包含不同类型数据(数值型、字符型)等。这种类型的数据，在 R 语言中，可以用数据框来处理。R 语言中数据框与其他软件诸如 SAS，SPSS 以及 EXCEL 电子表格中看到的数据集类似。数据框是 R 语言中最常见的一种数据结构，也是试验数据分析过程中最常用的一种数据结构形式。数据框可以通过 data.frame() 函数创建，见 R 语言代码清单 2.7。数据框的每一列数据的模式是唯一的，但是不同列的数据模式可以不同。这种结构与数据分析过程中所涉及的数据集形态最为接近。

📘代码清单 2.7 在 R 语言中输入数据框

```
1    patientID <- c(1,2,3,4);age <- c(25,34,28,52)
2    diabetes <- c("Type1","Type2","Type1","Type1")
3    status <- c("Poor","Improved","Excellent","Poor")
4    patientdata <- data.frame(patientID,age,diabetes,status);patientdata
```

```
#   patientID   age   diabetes   status
# 1     1       25    Type1      Poor
# 2     2       34    Type2      Improved
# 3     3       28    Type1      Excellent
# 4     4       52    Type1      Poor
```

通过数据框的下标及标识符,可以选取数据框中相应的元素,见 R 语言代码清单 2.8。

代码清单 2.8　R 语言数据框元素选取

1	patient <- patientdata[1:2]; patientdata[c("diabetes","status")]
2	age1 <- patientdata$age; age1; patientdata[,(3:4)]

```
#       diabetes    status
# 1     Type1       Poor
# 2     Type2       Improved
# 3     Type1       Excellent
# 4     Type1       Poor
#
# [1] 25  34  28  52
#       diabetes    status
# 1     Type1       Poor
# 2     Type2       Improved
# 3     Type1       Excellent
# 4     Type1       Poor
```

对于数据框,还可以采用 table() 函数进行分类汇总,见 R 语言代码清单 2.9。这种分类汇总方法,对于数据的初步汇总分析非常有用。

代码清单 2.9　R 语言中数据的简单分类汇总

1	table(patientdata$diabetes, patientdata$status)

```
#         Excellent   Improved   Poor
# Type1       1          0         2
# Type2       0          1         0
```

2.2.1.5　因子

类别变量和有序变量在 R 语言中称为因子。因子与试验设计中的因素相对应。因子数据可以通过 factor() 函数指定,见 R 语言代码清单 2.10。

📝代码清单2.10 在R语言中输入因子

```
1  patientID <- c(1,2,3,4)
2  age <- c(25,34,28,52)
3  diabetes <- c("Type1","Type2","Type1","Type1")
4  status <- c("Poor","Improved","Excellent","Poor")
5  diabetes <- factor(diabetes)
6  status <- factor(status,order = TRUE)
7  patientdata <- data.frame(patientID,age,diabetes,status)
8  str(patientdata)
9  summary(patientdata)
```

```
# 'data.frame': 4 obs. of 4 variables:
# $patientID: num 1 2 3 4
# $age: num 25 34 28 52
# $diabetes: Factor w/ 2 levels"Type1","Type2": 1 2 1 1
# $status: Ord. factor w/ 3 levels"Excellent" < "Improved" <..: 3 2 1 3

#   patientID        age            diabetes      status
#   Min. : 1.00      Min. : 25.00   Type1: 3      Excellent: 1
#   1st Qu.: 1.75    1st Qu.: 27.25 Type2: 1      Improved : 1
#   Median: 2.50     Median: 31.00                Poor     : 2
#   Mean: 2.50       Mean: 34.75
#   3rd Qu.: 3.25    3rd Qu.: 38.50
#   Max. : 4.00      Max. : 52.00
```

2.2.1.6 列表

列表是R语言中数据类型复杂的一种，是R语言中数据对象的集合。列表中的数据对象可以是标量、向量、数组、数据框，甚至是列表。列表可以用list()函数来创建，其用法见R语言代码清单2.11。R语言中，大部分函数所返回的对象为列表。

📝代码清单2.11 在R语言中输入列表

```
1  g <- "My First List"
2  h <- c(25,26,18,39)
3  j <- matrix(1:10,nrow = 5)
4  k <- c("one","two","three");mylist <- list(title = g,ages = h,j,k)
5  mylist
```

```
# $title
# [1] "My First List"
#
# $ages
# [1] 25 26 18 39
#
# [[3]]
#      [,1] [,2]
# [1,]  1    6
# [2,]  2    7
# [3,]  3    8
# [4,]  4    9
# [5,]  5   10
#
# [[4]]
# [1] "one"   "two"   "three"
```

2.2.2 R语言数据输入与输出

在 R 语言中进行数据分析的前提是将数据导入到 R 语言环境中，或者由 R 语言产生相应需要分析的数据，然后再进行分析，并汇报分析结果。除了上述实例中通过键盘直接键入数据的方式以外，R 语言提供了非常广泛的数据导入工具，可以从各种数据源中导入数据。

2.2.2.1 文本数据的导入导出

可以使用 read.table( ) 函数从带分隔符的文本文件中导入数据，导入后的数据类型为一个数据框，其函数语法如 R 语言代码清单 2.12。

read.table( ) 函数的参数众多，其中 file 是一个带分隔符的 ASCII 文本文件，header 是一个表明首行是否包含变量名称的逻辑值（TRUE 或 FALSE），sep 是用来指定数据分隔符的类型，row.names 是一个可选参数，用以指定一个或多个表示行标识符的变量，其他参数意义参见其帮助文件。

📝代码清单 2.12 R 语言 read.table( ) 函数的用法

```
1  read.table(file, header = FALSE, sep = "", quote = "\"'", dec = ".", numerals = c("allow.loss",
   "warn.loss", "no.loss"), row.names, col.names, as.is = !strings As Factors, na.strings = "NA",
   colClasses = NA, nrows = -1, skip = 0, check.names = TRUE, fill = !blank.lines.skip, strip.white =
   FALSE, blank.lines.skip = TRUE, comment.char = "#", allowEscapes = FALSE, flush = FALSE,
   stringsAsFactors = default.stringsAsFactors(), fileEncoding = "", encoding = "unknown", text,
   skipNul = FALSE)
```

与之相对应，可以采用 write.table( ) 函数将 R 语言内存空间中的数据集输出为文本文档，其参数含义与 read.table( ) 的相似，详细可参见其帮助文件。

2.2.2.2　EXCEL 数据的导入导出

EXCEL 数据可以通过另存为 csv 文档，然后通过 read.table( ) 函数导入到 R 语言中。同样 write.table( ) 函数也可将 R 语言中的数据集保存为 csv 文件，可以通过 EXCEL 软件来读取。

EXCEL 2007 及以上版本使用了一种名为 XLSX 文件格式，可以使用 xlsx 扩展包中的函数 read.xlsx( ) 来读写，其用法见 R 语言代码清单 2.13。

✍代码清单 2.13　R 语言 read.xlsx( ) 函数的用法

```
1  library(xlsx)
2  read.xlsx(file,sheetIndex,sheetName = NULL,rowIndex = NULL,startRow = NULL,endRow = NULL,
   colIndex = NULL,as.data.frame = TRUE,header = TRUE,colClasses = NA,keepFormulas = FALSE,
   encoding = "unknown",...)
```

☞例 2-1　在当前工作目录下，有一名为"EXCEL 数据.xlsx"文件，其工作簿名称为"Sheet1"。要通过 xlsx 扩展包读入到 R 语言中，则可先加载 xlsx 扩展包，即运行命令 library(xlsx)，然后通过 read.xlsx( ) 函数读取该数据，见 R 语言代码清单 2.14。

✍代码清单 2.14　R 语言 read.xlsx( ) 函数的用法举例

```
1  library(xlsx)
2  EXCELdata <- read.xlsx("数据 EXCEL.xlsx", sheetName = "Sheet1")。
```

xlsx 包中还有 write.xlsx( ) 函数，它可以将 R 语言中的数据集保存为 EXCEL 文件。该函数有多个参数，如 col.names，row.names，append，showNA 等，逻辑参数的取值可以根据需要进行调整，详细内容参见其帮助文档。

☞例 2-2　要将 R 语言中的数据框"mydata"保存为 EXCEL 2007 或以上版本的数据文件"mydata.xlsx"到当前工作目录下，则可运行 R 语言代码清单 2.15。

✍代码清单 2.15　R 语言数据导出为 xlsx 文件

```
1  library(xlsx)
2  write.xlsx(mydata,"mydata.xlsx", sheetName = "mydata", col.names = TRUE, row.names =
   FALSE, append = FALSE, showNA = TRUE)
```

执行命令之后，在当前工作路径下，将建立起一个新的 EXCEL 文件"mydata.xlsx"，其中在名称为 mydata 工作簿中保存了 R 语言数据框 mydata 中的数据。也可以将 R 语言中的数据文件增加到已有的 EXCEL 文件中。比如上述示例，如果当前工作路径下已经存在一个"mydata.xlsx"的数据文件，只要将命令中的参数 append 的值修改为"TRUE"即可。当然，前提是当前工作路径下已有的"mydata.xlsx"文件中不存在名为"mydata"的工作簿，否则，程序会出现相应的出错提示。

2.2.2.3　SAS、SPSS 数据的导入导出

SPSS 数据集可以通过 foreign 包中的函数 read.spss( ) 导入到 R 语言中，也可以使用 Hmisc 包中的 spss.get( ) 函数来读取。与导入 spss 数据类似，可以通过 foreign 包中的函数 read.ssd( ) 导入到 R 语言中，也可以使用 Hmisc 包中的 sas.get( ) 函数来读取 SAS 数据。同样，R 语言亦可将其内存空间中的数据集导出为 SAS 或 SPSS 数据集，其函数可以采用 foreign 包中的 write.foreign( ) 函数。这些函数的具体使用方法，可参见其帮助文档。

2.2.3　R 语言数据管理

2.2.3.1　数据类型转化

判断 R 语言对象类型的函数有 is.numeric( )、is.character( )、is.vector( )、is.matrix( )、is.data.frame( )、is.factor( )、is.logical( )等。在 R 语言中，执行数据对象类型转换函数有 as.numeric( )、as.character( )、as.vector( )、as.matrix( )、as.data.frame( )、as.factor( )、as.logical( )等。

2.2.3.2　数据排序

order( )函数对一个数据框进行排序，默认为升序，其使用语法见 R 语言代码清单 2.16。如需升序排列，将参数 decreasing 的值修改为 TRUE 即可。

📖代码清单 2.16　R 语言数据排序 order( )函数的用法

1　order(..., na.last = TRUE, decreasing = FALSE)

2.2.3.3 添加列或行

1. 添加列：merge()函数

R 语言代码清单 2.17 将 dataframeA 与 dataframeB 按照 ID 进行合并。这种连接通常是横向的，即向数据框中添加变量。

也可以用 cbind() 函数将两个行数相同的数据框组合形成新的数据框，相当于在一个数据框中添加了新的列。

📖 代码清单 2.17　R 语言数据合并 merge() 函数的用法

```
1  total1 <- merge(dataframeA, dataframeB, by = "ID")
2  total2 <- cbind(dataframeA, dataframeB)
```

2. 添加行：rbind()函数

dataframeA，dataframeB 两个数据框必须有相同的变量，不过它们的顺序可以不一样。通过 R 语言代码清单 2.18 中的命令，将 dataframeA 和 dataframeB 按行合并成为 total1 数据框。

📖 代码清单 2.18　R 语言行拼接 rbind() 函数的用法

```
1  total1 <- rbind(dataframeA, dataframeB)
```

2.2.4　R 语言绘制统计图形

人类非常善于从视觉呈现中洞察关系，精美的图形能够帮助人们在零散信息中作出比较，提炼出其他方法不易发现的信息。这也是统计图形对数据分析产生重大影响的原因之一。统计图可以使复杂的统计数字简单化、通俗化、形象化，使人一目了然，便于理解和比较。因此，统计图在数据分析中占有重要地位，并被广泛应用，而 R 语言在统计图形领域中表现出众。

2.2.4.1　R 语言构建图形的基本方法

绘制数据图是数据分析的起点，也是我们直观了解数据的最佳手段。R 语言绘图函数可以分为两大类：一类是创建图形函数，另一类是对生成的图形进一步进行元素添加函数。这两类函数相辅相成可以制作精美的图形。R 语言自带绘图软件基础包是 graphics，包含有许多绘图函数，其中使用范围最广的是函数 plot( )。在缺省设置下,只需要指定数据向量,plot( )函数就可以绘制相应的图形。

R 语言绘图是以交互式会话的方式进行,逐条输入语句构建图形,逐渐完善图形特征,直至得到想要的效果。R 语言代码清单 2.19 就是利用内置的数据集 mtcars 中的两个变量 wt,mpg,第 1 行代码,绘制了散点图,同时指定了坐标轴名称;第 2 行代码添加了回归直线;第 3 行代码给图形添加了标题,见图 2 – 15。

代码清单 2.19　R 语言中交互式绘图方法

```
1    plot( mtcars$wt,mtcars$mpg,xlab = "Miles/(US)gallon",ylab = "Weight(lb/1000)")
2    abline( lm( mtcars$mpg ~ mtcars$wt) )
3    title( "Regression of MPG on Weight")
```

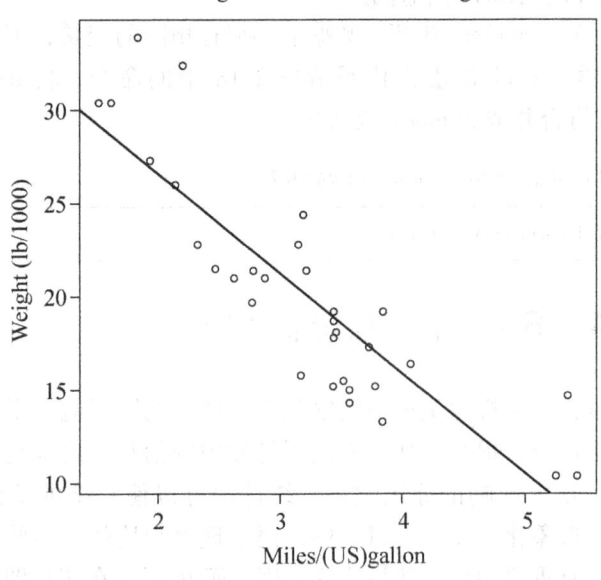

图 2 – 15　R 语言交互式绘制带回归直线的散点图

在 R 语言的图形绘制函数中,可以通过修改图形参数的选项来自定义一幅图形的多个特征(字体、颜色、坐标轴、标题等)。plot( )函数的主要参数有:

①pch:指定绘制点时使用的符号,还可以指定符号的边界颜色(col =)和符号填充颜色(bg =)。

②cex：指定符号的大小。cex 是一个数值，表示绘图符号相对于默认大小的缩放倍数，默认大小为 1。

④lty：指定线条类型。

④lwd：指定线条的宽度，默认值为 1。

⑤col：默认的绘图颜色，某些函数如 lines( ) 和 pie( )，可以接受一个含有颜色值向量并自动循环使用。例如，设定 col = ("red","blue")，需要绘制三条线的情况下，则第一条线为红色，第二条为蓝色，第三条为红色……

⑥col. axis：坐标刻度文字的颜色。

⑦col. lab：坐标标签名称的颜色。

⑧col. main：标题颜色。

⑨col. sub：副标题颜色。

⑩fg：图形的前景色。

⑪bg：图形的背景色。

在实际绘图中，R 语言默认设置的图形往往很难满足实际要求，此时可以通过 R 语言提供的图形参数修改显示各方面的设置。R 语言图形参数非常丰富，包括线型、颜色、图形排列、文本对齐方式等各种设置。每个图形参数都有一个名字，如 col 代表颜色。每一个绘图函数都有其相应的绘图参数，针对不同的绘图函数，图形参数设置方法可参阅相应帮助文档。

2.2.4.2　R 语言基本统计图形

（1）散点图。散点图是一种常用的数据直观分析方法，将样本数据点绘制在二维平面或三维空间上，根据这些数据点的分布特征，能够直观地研究变量间的统计关系以及它们的强弱程度和数据对的可能走向。R 语言绘制基本散点图的方法，可采用 plot( ) 函数，参数采用默认值就可以绘制出默认散点图。

（2）直方图。直方图又称质量分布图，由一系列高度不等的纵向条纹或线段表示数据分布的情况，一般用横轴表示数据类型，纵轴表示分布情况。R 语言可采用 hist( ) 函数绘制直方图。

（3）箱线图。箱线图又称盒须图、盒式图或箱形图，是一种用作显示一组数据分散情况的统计图，因形状如箱子而得名。箱线图应用到了分位数的概念。箱线图主要包含六个数据节点，将一组数据从大到小排列，分别计算出它的上边缘、上四分位数 Q_3、中位数、下四分位数 Q_1、下边缘，而且还描绘出了异常值点。R 语言可采用 boxplot( ) 函数绘制箱线图。

（4）条形图。条形图的应用最为广泛。条形图所能展示的统计量比较少，它是以矩形条的长度展示原始数值，对数据没有进行概括或推断。R 语言可采用 barplot( ) 函数绘制条形图。R 语言代码清单 2.20 将内置数据集 mtcars 分别绘制了散点图、直方图、箱线图，利用 RColorBrewer 包中的 VADeaths 数据集绘制了条形图，见图 2-16。

📝代码清单 2.20　R 语言绘制散点图、直方图、箱线图、条形图

```
1  plot(wt,mpg,main="Scatterplot of wt vs. mpg")
2  hist(wt,main="Histogram of wt")
3  boxplot(wt,main="Boxplot of wt")
4  barplot(death,col=brewer.pal(4,"Set1"))
```

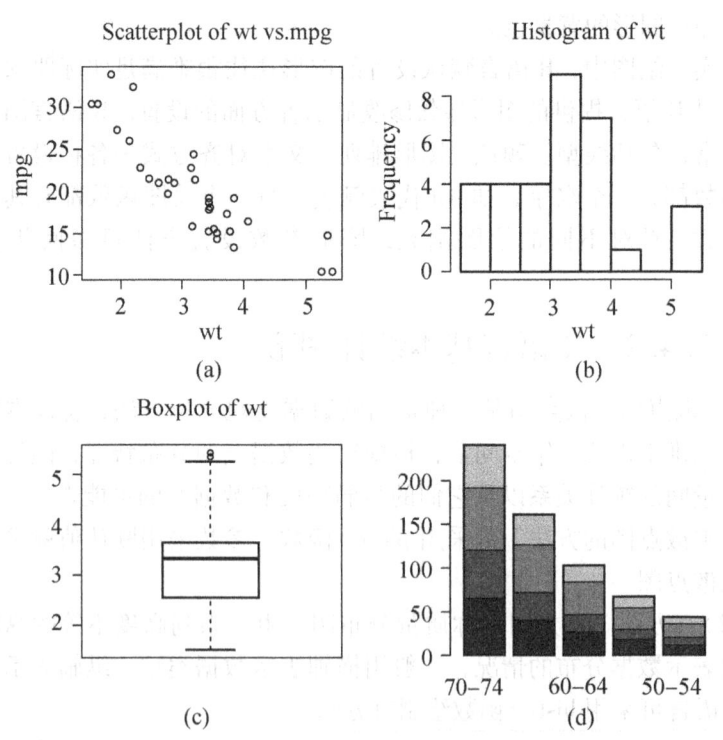

图 2-16　R 语言绘制散点图、直方图、箱线图及条形图

(5)颜色等高图。颜色等高图又称层次图，它与等高图的原理完全类似，只是颜色等高图用不同颜色表示不同高度，并配有颜色图例，用以说明图中的颜色与高度值的对应关系。

R语言代码清单2.21利用内置数据集volcano(奥克兰一座火山格点数据)放大10倍后，用filled.contour()函数将其绘制成颜色等高图，见图2-17。

代码清单2.21　R语言绘制颜色等高图

1	x = 10 * 1 : nrow(volcano) ; y = 10 * 1 : ncol(volcano)
2	filled. contour(x , y , volcano , color = terrain. colors , plot. title = title(main = " The Topography of Maunga Whau" , xlab = " Meters North" , ylab = " Meters West") , plot. axes = ｛ axis(1 , seq(100 , 800 , by = 100)) axis(2 , seq(100 , 600 , by = 100)) ｝ , key. title = title(main = " Height \n (meters)") , key. axes = axis(4 , seq(90 , 190 , by = 10)))

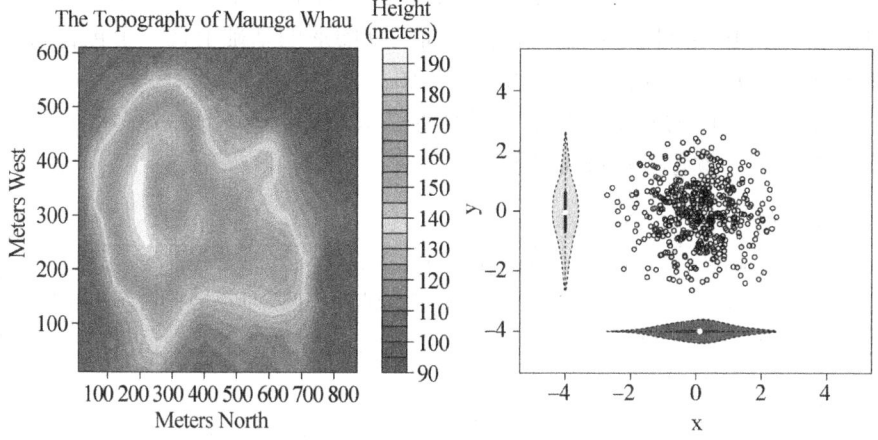

图 2 - 17　R 语言绘制颜色等高线图　　图 2 - 18　R 语言绘制小提琴图

(6)小提琴图。小提琴图是密度曲线图与箱线图的结合，因其外观有时候与小提琴的形状相似，尤其是展示双峰数据的密度时，所以称为小提琴图，其本质是利用密度值生成的多边形，同时还沿着一条直线作了另一半对称的"镜像"，这样两个左右或上下对称的多边形拼起来就形成了小提琴图的主体，在小提琴的中轴线上还绘制了一个箱线图。

绘制小提琴图的程序见R语言代码清单2.22。

📄代码清单2.22 R语言绘制小提琴图

```
1  x <- rnorm(500); y <- rnorm(500)
2  plot(x,y,xlim = c(-5,5),ylim = c(-5,5))
3  library(vioplot)
4  vioplot(x,col = "tomato",horizontal = TRUE,at = -4,add = TRUE,lty = 2,rectCol = "gray")
5  vioplot(y,col = "cyan",horizontal = FALSE,at = -4,add = TRUE,lty = 2)
```

R语言代码清单2.22第1行命令通过rnorm()函数生成x、y两个随机正态分布的样本,样本容量为500;第2行命令先绘制散点图;第3行命令加载vioplot扩展包;在散点图的基础上,第4,5行命令通过vioplot()函数分别沿x,y轴添加两个小提琴图,见图2-18。在原来图形的基础上,进一步添加图形的参数为add = TRUE。R语言的这种绘图机制让使用者可以对图形进行精细的控制。

(7)三维图。相对于平面图形来说,三维图在视觉上更有吸引力。三维图的数据基础是网格数据,它在平面二维图形的基础上将一个包含高度数值的数据用曲面连接起来,就是三维图。

绘制三维图的程序见R语言代码清单2.23。persp()函数有众多参数,如图形朝向、颜色等可按需设置。

📄代码清单2.23 R语言绘制三维图

```
1  z = 3 * volcano;x = 10 * (1:nrow(z));y = 10 * (1:ncol(z))
2  persp(x,y,z,theta = 150,phi = 30,col = "green3",scale = FALSE,ltheta = -120,shade = 0.75,
    border = NA,box = TRUE)
```

R语言代码清单2.23的第1行将内置的volcano数据集的变量放大3倍,第2行利用persp()函数将其绘制三维图,见图2-19。

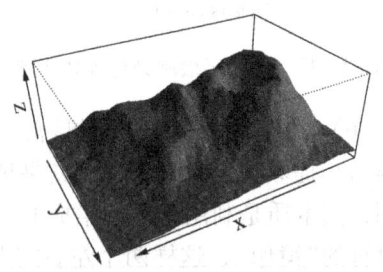

图2-19 R语言绘制三维图

除了这些基本的绘图函数及其图形参数之外,R语言还有其他丰富的绘图扩展包,其中著名的扩展包为ggplot2。ggplot2是由其背后的一套图形语法所支持的,ggplot2采用图层设计的方法,可以从原始的图层开始,首先绘制原始数据,然后不断地添加图形注释和统计汇总结果。R语言代码清单2.24用ggplot()函数绘制了一个多图层图形,见图 2-20。

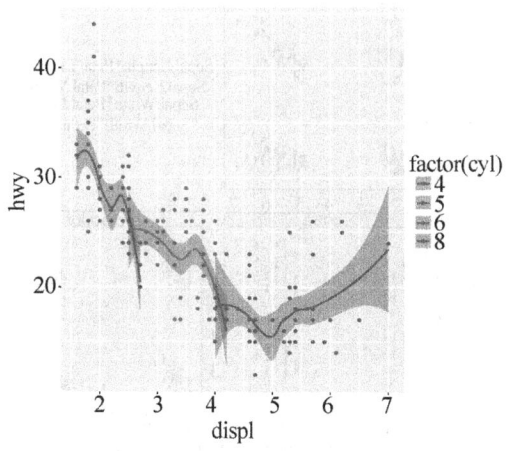

图 2-20 ggplot2 扩展包多图层绘图

另外一个著名的绘图扩展包是 lattice。lattice 包是一个非常强大的高级绘图程序包,尤其适合多元变量的图形化展示。lattice 包包含众多的绘图函数,其中 xyplot( ) 函数是对基础包中的 plot( ) 函数的扩展;wireframe( ) 函数则绘制了另外一种形式的三维图,示例绘图过程见 R 语言代码清单 2.25,详见相关资料,所绘制图形见图 2-21,2-22。

代码清单 2.24 ggplot2 扩展包多图层绘图

```
1  library(ggplot2)
2  p <- ggplot(data = mpg,aes(x = displ,y = hwy,colour = factor(cyl)))
3  p + geom_point() + geom_smooth()
```

代码清单 2.25 lattice 扩展包 xyplot( ),wireframe( ) 函数绘图示例

```
1  library(lattice)
2  xyplot(Sepal.Length + Sepal.Width ~ Petal.Length + Petal.Width | Species,data = iris,scales = "
   free",layout = c(2,2),auto.key = list(x = .6,y = .7,corner = c(0,0)))
3  wireframe(volcano,shade = TRUE,aspect = c(61/87,0.4),light.source = c(10,0,10))
```

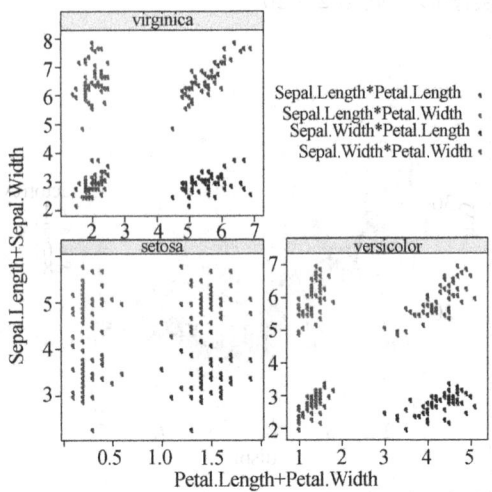

图 2-21 xyplot( )绘制的格点图

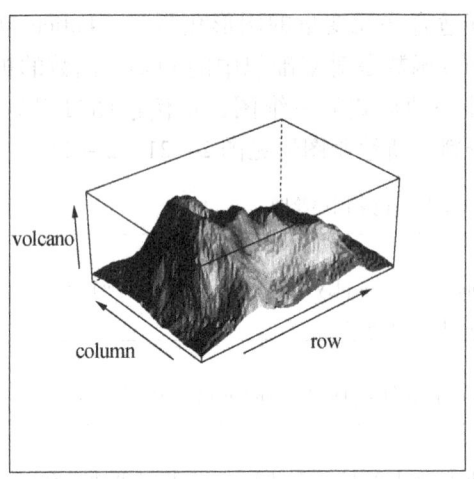

图 2-22 wireframe( )绘制的三维图

思考与练习

1. 简述 R 语言的特色与优势。
2. 在个人计算机上联网下载最新版 R 语言程序进行安装,进一步安装与试验设计有关的 R 语言扩展包。
3. 在 R 语言的界面程序 RStudio 的官方网站 www.rstudio.com 上下载并安装其最新版,并进行设置。
4. 熟悉 R 语言数据结构与类型,熟悉 R 语言中数据的导入与导出方法。
5. 构造一个字符型向量 x,向量由 5 个 A,4 个 B,5 个 C 构成。注意用到 rep( ) 函数。
6. 有 10 名学生的身高与体重数据如表 2-1 所示:

表 2-1 学生身高与体重数据

序号	性别	年龄	身高/cm	体重/kg
1	F	14	156	43.5
2	F	16	159	45.1
3	F	15	160	48.3
4	F	17	163	51.5
5	F	15	158	44.6
6	M	14	157	47.5
7	M	17	163	50.2
8	M	15	161	48.7
9	M	16	162	52.4
10	M	14	157	57.8

(1) 用数据框的形式读入数据;
(2) 将数据写一个纯文本文件,并用函数 read.table( ) 读取该文件中的数据;
(3) 用函数 write.csv( ) 写一个能用 EXCEL 打开的文件,测试是否成功;
(4) 使用 xlsx 扩展包中的 write.xlsx( ) 函数直接写一个 EXCEL 文件,测试是否成功,并用 read.xlsx( ) 函数再读入到 R 中。

7. 在数据分析过程中常用的图形有哪些类型?在 R 语言中如何实现这些图形的绘制?

第三章 试验数据分析的统计学基础

数据分析是指通过统计学的原理、方法和手段对数据进行探索、分析，从中发现因果关系、内部联系和规律，为生产实践和科学研究提供决策参考。统计学是应用数学的一个分支，它利用概率论建立数学模型，通过搜索、整理、分析、描述数据等手段，进行量化的分析、总结，以达到推断所观测对象的本质，甚至预测对象未来的一门综合性科学。它被广泛应用在各门学科上，从自然科学、社会科学到人文科学，甚至用于工商业及政府的情报决策。

3.1 统计学的基本概念

试验数据的统计分析处理是科研工作的重要一环，它关系到信息是否充分运用和结论是否正确可靠。因此，掌握试验数据的统计分析处理方法是科研工作者的一项基本功。下面介绍统计学的几个基本概念。

3.1.1 总体与样本

总体是根据研究目的确定的具有相同性质的个体所构成的全体。一般把研究对象的全体称为总体(或母体)，而把每一个研究对象称为个体。例如，在研究某灯泡厂生产的灯泡质量时，该厂生产的灯泡全体构成一个总体，其中每只灯泡都是个体；研究某班高等数学课程的成绩时，该班每个同学都是个体，全体同学构成一个总体。

统计总体又称"调查总体"，简称"总体"，是指客观存在的在同一性质基础上结合起来的许多个别单位的整体。构成总体的这些个别单位称为总体单位。例如，所有的工业企业就是一个总体，这是因为在性质上每个工业企业的经济职能是相同的，即都是从事工业生产活动的基本单位，这就是说，它们是同性质的。这些工业企业的集合就构成了统计总体。对于该总体来说，每一个工业企业就是一个总体单位。

确定总体与总体单位必须注意两个方面：

①构成总体的单位必须是同质的，不能把不同质的单位混在总体之中。例如，研究工人的工资水平，就只能将靠工资收入的职工列入统计总体的范围。同时，也只能对职工的工资收入进行考察，对职工由其他方面取得的收入就要加以排除，这样才能正确反映职工的工资水平。

②总体与总体单位具有相对性，随着研究任务的改变而改变。同一单位可以是总体也可以是总体单位。例如，要了解全国工业企业职工的工资收入情况，那么全部工厂是总体，各个工厂是总体单位。如果旨在了解某个企业职工的工资收入情况，则该企业就成了总体，每位职工的工资就是总体单位了。

按照不同的分类标准，统计总体有不同的分类。

(1) 按包含单位的数量，可以分为有限总体和无限总体。

总体所包含的单位数是有限的，称为有限总体，如人口数、企业数、商店数等。总体所包含的单位数是无限的，称为无限总体，如连续生产的某种产品的生产数量、大海里的鱼资源等。对有限总体可以进行全面调查，也可以进行非全面调查。对无限总体，则只能抽取一部分单位进行非全面调查，据以推断总体。

(2) 按单位标志的属性，可分为变量总体和属性总体。

凡是反映品质标志单位组成的总体称为属性总体。凡是反映数量标志单位组成的总体称为变量总体。

在明确了以上统计总体的基本概念之后，将它们联系起来观察，深入地认识总体，可以看出，统计总体具有同质性、大量性和差异性三个主要特点。

(1) 同质性。同质性是指总体中的各个单位必须具有某种共同的属性或标志数值。如国有企业总体中每个企业共同的标志属性是国家所有。同质性是总体的根本特征，只有个体单位是同质的，统计才能通过对个体特征的观察研究，归纳和揭示出总体的综合特征和规律性。

(2) 大量性。大量性是指总体中包括的总体单位有足够多的数量。总体是由许多个体在某一相同性质基础上结合起来的整体。个别或很少几个单位不能构成总体。总体的大量性，可使个别单位某些偶然因素的影响——表现在数量上的偏高、偏低的差异相互抵消，从而显示出总体的本质和规律性。

(3) 差异性(或称变异性)。差异性是指总体的各单位之间有一个或若干个可变的品质标志或数量标志，从而表现出的差异。例如，某领域的职工总体中各单位间有男、女的性别属性差异，有 20，21，22，23，24，

25，26岁等年龄标志数值的差异。

  样本：是从总体中随机抽取的部分观察单位。

  抽样：指从总体抽取部分个体的过程。

  样本含量：样本所包含观察单位的数目。

  分层：是指一个总体以某种特定的标准将其分为互相不包含的部分。分层常在抽样过程中应用。

  随机抽样：总体中的每个研究个体有同等的被抽取的机会。

  随机分组：研究对象有均等的机会被分配至各组。

3.1.2 变异与误差

  变异是普遍存在的现象，即使样本来自同质总体，它们彼此之间也会存在差异，这种差异就是变异。产生变异的原因是多方面的，诸如同一指标在不同个体之间、同一个体不同时间、不同测定方法之间、同一方法不同重复之间等等，都不可能完全一致。在科学研究中，这些差异通常以误差形式表现在试验中。误差可以分为系统误差、随机误差和过失误差。统计学上的误差指的是随机误差，包括抽样误差与重复测量误差，但通常主要指抽样误差。由于样本内各个体之间变异情况与总体内各个体变异情况不会完全相同，因此样本指标与总体指标（如均数、比率）之间也必定不会完全相同。由此可见，抽样误差是不可避免的。在科学研究中，统计学设计的任务之一，就是如何设法减少抽样误差。统计学检验的主要目的，就是回答差异来自抽样误差的概率。

3.1.3 随机现象与随机变量

  从数学的角度来研究社会和自然现象，可以把这些现象分为以下三类。

  （1）确定现象。事先可预言的现象，即在准确地重复某些条件下，它的结果是肯定的，如在一个标准大气压下将水加热到100℃会沸腾。质量守恒定律、牛顿定律反映的就是这类现象。研究这类现象的数学工具有数学分析、几何、代数、微分方程等。

  （2）随机现象。事前不可预测的现象，即在相同条件下重复进行试验，每次结果未必相同，或知道事物过去的状况，但未来的发展却不能完全肯定。在一定条件下，并不总是出现相同结果的现象称为随机现象。例如，以同样的方式抛置硬币可能出现正面向上，也可能出现反面向上；走到某十字路口时，可能正好是红灯，也可能正好是绿灯。研究这类现象的数学工具是概率论和统计。

(3) 模糊现象。事物本身的含义不确定的现象。例如，"情绪稳定"与"情绪不稳定"，"健康"与"不健康"，"年青"与"年老"。研究这类现象的数学工具是模糊数学。

确定性现象与随机现象的共同特点是事物本身的含义确定；随机现象与模糊现象的共同特点是不确定性。但随机现象是指事件的结果不确定，而模糊现象是指事物本身的定义不确定。概率论与统计学将数学的应用从必然现象扩大到随机现象的领域，模糊数学则将数学的应用范围从清晰确定扩大到模糊现象的领域。

随机变量是表示随机现象各种结果的变量（一切可能的样本点）。例如，某一时间内公共汽车站等车乘客人数、电话交换台在一定时间内收到的呼叫次数等等，都是随机变量的实例。

一个随机试验的可能结果（称为基本事件）的全体组成一个基本空间Ω。随机变量X是定义在基本空间Ω上的取值为实数的函数，即基本空间Ω中每一个点，也就是每个基本事件在实轴上都有点与之对应。

例如，随机投掷一枚硬币，可能的结果有正面朝上、反面朝上两种，若定义X为投掷一枚硬币时朝上的面，则X为一随机变量，当正面朝上时，X取值1；当反面朝上时，X取值0。又如，掷一颗骰子，它的所有可能结果是出现1，2，3，4，5，6点，若定义X为掷一颗骰子时出现的点数，则X为一随机变量，出现1，2，3，4，5，6点时X分别取值1，2，3，4，5，6。

要全面了解一个随机变量，不但要知道它取哪些值，而且要知道它取这些值的规律，即要掌握它的概率分布。概率分布可以由分布函数刻画。若知道一个随机变量的分布函数，则它取任何值和它落入某个数值区间内的概率都可以求出。有些随机现象需要同时用多个随机变量来描述。例如，子弹着点的位置需要两个坐标才能确定，它是一个二维随机变量。类似地，需要n个随机变量来描述的随机现象中，这n个随机变量组成n维随机向量。描述随机向量的取值规律，用联合分布函数。随机向量中每个随机变量的分布函数称为边缘分布函数。若联合分布函数等于边缘分布函数的乘积，则称这些单个随机变量之间是相互独立的。

观察随机现象的试验称为随机试验。在随机试验中出现的事件称为随机事件。通常将事件以变量来表示，代表随机事件的变量就是随机变量，随机变量服从一定的概率分布。

3.1.4 概率与分布

3.1.4.1 概率

通过投掷硬币这个简单的例子来说明概率的基本含义。投掷一枚硬币时出现正面的频率，随着投掷次数 n 的增大，稳定在 0.5 左右。0.5 可视为投掷硬币出现正面的概率。因此，概率是某事件发生可能性的变量，重复多次试验来获得某事件的概率值。

概率的统计意义为：在不变的一组条件 S 下，重复 n 次试验，m 是其中事件 A 发生的次数；当试验次数 n 很大时，频率 $\frac{m}{n}$ 稳定地在某一数值 P 的附近摆动的幅度越来越小，则称数值 P 为事件 A 在条件 S 下发生的概率，即：$P(A)=p$。概率越接近 1，表明该事件发生的可能性越大；概率越接近 0，表明该事件发生的可能性越小。

若试验各自独立，且某事件只有发生与不发生两种可能性时，某事件发生的概率为 P，则该事件 n 次连续发生的概率

$$P = p^n$$

☞**例3-1** 从雌雄各半的 60 只小鼠中随机取 1 只为雄性的概率为 0.5，那么连续随机取 5 只都为雄性的概率是多少呢？

若每次取到的小鼠又放回原笼中，使上次取鼠不影响下次取鼠的概率，则取雄鼠这一系列事件是彼此独立的，那么连续随机取 5 只都为雄性的概率

$$P = 0.5^5 = 0.03125$$

倘若上次事件影响到下次事件的概率，则该事件 n 次连续发生的概率为

$$P = \frac{m}{T} \times \frac{m-1}{T-1} \times \frac{m-2}{T-2} \times \cdots \times \frac{m-n}{T-n}$$

或

$$P = \frac{m!(T-n)!}{T!(m-n)!}$$

所以，若每次取雄鼠后不放回到笼中，则上次取鼠就影响到下次取雄鼠的概率，那么连续 5 次取鼠均为雄鼠的概率

$$p = 30!(60-5)!/[60!(30-5)!] = 0.02609$$

在实际工作中，有时需要知道一系列试验中某事件一次也不发生的概

率以及至少发生一次的概率。n 次试验中 1 次也不发生的概率计算公式是：
$$q^n = (1-p)^n$$
n 次试验中至少发生 1 次的概率计算公式是：
$$P = 1 - q^n$$

☞**例 3-2** 某药物产生过敏反应的概率为 0.02，若有 80 人用此药，则 80 人中无 1 人发生过敏反应的概率
$$q^{80} = (1-0.02)^{80} = 0.19865$$
80 人中至少有 1 人发生过敏反应的概率
$$P = 1 - 0.19865 = 0.80135$$

在统计学上，一般认为概率 $P \leq 0.05$ 或 $P \leq 0.01$ 的事件为小概率事件，表示某事件发生的可能性很小。

3.1.4.2 分布

事件的概率表示了一次试验某一个结果发生的可能性大小。若要全面了解试验，则必须知道试验的全部可能结果及各种可能结果发生的概率，即必须知道随机试验的概率分布。统计学上的分布通常指的是概率的分布。根据随机变量类型的不同，概率的分布可分为离散型和非离散型两大类。随机变量 X 只能取自然数，如 $x_1, x_2, \cdots, x_n$，称为离散型随机变量。离散型随机变量的分布可用离散型函数表示。

几种重要的离散型随机变量及其分布：

1. 二项分布

二项分布是一种重要的离散型分布，它的应用条件是：

①每次试验结果只能是相互对立的两种情况中的一种。例如，某药的疗效为有效或无效；动物试验的结果为存活或死亡；医学检验结果为阳性或阴性；等等，二者必居其一，且仅居其一。

②若已知发生某一结果（如阳性）的概率为 π，则另一结果（阴性）发生的概率为 $1-\pi$。

③在 n 次重复试验中，各次试验相互独立，即每次试验的结果不会影响其他试验的结果。

若随机变量 X 发生的概率函数为
$$P(\pi = k) = C_n^k \pi^k (1-\pi)^{n-k} \quad (k = 1, 2, \cdots, n)$$
称随机变量 X 服从参数为 n 和 π 的二项分布。n 为试验次数，π 是二项分布的一个参数，而不是圆周率。

2. 泊松分布

泊松分布也是一种重要的离散型分布，其适用条件为：

①两分类变量。

②所考察的事件发生率 π 或者大样本率 p 很小，n 很大，$n\pi$ 或 np 为一不大的常数。

③事件的发生是独立的。如各病人的患病与他人无关。泊松分布可视为二项分布的特例。如在人群中，对某种物质过敏的人数、遗传缺陷、肿瘤等非传染性疾病的发病例数，大量产品中不合格品数，显微镜观察片子上每一格子内的细菌数等，都服从或近似服从泊松分布。

若随机变量 X 的概率分布如下：

$$P(X=x) = \frac{\lambda^x}{x!}e^{-\lambda}, (x=0,1,2,\cdots),$$

则称 X 服从参数为 λ 的泊松分布。式中 e 为自然对数的底，即 e = 2.71828。

3. 正态分布

正态分布是最常见、最重要的一种连续型分布。正态分布又称高斯分布。如果随机变量 X 的分布服从概率密度函数

$$f(x) = \frac{1}{\sigma\sqrt{2\pi}}e^{\frac{-(X-\mu)^2}{2\sigma^2}}, (-\infty < X < \infty)$$

则称变量 x 服从正态分布。x 称为正态变量，$f(x)$ 为正态分布的密度函数，π 为圆周率，e 为自然对数的底，μ 和 σ 为正态分布的两个参数。式中仅 x 为变量，其余均为常量。正态分布曲线如图 3-1 所示。

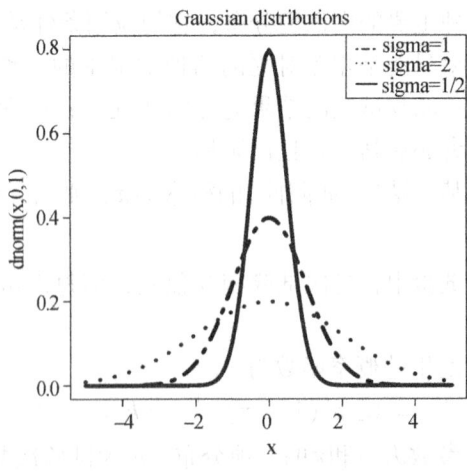

图 3-1 正态分布曲线

正态分布具有以下特征:

①在直角坐标系中呈钟形曲线,两端与 X 轴永不相交,且以 $X=\mu$ 为对称轴,左右完全对称。

②在 $X=\mu$ 处 $f(x)$ 取最大值,其值为

$$f(\mu) = \frac{1}{\sigma\sqrt{2\pi}}$$

X 越远离 μ,$f(x)$ 值越小。

③正态分布有两个参数,即位置参数 μ 和形态参数 σ。若固定 σ,改变 μ,曲线沿 X 轴平行移动,其形状不变。若固定 μ,σ 越小,曲线越陡峭;σ 越大,曲线越平坦。

④正态曲线下面积分布有一定规律,欲求其一定区间的面积,可通过对公式

$$f(x) = \frac{1}{\sigma\sqrt{2\pi}} e^{\frac{-(X-\mu)^2}{2\sigma^2}}$$

积分来计算曲线下面积,即

$$F(x) = \frac{1}{\sigma\sqrt{2\pi}} \int_{-\infty}^{X} e^{\frac{-(X-\mu)^2}{2\sigma^2}} dX$$

式中 $F(x)$ 为正态变量 X 的分布函数。由上式可知:

①X 轴与正态曲线所夹面积恒等于 1 或 100%;

②区间 $\mu \pm \sigma$ 的面积为 68.27%,区间 $\mu \pm 1.96\sigma$ 的面积为 95.00%,区间 $\mu \pm 2.58\sigma$ 的面积为 99.00%。

均数 $\mu=0$,标准差 $\sigma=1$ 的正态分布称为标准正态分布。

4. χ^2 分布

如果 u_1,u_2,$\cdots$,u_n 是 n 个相互独立的标准正态变量,则称随机变量 $\chi^2 = u_1^2 + u_2^2 + \cdots + u_n^2$ 服从自由度为 $v=n$ 的 χ^2 分布。χ^2 分布如图 3-2 所示。

5. t 分布

如果随机变量 X 服从标准正态分布,Y 服从自由度为 v 的 χ^2 分布,则称随机变量 $t =$

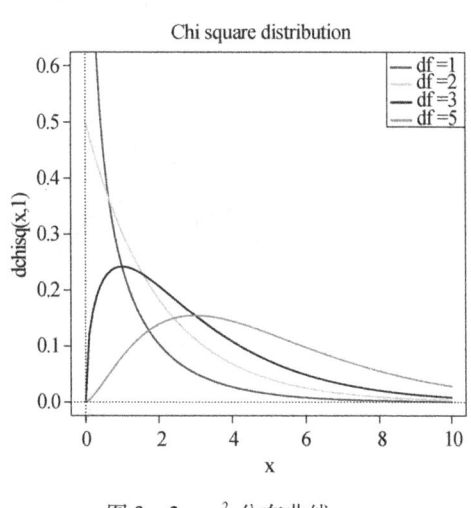

图 3-2 χ^2 分布曲线

$\dfrac{X}{\sqrt{Y/v}}$ 服从自由度为 v 的 t 分布。t 分布曲线如图 3-3 所示。

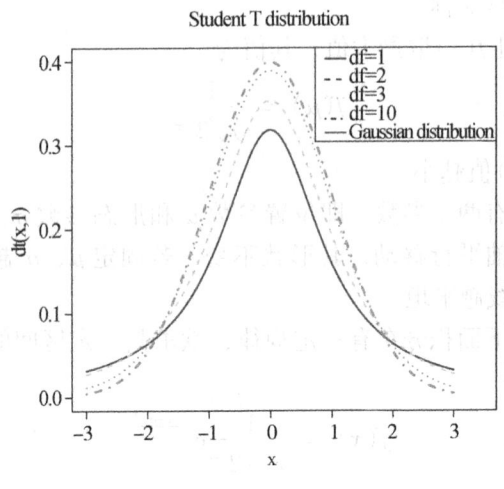

图 3-3　t 分布曲线

6. F 分布

如果随机变量 X_1，X_2 服从自由度为 v_1，v_2 的 χ^2 分布，则称随机变量 $F = \dfrac{X_1/v_1}{X_2/v_2}$ 服从自由度为 v_1，v_2 的 F 分布。F 分布曲线如图 3-4 所示。

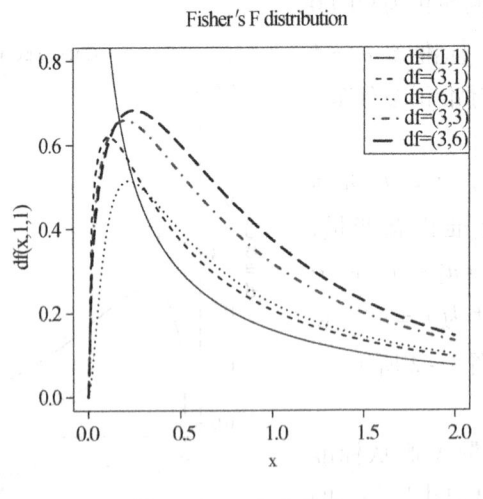

图 3-4　F 分布曲线

3.1.5 自由度

自由度是解析几何上的一个概念，指不受限制的运动的空间量度。数学上把 x_1，x_2，…，x_n 作为 N 维空间里的点，如果不加任何条件限制，这些点就有 n 个自由度。但若加上一个条件，如 $x_1 + x_2 + \cdots + x_n = \sum x$，自由度就减少了一个，即 $n-1$。如有 3 个变量 x，y，z，但 $x + y + z = 18$，因此其自由度等于 2。

在统计学中，自由度指的是计算某一统计量时，取值不受限制的变量个数。通常 $df = n - k$，其中 n 为样本含量，k 为被限制的条件数或变量个数，或计算某一统计量时用到其他独立统计量的个数。自由度通常用于抽样分布中。

3.2 试验数据的统计描述

在工农业生产或科学研究中所获得的试验数据几乎都是随机变量。对试验数据进行统计分析包括两项任务：一是统计描述，二是统计推断。所谓统计描述是指数据描述性统计分析，对样本特征进行描述，表述数据的分布特征。这种描述使用统计量。统计量不仅有集中性描述，也有离散性描述。它是数据分析的基本步骤，也是进行统计推断的基础。

例如：描述 5 个数据的均数为 100，它的意义是有限的，因为并不知道样本特征的全貌。由于均数为 100，可有无限个 5 个数据组合。如：30，50，80，140，200；98，99，100，101，102；-1000，100，180，200，1020；…如果将集中性和离散性指标结合，便可判断分布情况。

3.2.1 描述统计量

已知一组试验(或观测)数据为 x_1，x_2，…，x_n，它们是从所要研究的对象的全体——总体 X 中取出的，这 n 个观测值就构成一个样本。在某些简单的实际问题中，这 n 个观测值就是所要研究问题的全体。数据分析的任务就是要对这 n 个数据进行分析，提取数据中包含的有用信息。

数据作为信息的载体，要分析数据中包含的主要信息，就要分析数据的主要特征,也就是说,要研究数据的数字特征,即分析数据的集中位置、分散程度和数据分布特征等。

3.2.2 集中性统计指标

记量资料集中性统计指标常用的有均值、中位数和百分位数等。

3.2.2.1 算术均值

算术均值简称均数,是数据的平均数,定义为

$$\bar{x} = \frac{1}{n}\sum_{i=1}^{n} x_i$$

它描述的是数据取值的平均位置。均数可用于反映一组呈对称分布的变量值在数量上的平均分布。

在 R 语言中,可用 mean( ) 函数计算样本的均值,见 R 语言代码清单3.1。

📝代码清单3.1 R语言中 mean( ) 函数的用法

```
1    mean(x,trim = 0,na.rm = FALSE)
```

其中,x 是对象(如向量、矩阵、数组或数据框)。trim 是在计算均数前去掉 x 两端观察值的比例,默认值为 0,即包括全部数据。当 na.rm = TRUE 时,允许数据中有缺失数据。函数返回的是对象 x 的均数。

3.2.2.2 几何均数

几何均数的意义是一组观察值的平均增(减)倍数,它适用于描述等比级资料或对数正态分布的平均水平,如抗体的平均滴度和平均效价呈倍数关系的偏态分布的资料。习惯上用几何均数表示其平均水平。

几何均数可以通过直接法计算,公式为

$$G = \sqrt[n]{x_1 x_2 \cdots x_n}$$

适用于观察个数不多的未分组资料。也可以采用加权法计算,公式为

$$G = \lg^{-1}\left[\left(\sum f \lg x\right) / \sum f\right]$$

适用于相同观察值个数较多或频数表资料。

要注意的是,计算几何均数时,观察值不能有 0,因为 0 没有对数,

不能与任何其他数呈倍数关系；观察值不能同时有正值和负值；若全是负值，计算时可把负号去掉，得出结果后再加上负号。

☞ **例 3-3** 观察 200 人注射疫苗后的抗体滴度，资料如表 3-1 的第 1、2 列数据，求其平均滴度。

表 3-1 注射疫苗后抗体平均滴度数据

抗体滴度$(1:x)$	人数(f)	滴度倒数(x)	$\lg x$	$f\lg x$
1 : 20	40	20	1.3010	52.0400
1 : 40	60	40	1.6021	96.1260
1 : 80	70	80	1.9031	133.2170
1 : 160	20	160	2.2041	44.0820
1 : 320	10	320	2.5051	25.0152

这是典型的频数表资料，用加权法计算几何均数，求得：

$$G = \lg^{-1}\left[\left(\sum f\lg x\right)/\sum f\right]$$
$$= \lg^{-1}(350.5165/200) = 56.57$$

即平均滴度为 1 : 56.57。这是按照公式步骤进行计算，也可以在 R 语言中编辑好计算公式进行计算，见 R 语言代码清单 3.2。

✍ 代码清单 3.2 R 语言编程求几何均数

```
1    x <- c(1/20, 1/40, 1/80, 1/160, 1/320); f <- c(40, 60, 70, 20, 10)
2    G <- 10^(sum(f * log10(1/x))/sum(f)); G
```

#[1] 56.56854

R 语言代码清单 3.2 第 1 行输入抗体滴度和频数，第 2 行编辑加权几何均数的计算公式，并将结果输出。

3.2.2.3 中位数和百分位数

中位数反映位次居中的观察值水平。将 n 个观察值按大小顺序排列，位次居中的数值即为中位数。当 n 为奇数时，取位次居中的变量值；当 n 为偶数时，取位次居中的两个变量值的均数。它适用于各种分布类型的资料，尤其是偏态分布资料和一端或两端无确切数值的资料。

百分位数是中位数的推广，也是一种位置指标。将 n 个观察值从小到大依次排列，再把它分成 100 等份，对应于第 $x\%$ 位次上的数值即为第 x 百分位数，记为 P_x。一个百分位数 P_x 将总体或样本的全部观察值分为两部分，理论上有 $x\%$ 的观察值比它小，有 $(100-x)\%$ 的观察值比它大。百分位数的用途有：

描述观察值序列在某百分位置上的水平。最常用的百分位数是 P_{50}，即中位数，常用于反映偏态分布资料观察值的集中位置，代表其平均水平。

在 R 语言中，可以通过 median( ) 函数求中位数和 quantile( ) 函数求百分位数，见 R 语言代码清单 3.3。

📋代码清单 3.3　R 语言 median( ) 函数计算中位数与百分位数

```
1  c <- c(6,8,11,12,14,15,16,21,29,34)
2  median(c);quantile(c);quantile(c,9/100)
```

\# [1] 14.5
\#   0%   25%   50%   75% 100%
\# 6.00 11.25 14.50 19.75 34.00
\#   9%
\# 7.62

3.2.3　离散趋势的统计指标

3.2.3.1　极差与半极差

极差又称全距，即一组观察值的最大值和最小值之差。极差反映个体变异的范围。极差大，说明变异度大；极差小，说明变异度小。但是仅用极差来描述数据的变异程度也不全面，极差不能反映所有数据的变异大小，极差受样本含量 n 的影响较大。一般情况下，n 大极差大，即使 n 不变，每次抽样得到的极差值相差也大，故其稳定性较差。此外，还需要考虑两端的极端值，所以极差除了反映最大值和最小值外，不能反映组内其他数据的变异度。上、下四分位数之差称为半极差。

在 R 语言中，程序代码清单 3.4 可以计算极差。

📋代码清单 3.4　R 语言计算极差

```
1  c <- c(6, 8, 11, 12, 14, 15, 16, 21, 29, 34)
2  R <- max(c) - min(c); R
```

\# [1] 28

3.2.3.2 四分位数间距

四分位数可看成特定的百分位数,包括 P_{25},P_{50},P_{75}。P_{25} 称为第 1 四分位数或下四分位数,记为 Q_L;P_{50} 称为第 2 四分位数,即中位数;P_{75} 称为第 3 四分位数或上四分位数,记为 Q_U。

上、下四分位数间距亦称为四分位差,记为 Q_R,$Q_R = Q_U - Q_L$。四分位数间距包括了全部观察值中居于中间水平的一半,所以可看成中间一半观察值的极差。它和极差类似,Q_R 越大,说明变异度越大;Q_R 越小,说明变异度越小。

3.2.3.3 方差与标准差

方差也称均方差,反映一组数据的平均离散程度。就总体而言,应该考虑其每一个变量值 X 与均数 μ 的差值,即离均差 $X - \mu$。由于 $X - \mu$ 有正有负,使得 $\sum (X - \mu) = 0$,故离均差和 $\sum (X - \mu)$ 无法描述一组数据的变异大小。为了消除正负,将离均差平方后相加得到 $\sum (X - \mu)^2$,即为离均差平方和。但是离均差平方和还没有考虑变量个数 N 的影响,即 N 越大,$\sum (X - \mu)^2$ 也越大。为了解决这一问题,将离均差平方和除以 N 就得到了方差。总体方差用 σ^2 表示,计算公式为

$$\sigma^2 = \frac{\sum (X - \mu)^2}{N}$$

标准差是方差的正平方根,其量纲与原变量值相同。总体标准差用 σ 表示。计算公式为

$$\sigma = \sqrt{\frac{\sum (X - \mu)^2}{N}}$$

一般情况下,总体均数 μ 未知,需用样本均数 $\bar{x}$ 估计。数理统计证明:若用样本的变量个数 n 代替 N,计算出的样本方差对 σ^2 的估计偏小,需将 n 用 $n-1$ 代替。样本方差记为 S^2,其标准差 S 的计算公式为

$$S = \sqrt{\frac{\sum (X - \bar{x})^2}{n - 1}}$$

标准差的用途:由于标准差的度量单位与变量一致,所以描述一组观察值离散趋势时,标准差是比方差更为常用的统计指标,标准差越大,说

明个体差异越大，平均数的代表性就越差。标准差 S 常作为衡量精密度的指标，S 值越小，说明测定方法的精密度越高。

在 R 语言中，分别用 var( ) 函数和 sd( ) 函数计算方差和标准差，见 R 语言代码清单 3.5。

代码清单 3.5　R 语言 var( ) 函数计算方差、sd( ) 函数计算标准差

```
1  c <- c(6, 8, 11, 12, 14, 15, 16, 21, 29, 34)
2  var(c); sd(c)
```

\# [1] 80.48889
\# [1] 8.97156

3.2.3.4　变异系数

样本标准差与均数之比用百分数表示，即为样本变异系数 CV (coefficient of variation)。变异系数实质上是一个相对变异指标，无度量单位，更便于资料间的比较分析。变异系数常用于比较度量衡单位不同资料的变异度；比较均属相差悬殊资料的变异度。同时，变异系数是精密度评价的常用指标，S 或 CV 越小，说明测定方法的精密度越高。变异系数计算公式为

$$CV = \frac{S}{\bar{x}} \times 100\%$$

在 R 语言中，可通过编辑公式计算变异系数，见 R 语言代码清单 3.6。计算得到随机变量 w 的变异系数为 12.05%。

代码清单 3.6　R 语言计算变异系数

```
1  w <- c(75.0, 64.0, 47.4, 66.9, 62.2, 62.2, 58.7, 63.5, 66.6, 64.0, 57.0, 69.0, 56.9, 50.0, 72.0)
2  cv <- 100 * sd(w)/mean(w); cv
```

\# [1] 12.05071

3.2.3.5　偏度系数和峰度系数

偏度系数是描述分布偏离对称性程度的一个特征数。当分布左右对称时，偏度系数为 0。当偏度系数大于 0 时，即重尾在右侧时，该分布为右偏；当偏度系数小于 0 时，即重尾在左侧时，该分布为左偏。偏度系数计算公式为

$$S_k = \frac{n}{(n-1)(n-2)s^3} \sum_{i=1}^{n} (x_i - \bar{x})^3$$

峰度系数是用来反映频数分布曲线顶端尖峭或扁平程度的指标。当数据的总体分布为正态分布时,峰度系数近似为 0。当分布较正态分布的尾部更分散时,峰度系数为正,否则为负。当峰度系数为正时,两侧极端数据较多;当峰度系数为负时,两侧极端数据较少。峰度系数计算公式为

$$k = \frac{n(n+1)}{(n-1)(n-2)(n-3)s^4} \sum_{i=1}^{n} (x_i - \bar{x})^4 - 3\frac{(n-1)^2}{(n-2)(n-3)}$$

在 R 语言中,可以通过自己编写一个函数将随机变量各种描述性统计量计算出来,见 R 语言代码清单 3.7。

📖 代码清单 3.7　R 语言编程计算各种描述性统计量

```
1   w <- c(75.0, 64.0, 47.4, 66.9, 62.2, 62.2, 58.7, 63.5, 66.6, 64.0, 57.0, 69.0, 56.9,
        50.0, 72.0)
2   data_describe <- function(x){n <- length(x)
3   m <- mean(x)
4   v <- var(x)
5   s <- sd(x)
6   me <- median(x)
7   cv <- 100*s/m
8   R <- max(x) - min(x)
9   R1 <- quantile(x,3/4) - quantile(x,1/4)
10  g1 <- n/((n-1)*(n-2))*sum((x-m)^3)/s^3
11  g2 <- ((n*(n+1))/((n-1)*(n-2)*(n-3))*sum((x-m)^4)/s^4 - (3*(n-1)^2)/
        ((n-2)*(n-3)))
12  data.frame(N=n,Mean=m,Var=v,SD=s,Median=me,CV=cv,R=R,R1=R1,Skewness=
        g1,Kurtosis=g2,row.names=1)}
13  data_describe(w)
```

```
#     N  Mean   Var       SD        Median  CV        R     R1   Skewness     Kurtosis
# 1  15  62.36  56.47257  7.514823  63.5    12.05071  27.6  8.9  -0.4299561   0.09653947
```

3.3　试验数据的统计推断

根据样本推断总体的分布和分布的数字特征称为统计推断。统计推断是对整理出的统计量做进一步分析,通过样本所提供的信息来推断总体。

统计推断需要与统计描述结合使用,统计推断的结果为研究者作出专业结论提供科学依据,所下的推断将影响后来的决策。统计推断包括参数估计和假设检验两部分内容。

参数估计就是用样本指标来估计总体指标。参数估计可分为点估计与区间估计两种。假设检验是先对总体的参数或分布作出某种假设,然后以适当的统计检验方法,根据样本对总体提供的信息,推断此次假设应当拒绝或接受。

3.3.1 参数估计

根据样本估计总体分布所包含的未知参数,叫做参数估计。它是统计推断的一种重要形式。参数估计采用样本指标值(统计量)推断总体指标值(参数)。参数估计有点估计和区间估计两种方法。

点估计就是利用相应样本统计量直接作为总体参数的估计值,如用 $\bar{x}$ 估计 μ,用 S 估计 σ 等,其方法简单,但这种统计推断方法没有考虑抽样误差的大小。

区间估计预先给定一定的概率所确定的包含未知总体参数的一个范围,该范围称为参数的可信区间或置信区间。预先给定的概率 $1-\alpha$ 称为可信度或置信度,常取 95% 或 99%,如无特别说明,一般取双侧 95%。可信区间通常由两个数值即可信限或置信限构成,其中较小的值称为可信下限,较大的值称为可信上限,一般表示为 $L \sim U$。

总体均数可信区间的计算方法,随总体标准差 σ 是否已知,以及样本含量的大小而异,通常有 t 分布和 U 分布两类方法。

3.3.1.1 单一总体均数的可信区间

(1) σ 未知——按 t 分布。根据 t 分布的原理,可得总体均数的双侧 $1-\alpha$ 可信区间为

$$(\bar{X} - t_{\frac{\alpha}{2},v} S_{\bar{X}}, \bar{X} + t_{\frac{\alpha}{2}},v S_{\bar{X}})$$

或

$$(\bar{X} \pm t_{\frac{\alpha}{2},v} S_{\bar{X}})$$

同理,总体均数的单侧 $1-\alpha$ 可信区间为

$$\mu > \bar{X} - t_{\alpha,v} S_{\bar{X}}, \mu < \bar{X} + t_{\alpha,v} S_{\bar{X}}$$

(2) σ 已知或 σ 未知但 n 足够大,如 $n > 60$——按 u 分布。σ 已知:

$$\bar{X} - u_{\frac{\alpha}{2}} \sigma_{\bar{X}} < \mu < \bar{X} + u_{\frac{\alpha}{2}} \sigma_{\bar{X}}$$

σ 未知但 n 较大：
$$\overline{X} - u_{\frac{\alpha}{2}} S_{\overline{X}} < \mu < \overline{X} + u_{\frac{\alpha}{2}} S_{\overline{X}}$$

同理，总体均数的单侧 $1-\alpha$ 可信区间则为
$$\mu > \overline{X} - u_{\frac{\alpha}{2}} \sigma_{\overline{X}}, \mu < \overline{X} - u_{\frac{\alpha}{2}} \sigma_{\overline{X}}$$

或
$$\mu > \overline{X} - u_{\frac{\alpha}{2}} S_{\overline{X}}, \mu < \overline{X} - u_{\frac{\alpha}{2}} S_{\overline{X}}$$

R 语言中，没有直接计算 σ 已知时均值区间估计的内置函数，可在 R 语言中编写函数进行均值 μ 的区间估计，编写的 R 语言程序 interval_estimate1() 函数，见 R 语言代码清单 3.8。

代码清单 3.8　自编均值区间估计的 R 语言程序

```
1   interval_estimate1 <- function(x, sigma = -1, alpha = 0.05){
2   n <- length(x); xb <- mean(x)
3   if(sigma > =0){tmp <- sigma/sqrt(n) * qnorm(1 - alpha/2); df <- n}
4   else{tmp <- sd(x)/sqrt(n) * qt(1 - alpha/2, n - 1); df <- n - 1}
5   data.frame(Mean = xb, df = df, L = xb - tmp, U = xb + tmp)}
```

函数中，x 为来自总体的样本数据所构成的向量，sigma 为总体的标准差，当标准差已知时，输入相应的值，程序采用正态分布计算区间的端点；当标准差未知时，不输入标准差的值，程序采用 t 分布计算区间的端点值；alpha 为置信水平，默认值为 0.05。函数以数据框的形式输出，输出的内容有：样本均值 Mean，自由度 df 和区间估计的上下限 L，U。下面用一个实例说明该函数的应用，见 R 语言代码清单 3.9。

例 3-4　某人称自己的体重（单位 500g）10 次的数据：175，176，173，175，174，173，173，176，173，179。假设此人的体重服从正态分布，标准差为 1.5，求体重置信水平为 95% 以及 99% 的置信区间。

因总体标准差未知的情况下，只需在使用自编程序时，加上参数 sigma =1.5 即可计算置信区间。若样本数据在总体标准差未知的情况下，分别计算体重置信水平为 95% 以及 99% 的置信区间，见 R 语言代码清单 3.10。

代码清单 3.9　均值区间估计的 R 语言程序计算实例(1)

```
1   weight <- c(175,176,173,175,174,173,173,176,173,179)
2   interval_estimate1(weight, sigma = 1.5, alpha = 0.05)
3   interval_estimate1(weight, sigma = 1.5, alpha = 0.01)
```

```
#     Mean   df      L          U
# 1   174.7  10    173.7703   175.6297
#     Mean   df      L          U
# 1   174.7  10    173.4782   175.9218
```

📝代码清单3.10 自编均值区间估计的R语言程序计算实例(2)

```
1   weight <- c(175,176,173,175,174,173,173,176,173,179)
2   interval_estimate1(weight,alpha = 0.05)
3   interval_estimate1(weight,alpha = 0.01)
```

```
#     Mean   df      L          U
# 1   174.7  9     173.3076   176.0924
#     Mean   df      L          U
# 1   174.7  9     172.6996   176.7004
```

在总体标准差未知时，还可以通过R语言内置的t.test()函数来进行区间估计，见R语言代码清单3.11。

通过t.test()函数得到的区间估计与自编函数interval_estimate1()得到的区间估计是相同的。

3.3.1.2 两总体均数之差的可信区间

从总体标准差相等，但总体均数不等的两个正态总体 $N(\mu_1,\sigma^2)$ 和 $N(\mu_2,\sigma^2)$ 进行随机抽样。若两样本的样本含量、均数、标准差分别用 n_1，$\overline{X}_1$，S_1 和 n_2，$\overline{X}_2$，S_2 表示，则两总体均数之差 $\mu_1 - \mu_2$ 的双侧 $1-\alpha$ 可信区间为：

$$(\overline{X}_1 - \overline{X}_2) \pm t_{\frac{\alpha}{2},v} S_{\overline{X}_1 - \overline{X}_2}$$

式中自由度

$$v = (n_1 - 1) + (n_2 - 1) = n_1 + n_2 - 2$$

$S_{\overline{X}_1 - \overline{X}_2}$ 为两均数之差的标准误差，由下式计算：

$$S_{\overline{X}_1 - \overline{X}_2} = \sqrt{S_c^2 \left(\frac{1}{n_1} + \frac{1}{n_2} \right)}$$

$$S_c^2 = \frac{(n_1 - 1)S_1^2 + (n_2 - 1)S_2^2}{n_1 + n_2 - 2}$$

S_c^2 称为合并方差。

同样,也可得到两总体均数之差 $\mu_1 - \mu_2$ 的单侧 $1 - \alpha$ 可信区间为:

$$\begin{cases} \mu_1 - \mu_2 > (\overline{X}_1 - \overline{X}_2) - t_{\alpha,v} S_{\overline{X}_1 - \overline{X}_2} \\ \mu_1 - \mu_2 < (\overline{X}_1 - \overline{X}_2) + t_{\alpha,v} S_{\overline{X}_1 - \overline{X}_2} \end{cases}$$

当两样本的样本含量均较大时(均大于 60),上述可信区间的公式中 $t_{\frac{\alpha}{2},v}$ 和 $t_{\alpha,v}$ 可用相应的 $u_{\frac{\alpha}{2}}$ 和 u_α 代替,也可以用 $S_{\overline{X}_1 - \overline{X}_2} \approx \sqrt{\dfrac{S_1^2}{n_1} + \dfrac{S_2^2}{n_2}}$ 来计算。

在 R 语言中,可以编写函数求两总体均数之差 r 可信区间,见 R 语言代码清单 3.12。

代码清单 3.12 自编计算两总体均数差值可信区间 R 语言程序 intervale_stimate2

```
1   interval_estimate2 <- function(x, y,
2       sigma = c(-1, -1), var.equal = FALSE, alpha = 0.05){
3       n1 <- length(x); n2 <- length(y)
4       xb <- mean(x); yb <- mean(y)
5       if(all(sigma >= 0)){
6           tmp <- qnorm(1 - alpha/2) * sqrt(sigma[1]^2/n1 + sigma[2]^2/n2)
7           df <- n1 + n2
8       }else{ if(var.equal == TRUE){
9           Sw <- ((n1 - 1) * var(x) + (n2 - 1) * var(y))/(n1 + n2 - 2)
10          tmp <- sqrt(Sw * (1/n1 + 1/n2)) * qt(1 - alpha/2, n1 + n2 - 2)
11          df <- n1 + n2 - 2
12      }else{ S1 <- var(x); S2 <- var(y)
13          nu <- (S1/n1 + S2/n2)^2/(S1^2/n1^2/(n1 - 1) + S2^2/n2^2/(n2 - 1))
14          tmp <- qt(1 - alpha/2, nu) * sqrt(S1/n1 + S2/n2)
15          df <- nu}}
16      data.frame(mean = xb - yb, df = df, a = xb - yb - tmp, b = xb - yb + tmp)}
```

在 R 语言代码清单 3.12 中,**x**,**y** 是分别来自两总体的样本所构成的向量,sigma 是两总体标准差构成的向量。当标准差已知时,输入相应的值,程序采用正态分布计算区间端点;当标准差未知时,不需要输入,此时需要考虑两总体的方差是否相等,如果两总体方差相等,输入 var.equal = TRUE,程序采用自由度为 $n_1 + n_2 - 2$ 的 t 分布计算区间端点;若认为两总体方差不等,输入 var.equal = FALSE,程序采用自由度为 v 的 t

分布计算区间端点。

☞**例3-5** 某公司用两条自动化流水线灌装口服液。现从生产线上随机抽取样本 X_1, X_2, …, X_{15} 和 Y_1, Y_2, …, Y_{17} 量取口服液体积(mL)(数据由计算机模拟产生,均值 $\mu_1 = 24.6$,$\mu_2 = 26.3$,标准差 $\sigma_1 = 2.1$,$\sigma_2 = 3.6$)。假设两条流水线所灌装的口服液体积都服从正态分布,分别为 $N(\mu_1, \sigma^2)$ 和 $N(\mu_2, \sigma^2)$,给定置信系数为 0.95,试求 $\mu_1 - \mu_2$ 的区间估计。

考虑两种情况:①两总体方差相同;②两总体方差不同。本例可采用自编函数 interval_estimate2() 进行区间估计,见 R 语言代码清单3.13,3.14。

📄代码清单3.13 自编函数 interval_estimate2() 应用实例1

```
1   x <- rnorm(15, 24.6, 2.1)
2   y <- rnorm(17, 26.3, 3.6)
3   interval_estimate2(x,y)
```

```
#        mean        df         a          b
# 1  -1.729281   25.79026  -3.686612  0.2280506
```

在认为方差不同的情况下,两总体均数 $\mu_1 - \mu_2$ 在置信系数为95%的区间估计为 [-3.6866, 0.22805]。如果认为方差相同,则需要声明参数 var.equal 的值为 TRUE,见 R 语言代码清单3.14。

📄代码清单3.14 自编函数 interval_estimate2() 应用实例2

```
1   interval_estimate2(x,y,var.equal = TRUE)
```

```
#        mean      df         a          b
# 1  -1.729281   30   -3.739188  0.2806262
```

因此,在认为方差相同的情况下,两总体均数 $\mu_1 - \mu_2$ 在置信系数为95%的区间估计为 [-3.7392, 0.28063]。

在这个例子中,$\mu_1 - \mu_2$ 的区间估计包含了零,也就是说,μ_1 可能大于 μ_2,也可能小于 μ_2。这时如果 μ_1 与 μ_2 没有显著差异,即可认为两条自动化流水线灌装口服液的灌装体积是没有差异的。

在 R 语言中, t.test() 函数也可以给出两样本差的区间估计,见 R 语言代码清单3.15。

📝 代码清单3.15　R语言 t.test( )函数用于两样本可信区间的估计

```
1    t.test(x,y)
```

\# 95 percent confidence interval:
\# -3.6866123 0.2280506

由于没有声明，默认 var.equal = FALSE，认为两样本方差不同。如果认为方差相同，需要声明 var.equal = TRUE。可以发现，自编函数 interval_estimate2( )和 t.test( )函数计算结果完全相同。

可信区间估计的优劣取决于两个方面：一是可信度 $1-\alpha$，即区间包含总体均数 μ 的理论概率大小。当然它越接近1越好，如99%的可信度比95%的可信度好。二是区间的宽度。区间越窄越好。当样本含量为定值时，上述两者互相矛盾，若只顾提高可信度，则可信区间会变宽（即减小 α，但增大了 t 或 u），这势必降低可信区间的实际应用价值，故不能笼统认为99%可信区间比95%可信区间要好。相反，在实际应用中，95%的可信区间更为常用。在可信度确定的情况下，增加样本含量可减小区间宽度。

如果能够进行重复抽样试验，平均有 $1-\alpha$（如95%）的可信区间包含了总体参数，而不是总体参数落在该范围的可能性为 $1-\alpha$。但在实际工作中，只能根据一次试验结果估计可信区间，就认为该区间包含了总体均数 μ，根据小概率事件不太可能在一次试验中发生的原理，该结论错误的概率小于或等于0.05。

3.3.2　假设检验

从总体随机抽样，由样本信息推断总体特征，除了参数估计之外，在实际应用中还会遇到这样的问题：某一样本均数是否来自已知均数总体？两个不同样本均数是否来自均数相同的总体？等等。要回答这类问题，除参数估计的方法外，更多的是用统计推断的另一种方法——假设检验来解决。

假设检验也称为显著性检验，它和参数估计是统计推断的两个重要领域。假设检验是先对总体的特征（如总体的参数或分布、位置）提出某种假设，如假设总体均数为一定值、总体均数相等、总体分布为某种分布、两总体分布位置相同等，然后根据随机样本提供的信息，根据统计量的分布规律计算出检验统计量，再根据计算出来的检验统计量确定其概率 P 值，运用小概率原理，由 P 值判断样本是否支持原假设，推断假设是否成立，并对假设做出取舍决策，从而最终做出统计推断。因此，假设检验蕴含着自己独特的逻辑和统计学思维方式，假设检验通过随机样本认识总体的结论有助于作出正确的专业结论。

所谓小概率原理，就是在一次试验中，概率很小（接近于零）的事件认为是实际上不可能发生的事件，而概率接近于 1 的事件认为是实际上必然发生的事件。根据小概率原理，概率很小的随机事件在一次试验中可认为是不会发生的。否定假设的依据就是小概率原理。

统计上的假设检验方法是：先假设差异完全是抽样误差所致，在这个假设下，计算检验统计量（如 t 值、u 值等），按样本统计量的分布规律求出获得现有样本检验统计量值的概率，采用归纳法和类似反证法的逻辑，作出拒绝假设或不拒绝假设的推断。如果出现了小概率事件，就应拒绝这个假设；如果没有出现小概率事件，则没有理由怀疑这个假设，所以不拒绝这个假设。

这种推断的特点是依据小概率原理，采用类似于数学中的逻辑论证的反证法，但又区别于纯数学中逻辑推理的反证法，因为这里并不是形式逻辑中的绝对矛盾，而是基于人们在实践中广泛应用的小概率原理。所以说假设检验的基本思想是某种带有概率性质的反证法。

假设检验的一般步骤为：

①对待检验的未知参数 θ，根据问题的需要，作出一个单边或双边的原假设 H_0。

②选定一个显著性水平 α，最常用的是 $\alpha = 0.05$，放松一点也可以取 $\alpha = 0.075$ 或 0.1，严格一些可取 $\alpha = 0.025$ 或 0.01。

③构造一个统计量 g，g 的大小反映对 H_0 有利或不利，再根据 g 确定其概率 P 值。

④最后根据小概率原理，依据 P 值判断样本信息是否支持原假设 H_0，并对假设作出取舍，从而作出最终统计推断。

⑤如果根据统计量 g 计算出的 P 值大于显著性水平 α，则拒绝接受原假设 H_0，从而接受其对立假设，即 H_1；如果 P 值小于显著性水平 α，则说

明尚没有证据表明原假设 H_0 是错误的，从而接受原假设 H_0。

通常采用结论成立的假设为原假设，又称为零假设，记为 H_0；与之对立的假设为被择假设，又称为对立假设，记为 H_1。原假设和对立假设并不对称或可交换，它们在假设检验中的地位是不同的。原假设与对立假设的建立主要根据具体问题来决定的，常把没有把握、不能轻易肯定的命题作为对立假设，而把没有充分理由不能轻易否定的命题作为原假设，只有理由充分时才拒绝它，否则应予以保留。

在假设检验中，拒绝原假设 H_0 的最小显著性水平为检验的 P 值。检验的 P 值表示对原假设的怀疑程度，或解释为首次拒绝原假设的概率，P 值越小，表示原假设越可疑，从而越应该拒绝原假设。P 值的具体计算依赖于原假设、统计量的分布及其规律。现有的统计软件都会提供检验的 P 值。

3.3.3 重要的参数检验

由于实际问题中，大多数随机变量服从或近似服从正态分布，因此这里重点介绍正态参数的假设检验。在正态计量资料的假设检验中，最为简单、常用的方法是 t 检验。当样本含量较小时（如 $n<60$），理论上要求 t 检验的样本随机地取自正态总体，两小样本均数比较时还要求两样本所对应的两总体方差相等（$\sigma_1^2 = \sigma_2^2$），即方差齐性。在实际应用时，如与上述条件略有偏离，对结果亦影响不大。

3.3.3.1 单样本 t 检验

单样本 t 检验即样本均数 $\overline{X}$（代表未知总体均数 μ）与已知总体均数 μ_0（一般为理论值、标准值或经过大量观察所得到的稳定值等）的比较。其检验统计量按式

$$t = \frac{\overline{X} - \mu_0}{S_d/\sqrt{n}}$$

计算，自由度 $v = n - 1$。在 R 语言中，可以采用 t.test( ) 函数进行单样本 t 检验. 下面用实例说明怎样用 t.test( ) 函数进行单样本 t 检验。

☞**例 3-6** 某医生检测 36 名从事铅作业男性工人的血红蛋白含量,其均数为 130.83g/L,标准差为 25.74g/L,从事铅作业男性工人的血红蛋白是否不同于正常成年男性平均值 140g/L?①

首先建立检验假设,确定检验水平。原假设 H_0:$\mu = \mu_0 = 140$g/L,即从事铅作业的男性工人平均血红蛋白含量与正常成年男性平均值相等;备择假设 H_1:$\mu \neq \mu_0 = 140$g/L,即从事铅作业的男性工人平均血红蛋白含量与正常成年男性平均值不等。检验水平 $\alpha = 0.05$,然后计算检验统计量,确定 P 值,作出推断结论。分析程序见 R 语言代码清单 3.16。

✍代码清单 3.16 t.test() 函数单样本 t 检验应用

```
1  x <- rnorm(n = 36, mean = 130.83, sd = 25.74)
2  t.test(x, mu = 140)
```

```
#        One Sample t - test
#
# data: x
# t = -4.6511, df = 35, p - value = 4.581e - 05
# alternative hypothesis: true mean is not equal to 140
# 95 percent confidence interval:
#  114.2217  129.8873
# sample estimates:
# mean of x
#  122.0545
```

通过 R 语言的 t.test() 函数算出检验统计量 $t = -4.65$,$p = 4.581 \times 10^{-5}$,按 $\alpha = 0.05$ 水准,拒绝 H_0,接受 H_1,有统计学意义。结合专业可认为从事铅作业的男性工人平均血红蛋白含量低于正常成年男性。

t.test() 函数也给出了区间估计的结果,95% 置信水平下的置信区间为:[114.22, 129.89],该区间不包含 140g/L,并且低于 140g/L,同样表明从事铅作业的男性工人平均血红蛋白含量低于正常成年男性。

3.3.3.2 配对样本 t 检验

配对样本 t 检验又称成组 t 检验,适用于配对设计的计量资料。配对设计是将受试对象按照某些重要特征配成对子,每对中的受试对象随机分配

---

① 注:本例数据通过 R 语言 rnorm() 函数模拟产生。

到两个处理组,主要有两种情形:一种是同质受试对象分别接受两种不同处理;另外一种是同一受试对象分别接受两种不同处理。配对 t 检验本质与单样本 t 检验相同,若两种处理效果相同,即 $\mu_1 = \mu_2$,则 $\mu_1 - \mu_2 = 0$,因此可将此类资料看成为两样本均值之差 $\bar{x}_1 - \bar{x}_2$ 所代表的样本与未知总体均数 $\mu_d = 0$ 的比较,其检验统计量计算公式为

$$t = \frac{\bar{x}_1 - \bar{x}_2}{S_d / \sqrt{n}}$$

式中 S_d 为差值的标准差,n 为对子数,$v = n - 1$。

☞**例3-7** 为比较两种方法对乳酸饮料中脂肪含量测定结果是否相同,随机抽取 10 份乳酸饮料制品,分别用脂肪酸水解法和哥特里-罗紫法测定,结果见表 3-2。问两法测定结果是否不同?

R 语言中通过 t.test() 函数可进行配对样本的 t 检验,声明 paired = TRUE 参数即可。分析过程见 R 语言代码清单 3.17。

表3-2 两种方法测定乳酸饮料中脂肪含量结果(%)

编号	哥特里-罗紫法	脂肪酸水解法	差值 d
1	0.840	0.580	0.260
2	0.591	0.509	0.082
3	0.674	0.500	0.174
4	0.632	0.316	0.316
5	0.687	0.337	0.350
6	0.978	0.517	0.461
7	0.750	0.454	0.296
8	0.730	0.512	0.218
9	1.200	0.997	0.203
10	0.870	0.506	0.364

✎□代码清单3.17 R 语言配对样本 t 检验应用

```
1  m1 <- c(0.840, 0.591, 0.674, 0.632, 0.687, 0.978, 0.750, 0.730, 1.200, 0.870)
2  m2 <- c(0.580, 0.509, 0.500, 0.316, 0.337, 0.517, 0.454, 0.512, 0.997, 0.506)
3  t.test(m1, m2, paired = TRUE)
```

\#   Paired t-test

\#

\#   data: m1 and m2

\#   t = 7.926, df = 9, p-value = 2.384e-05

\#   alternative hypothesis: true difference in means is not equal to 0

```
# 95 percent confidence interval:
# 0.1946542  0.3501458
# sample estimates:
# mean of the differences
#           0.2724
```

t 检验结果表明，$t = 7.93$，$p = 2.384 \times 10^{-5}$，按 $\alpha = 0.05$ 水准，拒绝 H_0，接受 H_1。可认为两种方法对脂肪含量测定结果不同，哥特里-罗紫法测定结果的脂肪含量较高。也可以先计算差值，再按单样本 t 检验方法进行计算，见 R 语言代码清单 3.18：

代码清单 3.18　R 语言配对样本 t 检验的另一种方式

```
1  d <- m1 - m2;t.test(d,mu = 0)
```

```
#          One Sample t-test
#
# data: d
# t = 7.926, df = 9, p-value = 2.384e-05
# alternative hypothesis: true mean is not equal to 0
# 95 percent confidence interval:
# 0.1946542  0.3501458
# sample estimates:
# mean of x
#    0.2724
```

计算结果与使用 t.test(m1, m2, paired = TRUE) 一致。

3.3.3.3　两样本 t 检验

两样本 t 检验又称成组 t 检验，适用于完全随机设计两样本均数的比较，此时关心的是两样本均数所代表的两总体均数是否相等。R 语言中，两样本 t 检验不管方差是否相同，均可采用 t.test() 函数进行，声明参数 var.equal = FALSE 表示方差不等，var.equal = TRUE 表示方差相等。

☞例 3-8　为研究国产四类新药阿卡波糖胶囊的降血糖效果，某医院用 40 名 II 型糖尿病患者进行同期随机对照试验。试验者将这些患者随机等分到试验组（阿卡波糖胶囊）和对照组（拜唐苹胶囊），分别测得空腹血糖下降值见表 3-3。能否认为该国产四类新药阿卡波糖胶囊与拜唐苹胶囊对空腹血糖的降糖效果不同？

表3-3 阿卡波糖胶囊降血糖效果试验空腹血糖下降值(mmol/L)

试验组				对照组			
编号	血糖下降	编号	血糖下降	编号	血糖下降	编号	血糖下降
1	-0.7	11	2.5	1	3.7	11	6.0
2	-5.6	12	-1.6	2	6.5	12	3.8
3	2.0	13	1.7	3	5.0	13	2.0
4	2.8	14	3.0	4	5.2	14	1.6
5	0.7	15	0.4	5	0.8	15	2.0
6	3.5	16	4.5	6	0.2	16	2.2
7	4.0	17	4.6	7	0.6	17	1.2
8	5.8	18	2.5	8	3.4	18	3.1
9	7.1	19	6.0	9	6.6	19	1.7
10	-0.5	20	-1.4	10	-1.1	20	-2.0

本例采用 R 语言进行两样本 t 检验，分析过程见 R 语言代码清单3.19。

代码清单3.19 R 语言两样本 t 检验应用

```
1  group1 <- c( -0.7, -5.6,2.0,2.8,0.7,3.5,4.0,5.8,7.1, -0.5,2.5, -1.6,1.7,3.0,0.4, 4.5,4.6, 2.5,6.0, -1.4)
2  group2 <- c(3.7,6.5,5.0,5.2,0.8,0.2,0.6,3.4,6.6, -1.1,6.0, 3.8,2.0,1.6, 2.0,2.2,1.2,3.1,1.7, -2.0)
3  t.test(group1, group2, var.equal = TRUE)
```

\#　　　　Two Sample t - test
\#
\# data: group1 and group2
\# t = -0.64187, df = 38, p - value = 0.5248
\# alternative hypothesis: true difference in means is not equal to 0
\# 95 percent confidence interval:
\#　-2.326179　1.206179
\# sample estimates:
\# mean of x mean of y
\#　　2.065　　2.625

统计学检验的 $P = 0.5248 > 0.05$，按 $\alpha = 0.05$ 水准，不拒绝 H_0，无统计学意义，还不能认为国产阿卡波糖胶囊与拜唐苹胶囊对空腹血糖的降糖效果不同。

思考与练习

1. 简述概率及概率分布的基本概念。熟悉几种常见的概率分布类型。
2. 常用描述性统计量有哪些？在 R 语言中如何计算这些描述性统计量？
3. 什么是统计推断？统计推断的主要内容有哪些？其应用范围各是什么？
4. 熟悉在 R 语言中进行统计推断的常用函数有哪些？
5. 熟悉在 R 语言中实现常用假设检验的方法有哪些？
6. 测得喷洒有机砷农药的 4 株植株样本的砷残留量为 7.5mg，9.7mg，6.8mg，6.4mg；未喷洒有机砷农药的对照 3 株植株样本中砷含量为 4.2mg，7.0mg，4.6mg。试检验喷洒有机砷农药是否使得植株有机砷含量显著提高。
7. 汽车的启动速度是一个重要指标，一家国产汽车厂家为了证明自己生产汽车的启动速度已经达到了同类新（排气量和油耗相同）进口车的水平，分别检测了 15 辆国产车和 15 辆进口车的启动时间（秒），数据如表 3-4 所示。在显著性水平为 0.05 下，检验该厂家的声明是否正确。

表 3-4 汽车启动时间数据

汽车类型	启动时间(s)
国产车	8.1 9.1 8.9 9.4 9.6 7.2 8.9 9.2 8.8 9.0 9.4 9.5 8.2 9.7 10.3
进口车	9.5 7.6 9.0 8.9 7.8 9.2 8.0 9.4 9.1 7.4 8.3 7.1 8.6 9.2 7.8

8. 甲乙两人同时分析 20 个样品中 CO_2 含量，测定的结果数据如表 3-5 所示。试分析两人结果有无显著差异。

表 3-5 甲乙两人测定 CO_2 含量数据

样品	甲	乙	样品	甲	乙
1	14.7	14.7	11	14.6	14.6
2	15.0	14.8	12	15.1	14.6
3	15.2	14.7	13	15.4	14.8
4	14.8	15.0	14	14.7	15.3
5	15.5	14.9	15	15.2	14.7
6	14.6	14.9	16	14.7	14.6
7	14.9	15.2	17	14.8	14.8
8	14.8	14.7	18	14.6	14.9
9	15.1	15.4	19	15.2	15.2
10	15.0	15.3	20	15.0	15.0

9. 分别计算表 3-5 中甲乙两人测定 20 个样品的 CO_2 含量数据的均值、方差、标准差、极差、中位数、变异系数、偏度、峰度。

10. 小白鼠在接种了 3 种不同菌型的伤寒杆菌后的存活天数如表 3-6 所示，试分析小白鼠注射 3 种菌型的伤寒杆菌后的平均存活天数有无显著差异。

表 3-6　小白鼠注射伤寒杆菌后存活天数数据

菌型	存活天数									
1	2	4	3	2	4	7	7	2	2	5	4
2	5	6	8	5	10	7	12	12	6	6	
3	7	11	6	6	7	9	5	5	10	6	3	10

第四章 试验数据的方差分析

方差分析是研究一种或多种因素的变化对试验结果的观测值是否有显著影响,从而找出较优试验条件或生产条件的一种常用数理统计方法。

方差分析是工农业生产和科学研究中对实验数据或其他观察数据进行统计分析和检验的一种实用、有效的数理统计方法。一个复杂的事物往往受到多种因素的影响。例如,一件产品的质量就受到机器、原料、温度等因素的影响。同样,一种农作物的产量也会受到种子、肥料、土质、水分等因素的影响。如何通过试验数据分析出各个因素的影响,从而抓住事物的主要矛盾,这就是方差分析所要解决的主要问题。

4.1 方差分析的基本思想

引起试验数据变异(波动)的原因主要有两类:一类是试验过程中随机因素的干扰或观测误差所引起不可控制的波动;另一类则是试验中处理方式不同或试验条件不同引起的可以控制的波动。方差分析的主要工作就是将观测数据的总变异(波动)按照变异的原因不同,分解为因子效应与试验误差,并对其作出统计分析,比较各种原因在总变异中所占的重要程度,以此作为进一步统计推断的依据,进而确定下一步的工作方向。

在科学试验中常常要探讨不同试验条件或处理方法对试验结果的影响。通常是比较不同试验条件下样本均值间的差异。方差分析是检验多组样本均值间的差异是否具有统计意义的一种方法。例如,研究几种药物对某种疾病的疗效;农业研究土壤、肥料、日照时间等因素对某种农作物产量的影响;不同饲料对牲畜体重增长的效果等。

方差分析的基本思想是:若被考察的因素对试验结果没有显著的影响,即所讨论的各正态总体的均值相等,则试验数据的波动完全由随机误差引起;如果各正态总体均值不全相等,则表明试验数据的波动除了随机误差的影响外,还包含被考察因素效应的影响。为此,需要构造一个适当的统计量来描述数据的波动程度。将这个统计量分解为两部分:一部分是纯随机误差造成的影响,另一部分是除随机误差的影响外来自于因素效应的影响。然后将这两部分进行比较，如果后者明显比前者大，就说明因素的效应是显著的。

在进行方差分析时，数据需要满足三个假设条件：

①各个水平的观察数据必须服从正态分布：在水平 A_i 下的数据是来自正态总体的一个样本，$i=1,2,3,\cdots,r$；

②方差相同（也叫方差齐性）：r 个正态总体的方差相等；

③随机性：所有数据都相互独立。

在上述三个假定条件下，判断不同正态总体是否有显著影响，实际上也就是检验具有同方差的正态总体的均值是否相等。如果总体的均值相等，可以期望样本的均值也会很接近；样本的均值越接近，推断总体均值相等的证据也就越充分；样本均值越不同，推断总体均值不同的证据就越充分。

方差分析的假设检验：

①零假设 H_0：m 组样本均值都相同，即 $\mu_1=\mu_2=\cdots=\mu_m$；

②备择假设 H_1：$\mu_i(i=1,2,\cdots,m)$ 不全相等，即至少有一个总体的均值是不同的，样本分别来自均值不同的正态总体。

方差分析的目的是要检验各个水平的均值 $\mu_1,\mu_2,\cdots,\mu_m$ 是否相等。实现这个目的的手段是通过方差的比较。如果 n 个总体的均值相等，当然希望 n 个样本的均值比较接近。事实上，n 个样本的均值愈接近，就愈有证据得出结论：总体均值相等；反之，若 n 个样本均值的差异愈大，就得出结论：总体均值不相等。

假设试验只有一个因素 A，有 $r(r\geq2)$ 个不同水平 $A_1,A_2,\cdots,A_r$，在水平 A_i 下进行 n_i 次试验，得到观测数据为 X_{ij}，$j=1,2,\cdots,n_i$，$i=1,2,\cdots,r$，则单因素方差模型可表示为 $X_{ij}=\mu_i+\varepsilon_{ij}$，$\varepsilon_{ij}\sim N(0,\sigma^2)$ 相互独立。其中 μ_i 是第 i 个总体的均值，ε_{ij} 是相应的试验误差。

比较因素 A 的 r 个水平的差异归结为比较这 r 个总体的均值，即假设检验 H_0：$\mu_1=\mu_2=\cdots=\mu_r$；H_1：$\mu_i(i=1,2,\cdots,r)$ 不全相等。如果 H_0 被拒绝，则说明因素 A 的各水平的效应之间有显著的差异；否则差异不明显。

为了导出 H_0 的检验统计量，方差分析的关键是对全部数据的变异程度进行分解，而变异程度分解是建立在平方和分解和自由度分解的基础上。

$$S_T=\sum_{i=1}^{r}\sum_{j=1}^{n_i}(X_{ij}-\overline{X})^2$$

S_T 为总离差平方和（或称为总变异），它是所有数据与总平均值差的平方和，描述了所有观测数据的离散程度。经计算可以证明 S_T 可分解为两部分，即 $S_T = S_E + S_A$，其中：

$$S_E = \sum_{i=1}^{r} \sum_{j=1}^{n_i} (X_{ij} - \overline{X_i})^2 \quad \overline{X_i} = \frac{1}{n_i} \sum_{j=1}^{n_i} X_{ij}$$

$$S_A = \sum_{i=1}^{r} \sum_{j=1}^{n_i} (\overline{X_i} - \overline{X})^2$$

S_E 表示随机误差的影响，通常称 S_E 为误差平方和或组内平方和。S_A 表示在 A_i 水平的样本均值与总平均值之间的差异之和，它反映了 r 个总体均值之间的差异。S_A 称为因素 A 的效应平方和或组间平方和。

公式 $S_T = S_E + S_A$ 表明总平方和 S_T 可按其来源分解为两部分，一部分是误差平方和 S_E，是由随机误差引起的；另一部分是因素 A 的平方和 S_A，是由因素 A 的各水平的差异引起的。

经过统计分析可以得到 $E(S_E) = (n-1)\sigma^2$，即 $S_E/(n-1)$ 是 σ^2 的一个无偏估计，且 $\frac{S_E}{\sigma^2} \sim \chi^2(n-r)$。如果原假设 H_0 成立，则有 $E(S_A) = (r-1)\sigma^2$，即此时 $S_A/(n-1)$ 也是 σ^2 的无偏估计，且 $\frac{S_A}{\sigma^2} \sim \chi^2(r-1)$，并且 S_A 与 S_E 相互独立，因此当 H_0 成立时有

$$F = \frac{S_A/(r-1)}{S_E/(n-r)} = \frac{MS_A}{MS_E} \sim F(r-1, n-r)$$

于是，F(也称为 F 比)可以作为 H_0 的检验统计量，F 比构成 F 分布，用 F 值与其临界值比较，推断各样本是否来自相同的总体。对于给定的显著性水平 α，用 $F_\alpha(r-1, n-r)$ 表示 F 分布上的 α 分位点，若 $F > F_\alpha(r-1, n-r)$，则拒绝原假设，认为因素 A 的 r 个水平有显著差异；反之则接受原假设，认为因素 A 的 r 个水平没有显著差异。也可以通过计算 p 值的方法来决定是接受还是拒绝原假设。

通过上述的变异的分解可以看出，方差分析的基本思想就是根据试验设计的类型，将全部测量值的离均差平方和及其自由度分解为两个或多个部分，除随机误差作用外，每个部分的变异可由某个因素的作用(或某几个因素的交互作用)加以解释，通过比较不同变异来源的均方，借助 F 分布作出统计推断，从而推断各种研究因素对试验结果有无影响。

样本均数比较的方差分析方法与试验设计类型密切相关。方差分析所分析的数据是按照特定的试验设计进行试验所得到的数据，不同的试验设计其总变异的分解有所不同。因此，应用方差分析时，除要求资料满足方

差分析的应用条件外,还应结合具体试验设计来选择相应的方差分析方法。

4.2 单因素方差分析

单因素方差分析是指对单因素试验结果进行分析,检验因素对试验结果有无显著性影响的方法。单因素方差分析用于多个样本均数间的比较,其统计推断是推断各样本所代表的各总体均数是否相等。R语言的aov()函数提供了方差分析的计算和检验,其使用格式如代码清单4.1所示。

✍代码清单4.1 R语言方差分析aov()函数的用法

```
1  aov(formula, data = NULL, projections = FALSE, contrasts = NULL, ...)
```

代码中的formula是方差分析公式,在单因素方差分析中,表示为$x \sim A$;data是数据框,其他参数可参见在线帮助文件。另外,可以用summary()函数列出方差分析表的详细信息。下面用一个实例说明aov()函数的应用。

☞例4-1 以淀粉为原料生产葡萄糖的过程中,残留许多糖蜜,可作为生产酱色的原料。在生产酱色之前应尽可能除杂,以保证酱色质量。为此对除杂方法进行选择,在试验中选用5种不同的除杂方法,每种方法重复做4次试验,结果见表4-1。

表4-1 不同除杂方法的除杂量

除杂方法	重复1	重复2	重复3	重复4
A	25.6	22.2	28.0	29.8
B	24.4	30.0	29.0	27.5
C	25.0	27.7	23.0	32.2
D	28.8	28.0	31.5	25.9
E	20.6	21.2	22.0	21.2

本例单因素方差分析见R语言代码清单4.2。

✍代码清单4.2 R语言单因素方差分析

```
1  x <- c(25.6, 22.2, 28.0, 29.8, 24.4, 30.0, 29.0, 27.5, 25.0, 27.7, 23.0, 32.2, 28.8, 28.0, 31.5,
       25.9, 20.6, 21.2, 22.0, 21.2)
2  method <- factor(rep(1:5, each = 4)); aov.data <- data.frame(x, method)
3  aov.model <- aov(x ~ method, data = aov.data); summary(aov.model)
```

```
#              Df  Sum Sq  Mean Sq  F value  Pr(>F)
# method        4   132.0   32.99    4.306   0.0162*
# Residuals    15   114.9    7.66
# ---
# Signif. codes:  0 '***' 0.001 '**' 0.01 '*' 0.05 '.' 0.1 ' ' 1
```

输出结果中，Df 表示自由度；Sum Sq 表示平方和，Mean Sq 表示均方和；Fvalue 表示 F 检验统计量的值，即 F 比；Pr(>F) 表示检验的 p 值；method 为比例中所考察的因素量，即方法；Residuals 为残差。可以看出，$F = 4.306$，$p = 0.0162 < 0.05$，说明拒绝原假设，即认为五种除杂方法有显著差异。

4.2.1 方差分析表的计算

在进行方差分析时，通常将计算结果列成表 4-2 的形式，称为方差分析表。

表 4-2 单因素方差分析表

方差来源	自由度	平方和	均方	F 比	p 值
组间（因素 A）	$r-1$	S_A	$MS_A = S_A/(r-1)$	$F = \dfrac{MS_A}{MS_E}$	p
组内（误差）	$n-r$	S_E	$MS_E = S_E/(n-r)$		
总和	$n-1$	S_T			

从 R 语言代码清单 4.2 输出结果可以看出，summary( ) 函数没有输出方差分析表的最后一行总和行，可以自编一个 anova.table( ) 函数，见 R 语言代码清单 4.3，将 summary( ) 函数输出的第一行和第二行求和，得到总和行。

📖代码清单 4.3　自编方差分析表计算的 anova.table( ) 函数

```
1  anova.table <- function(fm){
2    table <- summary(fm);k <- length(table[[1]]) - 2
3    temp <- c(sum(table[[1]][,1]),sum(table[[1]][,2]),rep(NA,k))
4    table[[1]]["Total",] <- temp;table}
5  anova.table(aov.model)
```

```
#                  Df    Sum Sq    Mean Sq    F value    Pr(>F)
# method           4     132.0     32.99      4.306      0.0162*
# Residuals       15     114.9      7.66
# Total           19     246.9
# ---
# Signif. codes:  0 '***' 0.001 '**' 0.01 '*' 0.05 '.' 0.1 ' ' 1
```

利用自编的 anova.table() 函数，可以得到完整的方差分析表，将结果填在方差分析表中即可。

方差分析结果仅表明了多组是有差异的，但具体差异还需要进一步进行分析。可以通过 plot() 绘图函数绘制每一组观察数据的箱线图，直观描述因素各水平均数的差异，见 R 语言代码清单 4.4，如图 4-1 所示。从图 4-1 上可以看出，5 种除杂方法产生的除杂量均值有差异，特别是第 5 种与前面的 4 种，而方法 1 与 3，方法 2 与 4 的差异可能不明显。

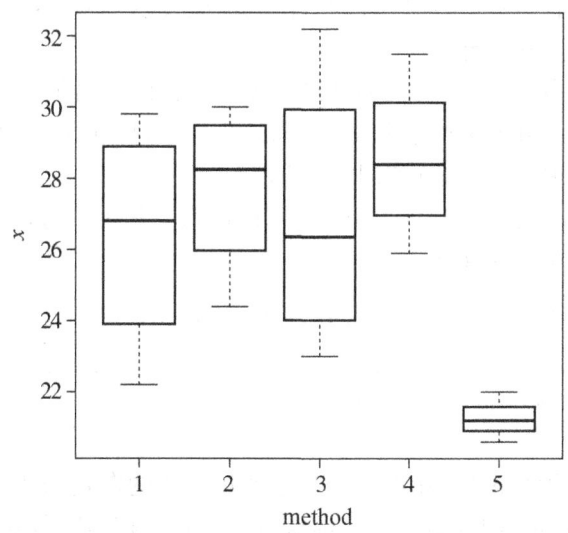

图 4-1 不同除杂方法除杂量的均值差异

📖代码清单 4.4 因素水平均数差异的箱线图展示

```
1    plot( x ~ method, data = aov. data)
```

4.2.2 均值的多重比较

方差分析的 F 检验结论是拒绝 H_0，则说明因素 A 的 r 个水平效应有显著的差异，也就是说 r 个均值之间有显著差异。但是这并不意味着所有均值都存在差异，这时还需要对每一对均值做一对一的比较，即多重比较。多重比较的方法较多，这里介绍几种常用的方法。

4.2.2.1 多重 t 检验方法

这种方法本质上就是对每组数据进行 t 检验，只不过估计方差的时候利用的是全体数据，因而自由度变大。多重 t 检验方法的优点是使用方便。但在均值的多重检验中，如果因素的水平较多，而检验又是同时进行，多次重复使用 t 检验会增大犯第一类错误的概率，所得到的"有显著差异"的结论不一定可靠。有关多重 t 检验方法的原假设及其检验统计量，读者可进一步参考统计学专著。

为了克服多重 t 检验方法的缺点，统计学家们提出了许多更有效的方法来调整 p 值，由于这些方法涉及较深的统计知识，这里只介绍在 R 语言中如何实现多重 t 检验及 p 值调整的方法。

R 语言中，函数 pairwise.t.test( ) 可以得到多重比较的 p 值，其使用格式见 R 语言代码清单 4.5。

代码清单 4.5 均数多重比较 pairwise.t.test( ) 函数的用法

```
1   pairwise.t.test ( x, g, p.adjust.method = p.adjust.methods, pool.sd = ! paired, paired = FALSE,
    alternative = c( "two.sided" , "less" , "greater" ) ,... )
```

R 语言代码清单 4.5 中的 x 为响应变量构成的向量，g 是分组向量（因子），p.adjust.methods 是 p 值调整的方法，在 R 语言输入命令 p.adjust.methods，可以得到 p 值调整的具体方法列表：

[1] "holm" "hochberg" "hommel" "bonferroni" "BH" "BY" "fdr" "none"

当比较次数较多时，bonferroni 方法的效果较好，所以在作多重 t 检验时常采用 bonferroni 方法对 p 值进行调整。下面以不同除杂方法的除杂量的多重 t 检验为例，说明 pairwise.t.test( ) 函数的使用方法，R 语言代码清单 4.6。

📙代码清单4.6　pairwise.t.test()应用:不调整 p 值

```
1  pairwise.t.test(x,method,p.adjust.method="none")
```

```
#       Pairwise comparisons using t tests with pooled SD
#
# data:    x and method
#
#       1         2         3         4
# 2   0.5087    -         -         -
# 3   0.7729    0.7069    -         -
# 4   0.2893    0.6793    0.4335    -
# 5   0.0189    0.0048    0.0104    0.0020
#
#   P value adjustment method: none
```

检验的结果与图 4-1 一致,即第五种方法与其他 4 种方法差异明显,后者差异不明显。

pairwise.t.test()函数按 holm 法对 p 值进行调整,R 语言代码清单4.7。

📙代码清单4.7　holm 法调整 p 值的均数多重比较

```
1  pairwise.t.test(x,method,p.adjust.method="holm")
```

```
#       Pairwise comparisons using t tests with pooled SD
#
# data: x and method
#
#       1         2         3         4
# 2   1.000     -         -         -
# 3   1.000     1.000     -         -
# 4   1.000     1.000     1.000     -
# 5   0.132     0.043     0.084     0.020
#
#   P value adjustment method: holm
```

pairwise.t.test()函数按 bonferroni 对 p 值进行调整,R 语言代码清单4.8 及输出结果为:

📖代码清单 4.8 pairwise. t. test( )应用：bonferroni 法调整 p 值

```
1  pairwise. t. test( x , method , p. adjust. method = " bonferroni" )
```

```
#         Pairwise comparisons using t tests with pooled SD
#
# data: x and method
#
#       1        2       3       4
# 2  1.000     -        -       -
# 3  1.000   1.000      -       -
# 4  1.000   1.000    1.000     -
# 5  0.189   0.048    0.104   0.020
#
# P value adjustment method: bonferroni
```

从输出结果可以看出，进行调整后 p 值增大，只有方法 5 和方法 2、方法 5 与方法 4 有显著差异，其他各种方法之间没有差异，这在一定程度上克服了多重 t 检验的缺点。调整 p 值方法的原理，可参考有关统计学著作。

4.2.2.2 多重比较的 Tukey 法

Tukey 法是 J. W. Tukey(1952)提出的一种多重比较方法，是以试验错误率为标准的一种方法，又称为真正显著差法。TukeyHSD( )函数提供了对多组均值差异的成对检验。TukeyHSD( )函数的使用方法见 R 语言代码清单 4.9。

📖代码清单 4.9 均数多重比较函数 TukeyHSD( )的用法

```
1  TukeyHSD( x , conf. level = 0. 95 , ordered = FALSE , … )
```

R 语言代码清单 4.9 中，x 为方差分析的对象，conf. level 为置信水平，ordered 为逻辑值，如果为 TRUE，则按因子的水平递增排序，从而使得因子间差异均以正值形式出现。

本例中，各种不同除杂方法除杂量之间的多重 Tukey 比较，R 语言代码清单 4.10 及其输出结果为：

📖代码清单 4.10 TukeyHSD( )函数应用

```
1  TukeyHSD( aov( x ~ method , data = aov. data ) , ordered = FALSE)
```

```
#   Tukey multiple comparisons of means
#       95% family-wise confidence level
#
#   Fit: aov(formula = x ~ method, data = aov.data)
#
#$ method
#           diff        lwr          upr          p adj
# 2-1       1.325      -4.718582    7.3685818    0.9584566
# 3-1       0.575      -5.468582    6.6185818    0.9981815
# 4-1       2.150      -3.893582    8.1935818    0.8046644
# 5-1      -5.150     -11.193582    0.8935818    0.1140537
# 3-2      -0.750      -6.793582    5.2935818    0.9949181
# 4-2       0.825      -5.218582    6.8685818    0.9926905
# 5-2      -6.475     -12.518582   -0.4314182    0.0330240
# 4-3       1.575      -4.468582    7.6185818    0.9251337
# 5-3      -5.725     -11.768582    0.3185818    0.0675152
# 5-4      -7.300     -13.343582   -1.2564182    0.0146983
```

输出结果表明方法 5 与方法 2、方法 5 与方法 4 除杂量均值有显著差异，其他方法之间的除杂量均值差异不显著，结果与采用 p 值调整的方法一致。

TukeyHSD( )输出结果还可用图形展示，直观描述多重 TukeyHSD 法比较，见 R 语言代码清单 4.11。该段程序对 par 参数进行相应设置，las = 2 语句用来旋转坐标轴，mar = c(5,8,4,2) 用来增大左边边界的面积，可以使标签摆放更加美观，见图 4 - 2。

代码清单 4.11 均数多重比较的图形展示

```
1   par(las = 2, mar = c(5,8,4,2))
2   plot(TukeyHSD(aov(x ~ method, data = aov.data)))
```

图 4 - 2 中包含各组间多重比较的置信区间，凡置信区间包含 0 的方法，说明除杂量均值差异不显著($p > 0.05$)。

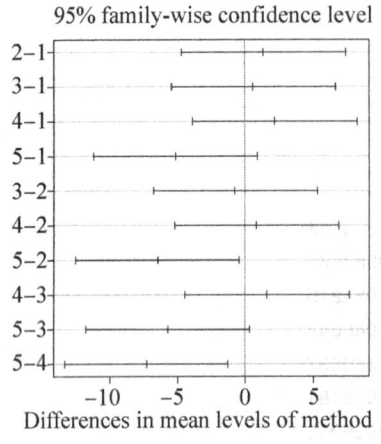

图 4-2 TukeyHSD 均值多重比较

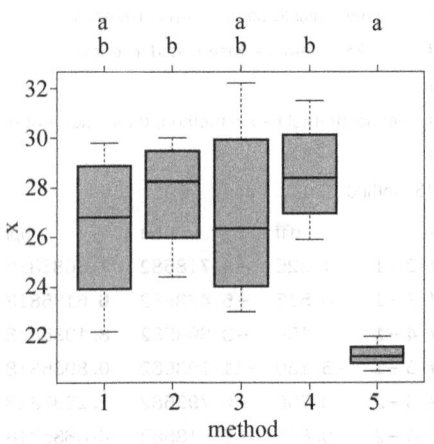

图 4-3 multcomp 包的 TukeyHSD 检验

R 扩展包 multcomp 中的 glht() 函数提供了多重均值另一种图形展示方法,R 语言代码清单 4.12 重现了 TukeyHSD 检验,见图 4-3。

📖代码清单 4.12　multcomp 包多重比较函数 glht() 的应用

```
1  library(multcomp)
2  par(mar = c(5,4,6,2))
3  tuk <- glht(aov(x ~ method,data = aov.data),linfct = mcp(method = "Tukey"))
4  plot(cld(tuk,level = .05),col = "lightgrey")
```

图 4-3 中,有相同字母的组均值差异不显著。方法 1,3,5 有相同字母 a,方法 1,2,3,4 有相同字母 b;方法 5 与方法 2、方法 5 与方法 4 差异显著,它们没有共同的字母。图 4-3 比图 4-2 更好理解,而且提供了均值的分布信息。

4.2.3　方差分析的假设条件

前已述及,对数据进行方差分析,需要满足三个前提条件:

①各个水平的观察数据必须服从正态分布:在水平 A_i 下的数据是来自正态总体的一个样本,$i = 1,2,3,\cdots,r$;

②方差相同:r 个正态总体的方差相等;

③随机性:所有数据都相互独立。

正态性假设可以使用 w 检验方法或 $Q-Q$ 图来检验。

4.2.3.1 正态性检验

在 R 语言中，w 检验方法可以通过 shapiro.test() 函数来完成。对各种方法除杂量进行正态性检验的程序见 R 语言代码清单 4.13。

代码清单 4.13　方差分析数据的正态性检验

```
1   shapiro.test(x[method==1]);shapiro.test(x[method==2])
2   shapiro.test(x[method==3]);shapiro.test(x[method==4])
3   shapiro.test(x[method==5])
```

```
#           Shapiro - Wilk normality test
#
#   data: x[method ==1]
#   W = 0.97567, p - value = 0.8762

#           Shapiro - Wilk normality test
#
#   data: x[method ==2]
#   W = 0.93788, p - value = 0.6415

#           Shapiro - Wilk normality test
#
#   data: x[method ==3]
#   W = 0.9649, p - value = 0.8097

#           Shapiro - Wilk normality test
#
#   data: x[method ==4]
#   W = 0.98535, p - value = 0.9326

#           Shapiro - Wilk normality test
#
#   data: x[method ==5]
#   W = 0.93512, p - value = 0.6248
```

Shapiro - Wilk 正态性检验结果表明，5 种方法除杂量数据均是正态的（$p > 0.05$）。

Q - Q 图进行正态性检验是用数据分布的分位数与所指定分布的分位数之间的关系曲线，鉴别样本数据是否近似于正态分布，即看 Q - Q 图上的点是否近似地在一条直线附近。

R 语言可采用 car 包中的 qqPlot() 函数进行，见 R 语言代码清单 4.14，输出图形见图 4 - 4。

📝代码清单4.14　Q-Q图正态性检验

```
1   library(car)
2   qqPlot(lm(x ~ method,data = aov.data),simulate = TRUE,main = "Q-Q plot")
```

qqPlot()函数需要用lm()函数拟合,本例数据绘制的Q-Q图中,数据均落在95%的置信区间内,说明数据满足正态性假设,与shapiro.test()函数进行的w正态性检验结果是一致的。

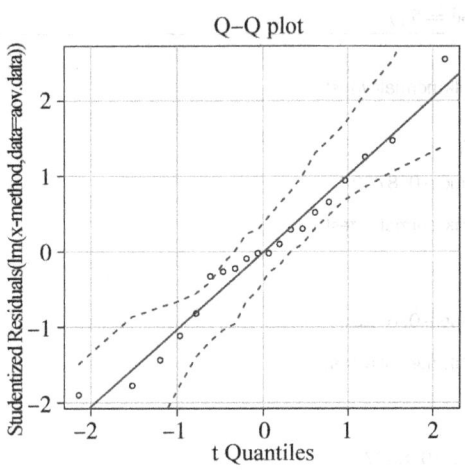

图4-4　Q-Q图:数据的正态性检验

4.2.3.2　方差齐性检验

方差分析的第二个假设条件就是方差齐性。方差齐性检验就是检验数据在不同水平下方差是否相等。R语言提供了可用来做方差齐性检验的函数。例如,可以通过bartlett.test()函数来做Bartlett检验,见R语言代码清单4.15。

📝代码清单4.15　数据的bartlett方差齐性检验

```
1   bartlett.test(x ~ method,data = aov.data)
```

\#　　　　　Bartlett test of homogeneity of variances
\#
\#　data: x by method
\#　Bartlett's K-squared = 7.0966, df = 4, p-value = 0.1309

Bartlett 检验表明 5 种方法除杂量数据的方差并没有显著不同,$p = 0.1309$。其他检验如 Fligner – Killeen 检验(fligner.test( )函数)和 Brown – Forsyth 检验(HH 包中的 hov( )函数),其结果与 Bartlett 检验一致,见 R 语言代码清单 4.16、4.17。

✍️ 代码清单 4.16 数据的 Fligner – Killeen 方差齐性检验

```
1   fligner.test( x ~ method, data = aov.data)
```

```
#           Fligner – Killeen test of homogeneity of variances
# data: x by method
# Fligner – Killeen: med chi – squared = 7.1652, df = 4, p – value = 0.1274
```

✍️ 代码清单 4.17 数据的 Brown – Forsythe 方差齐性检验

```
1   library( HH)
2   hov( x ~ method, data = aov.data)
```

```
#           hov: Brown – Forsyth
#
# data: x
# F = 1.7374, df: method = 4, df: Residuals = 15, p – value = 0.1942
# alternative hypothesis: variances are not identical
```

需要注意的是,方差齐性检验对离群点非常敏感,可以利用 car 包中的 outlierTest( )函数来检测离群点,见 R 语言代码清单 4.18。

✍️ 代码清单 4.18 数据的 outlierTest 离群点检验

```
1   library( car)
2   outlierTest( aov( x ~ method, data = aov.data) )
```

```
# No Studentized residuals with Bonferonni p < 0.05
# Largest | rstudent | :
#    rstudent unadjusted p – value Bonferonni p
# 12  2.547685      0.023221        0.46443
```

从输出的结果看,没有证据表明数据中含有离群点。因此,根据正态性检验、Bartlett 检验和离群点检验,该数据采用方差分析,其结果是可信的。

4.3 双因素方差分析

在大量的实际问题中，需要考虑影响试验数据的因素多于一个的情形。例如，在化学试验中，几种原料的用量、反应时间、温度的控制等都可能影响试验结果，这就构成了多因素试验问题。

对于两因素的方差分析，基本思想和方法与单因素的方差分析相似。前提条件仍然要满足数据独立、正态性和方差齐性。所不同的是，双因素方差分析中，有时会出现交互作用，即两个因素的不同水平交叉搭配对试验指标产生影响。

在这里，不再阐述关于双因素方差分析的有关变异的分解原理，仅以实例介绍 R 语言在双因素方差分析中的具体应用。在 R 语言中，方差分析函数 aov( )既适合于单因素方差分析，也适用于双因素方差分析。不考虑交互作用的方差模型公式为 x ～ A + B，加号表示两个因素具有可加性；考虑交互作用的方差分析模型公式为 x ～ A + B + A：B。下面用一个实例来说明。

☞**例 4 - 2** 以 R 语言基础安装的 ToothGrowth 数据集为例，随机分配 60 只豚鼠，分别采用两种喂食方法(橙汁或维生素 C)，各喂食方法中抗坏血酸含量有三种水平(0.5mg、1mg 或 2mg)，每种处理方式组合都被分配 10 只豚鼠，豚鼠牙齿长度为试验测定指标。

ToothGrowth 数据集的变量名称分别为：supp(喂食方法)、dose(抗坏血酸含量)、len(牙齿长度)。R 语言代码清单4.19 第 1 行绑定 ToothGrowth 数据集，第 2 行用 table( )函数进行简单汇总分析。汇总分析结果表明，该设计是均衡设计。

□代码清单4.19 数据的简单分类汇总分析

```
1    attach(ToothGrowth)
2    table(supp,dose)
```

```
#           dose
#   supp   0.5    1    2
#   OJ     10    10   10
#   VC     10    10   10
```

对数据进行简单的统计描述,可采用 aggregate( ) 函数计算均值和标准差,见 R 语言代码清单 4.20。

✐代码清单 4.20 数据的简单统计描述,计算均值和标准差

```
1  aggregate(len, by = list(supp, dose), FUN = mean)
2  aggregate(len, by = list(supp, dose), FUN = sd)
```

```
#   Group.1 Group.2      x
# 1    OJ     0.5     13.23
# 2    VC     0.5      7.98
# 3    OJ     1.0     22.70
# 4    VC     1.0     16.77
# 5    OJ     2.0     26.06
# 6    VC     2.0     26.14


#   Group.1 Group.2      x
# 1    OJ     0.5    4.459709
# 2    VC     0.5    2.746634
# 3    OJ     1.0    3.910953
# 4    VC     1.0    2.515309
# 5    OJ     2.0    2.655058
# 6    VC     2.0    4.797731
```

采用 aov( ) 函数进行方差分析,采用自编函数 anova.table( ) 计算方差分析表,不考虑交互作用的分析过程见 R 语言代码清单 4.21。

✐代码清单 4.21 不考虑交互作用的方差分析

```
1  aov.fit1 <- aov(len ~ supp + dose)
2  anova.table(aov.fit1)
```

```
#             Df   Sum Sq   Mean Sq   F value    Pr(>F)
# supp         1    205     205.3     11.45     0.0013**
# dose         1   2224    2224.3    123.99   6.31e-16***
# Residuals   57   1023      17.9
# Total       59   3452
# ---
# Signif. codes:0  '***' 0.001 '**' 0.01 '*' 0.05 '.' 0.1 ' ' 1
```

考虑交互作用的分析过程见 R 语言代码清单 4.22。程序中的第 1 行命令和第 2 行命令是等价的,这里将两个命令都写出来,只是为了说明 aov( ) 函数的参数可以有不同的表达形式。

📄代码清单4.22 考虑交互作用的方差分析

```
1  aov.fit2 <- aov(len ~ supp * dose)
2  aov.fit2 <- aov(len ~ supp + dose + supp:dose)
3  anova.table(aov.fit2)
```

```
#              Df    Sum Sq   Mean Sq   F value   Pr(>F)
#  supp        1     205      205.3     12.317    0.000894 * * *
#  dose        1     2224     2224.3    133.415   <2e-16 * * *
#  supp:dose   1     89       88.9      5.333     0.024631 *
#  Residuals   56    934      16.7
#  Total       59    3452
#  ---
#  Signif. codes: 0 '* * *' 0.001 '* *' 0.01 '*' 0.05 '.' 0.1 ' ' 1
```

方差分析结果表明,主效应(supp 和 dose)以及交互效应都非常显著。

在 R 语言中,可用多种方式对分析结果可视化。R 语言代码清单4.23 第1行采用 interaction.plot()函数来绘制双因素方差分析的交互效应图形,如图4-5所示。代码第2行加载 gplots 包,用 gplots 包中的 plotmeans()函数绘制交互作用图,如图4-6所示。

📄代码清单4.23 R 语言 interaction.plot()、plotmeans()函数绘制交互作用图形

```
1  interaction.plot(dose,supp,len,type="b",col=c("red","green"),pch=c(15,17),main="Interaction Plot")
2  library(gplots);plotmeans(len ~ interaction(supp,dose,sep=" "),connect=list(c(1,3,5),c(2,4,6)),col=c("red","darkgreen"),main="Interaction Plot with 95% CI",xlab="Treatment and Dose Combination")
```

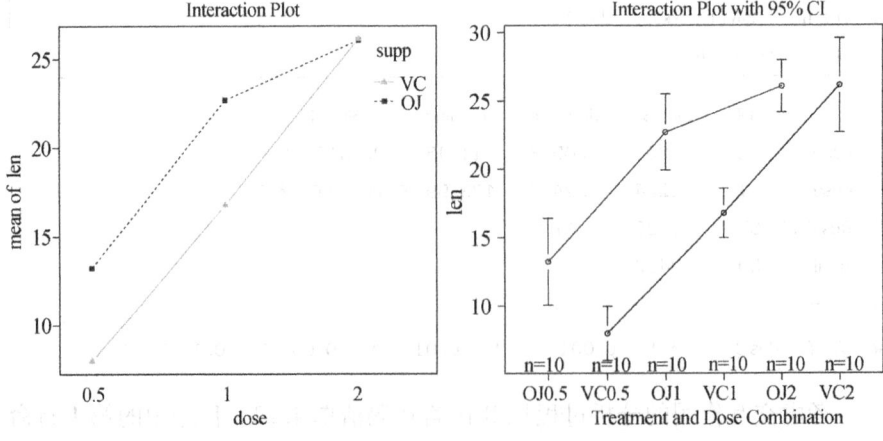

图4-5 喂食方法和剂量的交互作用(一)   图4-6 喂食方法和剂量的交互作用(二)

HH 包中的 interaction2wt( ) 函数也可以绘制类似的图形,该函数绘制的图形对任意顺序的因子设计的主效应和交互效应都会展示,R 语言代码清单 4.24,加载 HH 包,用 interaction2wt( ) 函数绘制图形,如图 4 - 7 所示。

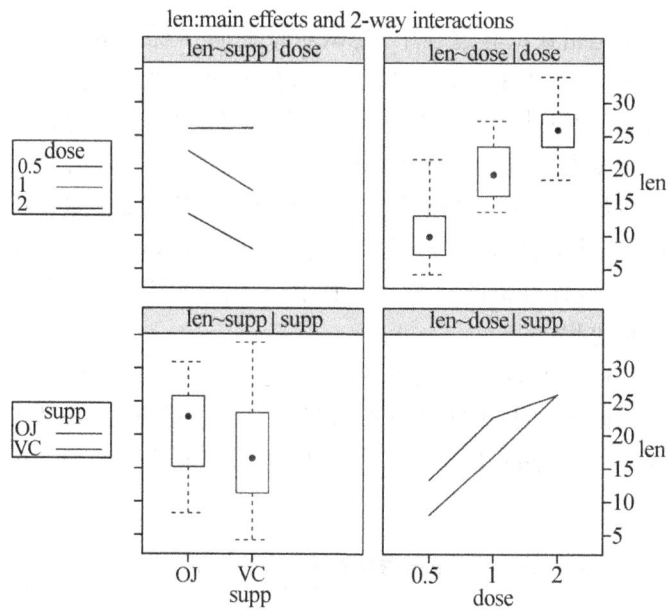

图 4 - 7　喂食方法和剂量的交互作用图

代码清单 4.24　interaction2wt( ) 函数绘制交互作用图

```
1  library(HH)
2  interaction2wt(len ~ supp * dose)
```

图 4 - 5、图 4 - 6 和图 4 - 7 都表明橙汁和维生素 C 中的抗坏血酸剂量增加,牙齿增长的长度变长不一样。抗坏血酸剂量为 0.5mg,1mg 剂量时,橙汁比维生素 C 促进牙齿生长效果更好;抗坏血酸剂量为 2mg 时,橙汁和维生素 C 两种喂食方法牙齿增长长度相同。

4.4 重复测量数据的方差分析

重复测量是指在试验过程中,受试对象的同一观察指标在不同时间点上进行多次测量,常用来分析该观察指标在不同时间点上的变化特点。一般来说,任何试验设计都可以采用重复测量设计,即在试验过程中定期记录观察结果。重复测量试验设计中,其中一个因素就是测量时间。如果统计分析时只分析最后一次测量结果,会丧失很多"过程",如测量指标的时间趋势等,而且在统计上,保留"处理"前的信息可以有效评价随机分组的均衡性,也能够提高统计分析的效率。下面用一个医学实例来说明重复测量数据的方差分析过程。

☞例4-3 在医学麻醉过程中,需要监测麻醉过程中血压随时间变化的过程。某医院研究手术过程中采用三种麻醉诱导方法,在 T_0(诱导前),T_1, T_2, T_3, T_4 5个时间测量患者的收缩压,数据记录见表4-3。试进行方差分析。

表4-3 不同麻醉诱导时间患者的收缩压(mmHg)

患者序号	诱导方法	麻醉诱导时间				
		T_0	T_1	T_2	T_3	T_4
1	A	120	108	112	120	117
2	A	118	109	115	126	123
3	A	119	112	119	124	118
4	A	121	112	119	126	120
5	A	127	121	127	133	126
6	B	121	120	118	131	137
7	B	122	121	119	129	133
8	B	128	129	126	135	142
9	B	117	115	111	123	131
10	B	118	114	116	123	133
11	C	131	119	118	135	129
12	C	129	128	121	148	132
13	C	123	123	120	143	136
14	C	123	121	116	145	126
15	C	125	124	118	142	130

第四章 试验数据的方差分析

要用 R 语言进行本例数据的方差分析,首先要以 R 语言能够识别的形式,并将数据读入到 R 语言中。将表 4-3 数据保存在名为 RepAovdata 的 Excel 文档中,工作簿名称为 Sheet1,如图 4-8 所示。在 Excel 电子表格中,ID 表示患者序号,Method 表示麻醉诱导方法,Time 表示不同时间点,Pressure 表示收缩压。

	A	B	C	D
1	ID	Method	Time	Pressure
2	ID1	A	T0	120
3	ID1	A	T1	108
4	ID1	A	T2	112
5	ID1	A	T3	120
6	ID1	A	T4	117
7	ID2	A	T0	118
71	ID14	C	T4	126
72	ID15	C	T0	125
73	ID15	C	T1	124
74	ID15	C	T2	118
75	ID15	C	T3	142
76	ID15	C	T4	130

图 4-8 重复测量数据 Excel 电子表格形式

再通过 R 语言 xlsx 扩展包中的 read.xlsx() 函数读入数据,如 R 语言代码清单 4.25,第 1 行加载 xlsx 包,第 2 行读入 Excel 文件,第 3 行显示读入文件的前 10 行数据。

📄代码清单 4.25　read.xlsx() 函数读入 Excel 数据文件

```
1  library(xlsx)
2  EXCELdata <- read.xlsx("D:/DoEwithR/DoEData/RepAovdata.xlsx",sheetName="Sheet1")
3  head(EXCELdata,10)
```

```
#    ID   Method  Time  Pressure
# 1  ID1  A       T0    120
# 2  ID2  A       T0    118
# 3  ID3  A       T0    119
# 4  ID4  A       T0    121
```

```
# 5    ID5      A       T0         127
# 6    ID6      B       T0         121
# 7    ID7      B       T0         122
# 8    ID8      B       T0         128
# 9    ID9      B       T0         117
#10    ID10     B       T0         118
```

然后对重复测量数据进行方差分析,分析过程见 R 语言代码清单4.26。

代码清单4.26   重复测量数据的方差分析

```
1   fit <- aov( Pressure ~ Method * Time + Error( ID) , data = EXCELdata)
2   summary( fit )
```

```
# Error: ID
#              Df   Sum Sq   Mean Sq   F value   Pr( > F)
# Method       2    912.2    456.1     5.783     0.0174 *
# Residuals    12   946.5    78.9
# ---
# Signif. codes: 0  '***' 0.001 '**' 0.01 '*' 0.05 '.' 0.1 ' ' 1
#
# Error:Within
#              Df   Sum Sq   Mean Sq   F value   Pr( > F)
# Time         4    2336.5   584.1     106.6     < 2e-16 * * *
# Method:Time  8    837.6    104.7     19.1      1.62e-12 * * *
# Residuals    48   263.1    5.5
# ---
# Signif. codes: 0  '***' 0.001 '**' 0.01 '*' 0.05 '.' 0.1 ' ' 1
```

根据其输出结果,可以列出两个方差分析表,见表4-4和表4-5。可得出如下结论,不同麻醉诱导方法存在组间差别(表4-4),患者的收缩压在不同的诱导方法下不同诱导时间变化的趋势不同(表4-5),其中方法 A 不同诱导时间收缩压较为稳定。

表4-4   不同诱导方法患者收缩压比较的方差分析表

变异来源	自由度	SS	MS	F	P
Method	2	912.2	456.12	5.783	0.0174
Residuals	12	946.5	78.87		
Total	14	1858.7			

表4-5 麻醉诱导时间及其与诱导方法交互作用的方差分析表

变异来源	自由度	SS	MS	F	P
Time	4	2336.5	584.1	106.6	<2e-16
Method:Time	8	837.6	104.7	19.1	1.62e-12
Residuals	48	263.1	5.5		
Total	60	3437.2			

还可以采用 interaction.plot( ) 函数绘制交互效应图形,绘图过程见 R 语言代码清单 4.27,交互效应图形见图 4-9。

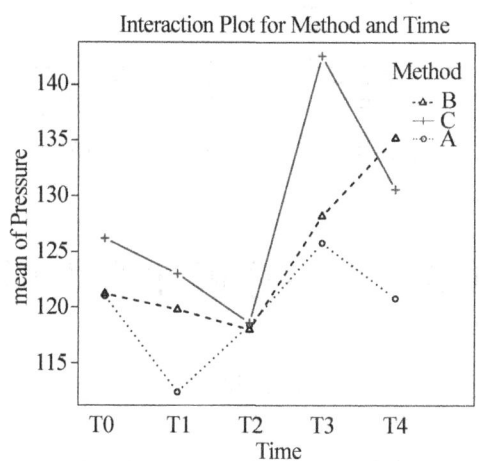

图 4-9 interaction.plot( )绘制交互效应图

📝代码清单 4.27 interaction.plot( )函数绘制重复测量数据的交互效应图

```
1  with( EXCELdata, interaction.plot( Time, Method, Pressure, type = "b", lwd = 2, col = c("blue",
   "black","red"), pch = c(1:3), main = "Interaction Plot for Method and Time"))
```

如果想在展示交互效应的同时展示其他有关信息,可以使用 boxplot( )函数对相同的数据画图,画图过程见 R 语言代码清单 4.28,结果见图4-10。

📝代码清单 4.28 boxplot( )函数绘制重复测量数据的交互效应图

```
1  par( las = 2)
2  boxplot( Pressure ~ Method * Time, data = EXCELdata, col = c("blue","black","red"), ylab =
   "mean of Pressure", main = "Interaction Plot for Method and Time")
3  legend( "topleft", legend = c("A","B","C"), lwd = 10, col = c("blue","black","red"), horiz =
   TRUE, inset = 0.05)
```

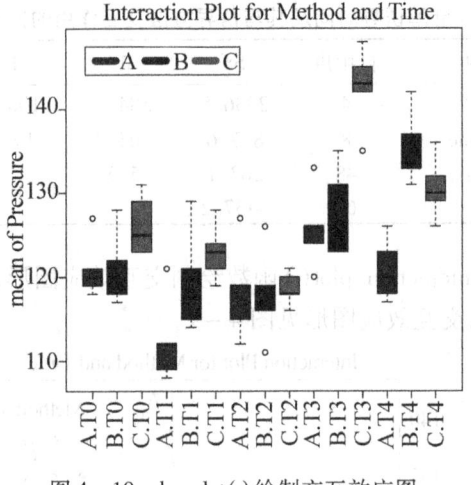

图 4-10　boxplot( ) 绘制交互效应图

4.5　方差分析注意事项

①方差分析是一大类分析方法，除用于两个或多个均数的比较外，还可分析两个或多个研究因素的交互作用以及回归方程的线性假设检验等。做方差分析时，可根据资料设计的类型及研究目的，将总变异分解为两个或多个部分，每个部分的变异可由某因素的作用来解释，通过比较可能由某因素所致的变异与误差（或组内）变异，即可了解该因素对测定结果有无影响。

②方差分析的应用条件与 t 检验相似，即要求资料服从正态分布，方差齐性，即各组的方差要相等。故方差分析前，应做多个方差齐性检验，正态性判断。若是不服从正态分布的资料，或方差不齐，不能用方差分析，这时可对偏态分布的资料考虑使用秩和检验，或用变量变换方法将数据转变为正态或接近正态且方差相等后，再进行方差分析。

③三个及多个均数间的比较，不可使用多个 t 检验。若用前述 t 检验进行比较，则会使犯第一类错误的概率 α 增大，可能把本来无差别的两个总体均数判为有差别。因此，多组均数的比较不宜用 t 检验分别作两两比较。

思考与练习

1. 方差分析有哪些基本假定条件？在 R 语言中如何完成这些假定条件的检验？

2. 某医院在大鼠营养试验中随机将大鼠分成 3 组，测得每组 12 只大鼠尿液中氨氮的排出量 $X(\text{mg}/6\text{d})$ 数据如表 4-6 所示。试对该资料进行正态性检验和方差齐性检验。

表 4-6 营养试验大鼠尿液中氨氮检测数据

大鼠	大鼠尿液中氨氮排出量 $(\text{mg}\cdot 6\text{d})$											
第1组	30	27	35	35	29	33	32	36	26	41	33	31
第2组	43	45	53	44	51	53	54	37	47	57	48	42
第3组	82	66	66	86	56	52	76	83	72	73	59	53

3. 某饮料生产企业研制出一种新型饮料，饮料颜色共有四种，随机从五家超市收集前一期该饮料的销售量，如表 4-7 所示。试分析饮料的颜色是否对销售量产生影响。

表 4-7 饮料颜色对销售量的影响

超市	橘红色	粉色	绿色	无色
1	26.5	31.2	27.9	30.8
2	28.7	28.3	25.1	29.6
3	25.1	30.8	28.5	32.4
4	29.1	27.9	24.2	31.7
5	27.2	29.6	26.5	32.8

4. 用原子吸收分光光度法测定镍电解液中微量杂质铜时，研究了乙炔和空气流量变化对铜在某波长上吸光度的影响，得到数据如表 4-8 所示。试分析乙炔和空气流量的变化对铜吸光度的影响。

表 4-8 乙炔和空气流量变化对铜吸光度的影响

乙炔流量 (L/min)	空气流量				
	8	9	10	11	12
1	81.1	81.5	80.3	80.3	77.5
1.5	81.4	81.8	79.4	79.1	75.9
2	75	76.1	75.4	75.4	70.8
2.5	60.4	67.9	68.7	69.8	68.7

5. 为了研究铝材材质的差异对于其在高温水中腐蚀性能的影响，用三种不同的铝材在去离子水和自来水中于170℃进行一个月的腐蚀试验，测得深蚀率（μm）如表4-9所示。分析铝材材质和水质对铝材腐蚀的影响。

表4-9 材质及水质对铝材腐蚀的影响

铝材材质	去离子水		自来水	
1	2.3	1.8	5.6	5.3
2	1.5	1.5	5.3	4.8
3	1.8	2.3	7.4	7.4

表4-10 产品检测数据

工厂	零件强度			
甲	115	116	98	83
乙	103	107	118	116
丙	73	89	85	97

6. 3家工厂生产同一零件，现从各厂产品中分别抽取4件产品做检测，其检测强度如表4-10所示。

(1) 对数据做方差分析，判断3家工厂生产的产品的零件强度是否有差异；

(2) 求每个工厂生产的产品零件强度的均值，做相应的区间估计（$\alpha=0.05$）；

(3) 对数据做多重检验。

第五章 试验数据的回归分析

5.1 回归分析概述

回归分析是处理变量之间相关关系最常用的一种统计方法,可用于寻找隐含在随机性背后的统计规律。确定回归方程,并对其进行可靠性的检验是回归分析的主要任务。回归分析的运用十分广泛。回归分析按变量的多少,分为一元回归分析和多元回归分析;按自变量的多少,可分为简单回归分析和多重回归分析;按自变量和因变量之间的关系类型,可分为线性回归分析和非线性回归分析。

在生产过程和科学试验中,总会遇到多个变量,同一过程中的这些变量往往是相互依赖的、相互制约的,也就是说它们之间存在相关关系。为了揭示其相关关系的本质,往往需要找出描述这些变量之间依赖关系的数学表达式。

变量之间的关系,通常可以分为两种类型:确定性关系和相关关系。当一个变量或几个变量取一定数值时,另一个变量有确定值与之对应,即变量之间存在完全确定的函数关系,这种关系称为确定性关系。如溶液的体积 V、摩尔浓度 C 与溶质质量 W 之间就有确定的函数关系,$W = C \times M \times V$(M 为溶质的分子量),当 V 和 W 确定后,C 也就确定了。数学分析中所讨论的就是这类确定的函数关系。

另一类是不确定的关系。当一个或几个相关的变量取一定数值时,与之对应的另一变量的值虽然不确定,但它按某种规律在一定范围内变化。变量之间的这种关系称为相关关系。例如,身高与体重的关系,一般情况下,身高越高,体重越重,但是这一规律很难用一个确定的函数关系式来精确描述,然而两者之间确实存在相关关系。相关关系虽然不是确定的,当在大量的观察下,会呈现出一定的规律性,这种规律性可以通过大量试验反映出来。从大量的试验数据或观察中,寻找隐藏在随机性后面的统计规律性,可以借助相应的函数式表达出来,这种函数被称为回归函数或回归方程。

回归分析的主要内容有：

①依据一组数据建立有关变量之间的数学关系式（即回归模型）；

②对这些数学关系式的可靠性进行统计检验；

③判断某变量对考核变量影响的显著性；

④利用所求的数学关系式进行预测或控制。

5.2 一元线性回归分析

若随机变量 y 与随机变量 x 存在有某种相关关系，x 是可以控制或能够精确测量的变量，变量 y 随着变量 x 而改变。若使 x 取一组不完全相同的值 $x_i(i=1,2,\cdots,n)$，进行独立试验，就得到与之对应的一组观察值 $y_i(i=1,2,\cdots,n)$，称 x_i 为自变量，y_i 为因变量。这里 n 对观察值就是一组样本，可以通过这组样本估计 y 的特征。如果 y 与 x 的关系是线性的，则称为一元线性回归。一元线性回归是最简单的回归关系，即只有一个自变量的直线回归，亦称为简单回归。

5.2.1 一元线性回归模型

一元线性回归可以拟合成为直线方程，即：

$$\hat{y}_i = a + bx$$

上式就是变量 y，x 的一元线性回归方程。式中，a，b 称为回归系数，$\hat{y}_i$ 是对应自变量 x_i 代入回归方程的计算值，称为回归值。计算值 $\hat{y}_i$ 与试验值 y_i 不一定相等，y_i 与 $\hat{y}_i$ 之间的差值称为残差，用 e_i 表示，即 $e_i = y_i - \hat{y}_i$。显然，e_i 的值有正有负。

e_i 的值可以用于刻 y_i 与回归直线的偏离程度。显然，对于所有的 x_i，$\hat{y}_i$ 与 y_i 的偏离越小，则认为回归直线和所有试验点拟合得越好。很明显，全部观察值 y_i 与回归值 $\hat{y}_i$ 的偏差平方和刻画了全部观察值与回归直线的偏离程度。

$$SS_e = \sum_{i=1}^{n} e_i^2 = \sum_{i=1}^{n}(y_i - \hat{y}_i)^2 = \sum_{i=1}^{n}[y_i - (a+bx_i)]^2$$

SS_e 为残差平方和，x_i 和 y_i 是已知试验值。SS_e 是 a，b 的函数。最小二乘法是使得 SS_e 达到最小值的一种确定 a 和 b 的方法。因此，求 a，b 的值就成为求 SS_e 的最小值问题。由于 SS_e 是 a 和 b 的非负二次函数，所以它一定存在最小值。根据积分学中的极值原理，要求的估计值 a 和 b 是下列方程组的解：

$$\begin{cases} \dfrac{\partial(SS_e)}{\partial a} = -2\sum_{i=1}^{n}(y_i - a - bx_i) = 0 \\ \dfrac{\partial(SS_e)}{\partial b} = -2\sum_{i=1}^{n}(y_i - a - bx_i)x_i = 0 \end{cases}$$

上述方程组为正规方程组。对方程组求解，即可得到回归系数 a，b 的计算公式：

$$\begin{cases} b = \dfrac{\sum_{i=1}^{n} x_i y_i - n\overline{xy}}{\sum_{i=1}^{n} x_i^2 - n(\overline{x})^2} \\ a = \overline{y} - b\overline{x} \end{cases}$$

上式中，$\overline{x}$，$\overline{y}$ 分别为试验值 x_i，$y_i (i=1, 2, \cdots, n)$ 的算术平均值。

若将 $a = \overline{y} - b\overline{x}$ 代入回归方程，可以得到回归方程的另一种形式：$\hat{y} - \overline{y} = b(x - \overline{x})$。由此可见，回归直线是通过散点图几何重心 $(\overline{x}, \overline{y})$ 点的直线。

为了方便计算，令

$$L_{xx} = \sum_{i=1}^{n}(x_i - \overline{x})^2 = \sum_{i=1}^{n} x_i^2 - n(\overline{x})^2$$

$$L_{xy} = \sum_{i=1}^{n}(x_i - \overline{x})(y_i - \overline{y}) = \sum_{i=1}^{n} x_i y_i - n\overline{xy}$$

这样，b 的计算公式可以简化为：

$$b = \dfrac{L_{xy}}{L_{xx}}$$

关于最小二乘法计算回归系数的具体计算过程，这里不赘述。在 R 语言中，通过 lm( ) 函数求解回归方程。下面通过一个实例说明 lm( ) 函数如何计算回归系数。

☞例 5-1 为研究某一化学反应过程中温度 (X,℃) 对产品得率 (Y,%) 的影响，测得数据如表 5-1 所示。求 Y 关于 X 的回归方程。

R 语言求回归方程的过程见 R 语言代码清单 5.1。

表 5-1　某化学反应温度对得率的影响

试验号	温度(℃)	得率(%)	试验号	温度(℃)	得率(%)
1	100	45	6	150	70
2	110	51	7	160	74
3	120	54	8	170	78
4	130	61	9	180	85
5	140	66	10	190	89

📁代码清单 5.1　R 语言求解回归方程

```
1   X <- c(100, 110, 120, 130, 140, 150, 160, 170, 180, 190)
2   Y <- c(45, 51, 54, 61, 66, 70, 74, 78, 85, 89)
3   lm.model <- lm(Y ~ X)
4   lm.model
```

\# Call:
\# lm(formula = Y ~ X)
\#
\# Coefficients:
\#　(Intercept)　　　　X
\#　　-2.739　　　0.483

根据 R 语言代码清单 5.1 的输出结果，可以得到回归系数 $a = -2.739$，$b = 0.483$，因此回归方程为

$$Y = -2.739 + 0.483X$$

5.2.2　一元线性回归模型的检验

上一节介绍了最小二乘法原理求一元线性回归方程的方法，通过 R 语言可以方便计算回归系数，获得回归方程。从回归模型的最小二乘法计算原理可知，即便两个变量之间不存在线性相关的关系，仍然可以利用最小二乘法求得两个变量之间的回归方程，这样求得的方差显然毫无意义。因此，不仅要建立从专业角度看有意义的回归方程，还需要对其可信性或拟合效果进行检验或衡量，即需要对回归方程进行统计学检验。

5.2.2.1　相关系数的检验

通过最小二乘法求得的回归方程并没有回答变量 x，y 之间是否存在线

性相关关系，虽然可以通过散点图大致上可以看出两变量之间的关系，但还需要进一步对变量间的相关程度进行检验。相关系数是用于描述变量 x 与 y 的线性相关程度的量，常用 r 表示。对于试验值 x_i，$y_i (i = 1, 2, \cdots, n; n > 2)$，则相关系数的计算公式为：

$$r = \frac{L_{xy}}{\sqrt{L_{xx}L_{yy}}}$$

其中

$$L_{yy} = \sum_{i=1}^{n}(y_i - \bar{y})^2 = \sum_{i=1}^{n}y_i^2 - n(\bar{y})^2$$

根据公式 $b = \frac{L_{xy}}{L_{xx}}$，可得 $r = b\sqrt{\frac{L_{xx}}{L_{yy}}}$。所以，$r$ 与 b 有相同的符号。相关系数 r 的平方为决定系数 r^2。

求两个变量间的回归方程之前，应该先知道它们之间的相关系数 r 的大小。只有相关系数较大的情况下，求得的回归方程才有实际意义。相关系数具有以下性质：

(1) $0 \leq |r| \leq 1$。$r > 0$，称为正相关，$r < 0$，称为负相关。

(2) $|r| = 1$，则表明 x，y 之间完全线性相关。这时 x，y 之间有精确的线性关系，此时所有观察点全部在同一直线上。

(3) 大多数情况下，$0 < |r| < 1$。当 $|r|$ 较大时，表明变量之间线性关系密切，观察点比较靠近回归直线；反之，表示变量之间线性关系不密切，在散点图上，观察点离回归直线比较疏远。那么 $|r|$ 要多大才能认为变量 y 与 x 具有线性关系呢？这个问题需要用统计学的假设检验方法来说明。

对于给定的显著性水平 α，显著性检验要求 $|r| > r_{\min}$ 时，才说明 y 与 x 之间存在密切的线性相关关系，或者说，用所求得的回归方程描述变量 y 与 x 之间关系才有意义；否则，所求得线性回归方程不能准确描述变量 y 与 x 之间的关系，应该改用其他形式的回归方程。$r_{\min}$ 称为相关系数临界值，它与给定的显著性水平 α 和试验数据组数 $n(n > 2)$ 有关。

R 语言中，可以通过 cor.test( ) 函数进行相关系数的显著性检验，cor.test( ) 函数分析过程见 R 语言代码清单 5.2。

代码清单 5.2　R 语言进行相关系数检验

```
1    X <- c(100, 110, 120, 130, 140, 150, 160, 170, 180, 190)
2    Y <- c(45, 51, 54, 61, 66, 70, 74, 78, 85, 89)
3    cor.test(Y, X)
```

```
#         Pearson's product-moment correlation
#
# data: Y and X
# t = 46.169, df = 8, p - value = 5.353e - 11
# alternative hypothesis: true correlation is not equal to 0
# 95 percent confidence interval:
#  0.9917926  0.9995744
# sample estimates:
#        cor
#  0.9981287
```

cor. test( )函数输出结果中，对两变量的相关系数进行了 t 假设检验，t 值为46.169，检验的 p 值为 5.353×10^{-11}，同时也输出了相关系数95%的可信区间[0.9918, 0.9996]及其相关系数的大小0.9981，表明变量 X 与 Y 高度正相关。

5.2.2.2　回归方程的方差分析

相关系数 $|r|$ 用于判断用最小二乘法求出的回归方程有无意义。下面进一步讨论回归效果好坏的标准，即对回归方程进行方差分析。

试验观察值 $y_i (i = 1, 2, \cdots, n)$ 之间的差异是由两个方面的原因所引起：

①自变量 x 取值的不同；

②其他因素（包括试验误差）的影响。

为了检验这两个因素的影响哪一个是主要的，可以将它们所引起的差异从变量 y 的总差异中分解出来。n 个试样差值之间的总差异可以用实验观察值 y_i 与其算术平均值 $\bar{y}$ 的偏差平方和来表示，称为总偏差平方和，记为

$$SS_T = \sum_{i=1}^{n} (y_i - \bar{y})^2 = L_{yy}$$

可对 SS_T 进行分解：

$$SS_T = SS_R + SS_e$$

SS_R 表示回归值 $\hat{y}_i$ 与 y_i 算术平均值 $\bar{y}$ 之间的偏差平方和，即

$$SS_R = \sum_{i=1}^{n} (\hat{y} - \bar{y})^2$$

SS_e 是随机误差对变量 y 的影响，可以用残差平方和来表示，即

$$SS_e = \sum_{i=1}^{n} (y_i - \hat{y})^2$$

它是由试验误差以及其他未加控制的因素引起的,它的大小反映了试验误差及其他因素对试验结果的影响。

总离差平方和 SS_T 的自由度为 $df_T = n-1$;回归平方和 SS_R 的自由度为 $df_R = 1$;残差平方和的自由度为 $df_e = n-2$。显然,三种自由度的关系为

$$df_T = df_R + df_e$$

F 检验的统计量 F 比计算公式为

$$F = \frac{SS_R/df_R}{SS_e/df_e}$$

F 服从自由度为 $(1, n-2)$ 的 F 分布。在给定的显著性水平 α 下,可以得到 F 临界值。根据计算得到的 F 与临界值之间的关系,判断 y 与 x 之间有无明显的线性关系。当 F 小于临界值时,y 与 x 之间没有明显的线性关系;当 F 大于临界值时,说明 y 与 x 之间有显著的线性关系,即 y 的变化主要是由 x 的变化造成的。最后可将计算结果列成方差分析表。

5.2.2.3 回归系数的显著性检验

回归系数的显著性检验的目的是通过检验回归系数 b 的值与 0 是否有显著性差异,来判断 y 与 x 之间是否有显著的线性关系。若 $b=0$,则回归方程中不含 x 项(即 y 不随 x 变动而变动),因此变量 y 与 x 之间不存在线性关系;若 $b \neq 0$,说明变量 y 与 x 之间存在显著的线性关系。对回归系数构造检验统计量:

$$t_b = \frac{b}{SS_e \sqrt{\dfrac{1}{\sum_{i=1}^{n}(x_i - \bar{x})^2}}}, v = n-2$$

该统计量服从 t 分布。对于给定的显著性水平 α,根据统计量 t_b 计算值与临界值比较,以此判断回归系数是否为 0。

R 语言进行回归分析的函数 lm( ),其返回的对象中,包含了相当丰富的内容,直接结合 summary( ) 函数可以将回归方程方差分析及回归系数的显著性检验结果输出到屏幕上,分析过程见 R 语言代码清单 5.3。

🔲代码清单 5.3 回归方程方差分析及回归系数的检验

```
1    X <- c(100, 110, 120, 130, 140, 150, 160, 170, 180, 190)
2    Y <- c(45, 51, 54, 61, 66, 70, 74, 78, 85, 89)
3    lm.model <- lm(Y ~ X)
4    summary(lm.model)
```

```
# Call:
# lm(formula = Y ~ X)
#
# Residuals:
#      Min      1Q  Median      3Q     Max
# -1.3758 -0.5591  0.1242  0.7470  1.1152
#
# Coefficients:
#              Estimate  Std. Error  t value  Pr(>|t|)
# (Intercept)  -2.73939    1.54650   -1.771    0.114
# X             0.48303    0.01046   46.169  5.35e-11 * *
# ---
# Signif. codes: 0 '* * *' 0.001 '* *' 0.01 '*' 0.05 '.' 0.1 ' ' 1
#
# Residual standard error: 0.9503 on 8 degrees of freedom
# Multiple R-squared: 0.9963,   Adjusted R-squared: 0.9958
# F-statistic: 2132 on 1 and 8 DF,   p-value: 5.353e-11
```

在输出结果中，第 1 部分 Call 给出了相应的回归模型；第 2 部分 Residuals 列出的是残差的最小值、1/4 分位数、中位数、3/4 分位数和最大值；第 3 部分 Coefficients，给出了回归方程参数的估计即截距 a 和自变量的系数 b 的估计值、回归参数的标准差、t 值以及相应的 p 值；第 4 部分 Residual standard error 表示残差的标准差，MultipleR-squared 为相关系数的平方，即决定系数；F-statistic 表示 F 统计量，同样，给出了方差分析的 p 值。

5.2.3 利用回归方程进行预测

若建立的回归方程拟合得很好，并通过了统计学的检验，而且具有实际意义，就可以根据回归方程进行预测。

对于任何一个给定的 x_0，由回归方程可得到一个回归值：$y_0 = a + bx_0$，它是 x_0 处观察值的一个点估计。利用 R 语言中的 predict( ) 函数，可以非常简便地求出预测值和预测区间。

☞**例 5-2** 化学反应过程中温度对产品得率的影响实验中，当温度 X 为 185℃时，求相应产品得率 Y 的概率为 0.95 的预测区间。

计算程序见 R 语言代码清单 5.4，程序的第 1 行表述输入新的点 $x_0 =$

185，第 2 行用 predict( )函数计算相应的预测值，参数 interval = "prediction"表示同时给出相应的预测区间，参数 level = 0.95 表示相应的概率为 0.95，0.95 为 level 参数的默认值，可以不写。

📝代码清单 5.4　R 语言 predict( )函数用于回归预测

```
1   new <- data.frame(X = 185)
2   lm.pred <- predict(lm.model, new, interval = "prediction", level = 0.95)
3   lm.pred
```

```
#           fit        lwr        upr
#1      86.62121    84.12852    89.1139
```

由计算得到预测值为 86.62121；相应预测区间为 [84.1285，89.1139]。

5.3　多元线性回归分析

一元线性回归用一个主要影响因素作为自变量来解释因变量的变化。在现实问题研究中，因变量的变化往往受几个重要因素的影响，此时就需要用两个或两个以上的影响因素作为自变量来解释因变量的变化，这就是多元回归亦称多重回归。当多个自变量与因变量之间是线性关系时，所进行的回归分析就是多元线性回归。

5.3.1　多元线性回归模型

设 y 为因变量，x_1，x_2，$\cdots$，x_k 为自变量，并且自变量与因变量之间为线性关系时，多元线性回归模型为

$$y = b_0 + b_1 x_1 + b_2 x_2 + \cdots + b_k x_k + e$$

其中 b_0 为常数项，b_1，b_2，$\cdots$，b_k 为回归系数，b_1 为 x_2，x_3，$\cdots$，x_k 固定时，x_1 每增加一个单位对 y 的效应，即 x_1 对 y 的偏回归系数；同理 b_2 为 x_1，x_3，$\cdots$，x_k 固定时，x_2 每增加一个单位对 y 的效应，即 x_2 对 y 的偏回归系数⋯⋯如果两个自变量 x_1，x_2 与一个因变量 y 呈线性相关时，可用二元线性回归模型描述为

$$y = b_0 + b_1 x_1 + b_2 x_2 + e$$

建立多元线性回归模型时，为了保证回归模型具有优良的解释能力和预测效果，应首先注意自变量的选择，其准则是：

①自变量对因变量必须有显著的影响，并呈密切的线性相关。

②自变量与因变量之间的线性相关必须是真实的，而不是形式上的。

③自变量之间应具有一定的互斥性，即自变量之间的相关程度不应高于自变量与因变量之间的相关程度。

多元线性回归模型的参数，与一元线性回归方程一样，也是在要求误差平方和为最小的前提下，用最小二乘法求解。

5.3.2 多元线性回归模型的检验

多元线性回归模型与一元线性回归模型一样，在求得参数的最小二乘法的估计之后，也需要进行必要的检验与评价，以决定模型是否可以应用。

1. 拟合优度的测定

与一元线性回归汇总的决定系数 r^2 相对应，多元线性回归也有多重决定系数 R^2，它是在因变量的总变化中，由回归方程解释的变动(回归平方和)所占的比重。R^2 越大，回归方程对各样本数据点拟合的程度越强，所有自变量与因变量的关系越密切。R^2 的计算公式为

$$R^2 = \frac{\sum (\hat{y} - \bar{y})^2}{\sum (y - \bar{y})^2}$$

2. 估计标准误差

估计标准误差，即因变量 y 的实际值与回归方程求出的估计值 $\hat{y}$ 之间的标准误差。估计标准误差越小，回归方程拟合程度越强。

3. 回归方程的显著性检验

回归方程的显著性检验，即检验整个回归方程的显著性，或者说评价所有自变量与因变量的线性关系是否密切。常采用 F 检验，F 统计量的计算公式为

$$F = \frac{\sum (\hat{y} - \bar{y})^2 / k}{\sum (y - \bar{y})^2 / (n - k - 1)}$$

根据给定的显著性水平 α，自由度 $(k, n-k-1)$，查 F 分布表，得到相应

的临界值 F_α，若 $F > F_\alpha$，则回归方程具有显著意义，回归效果显著；若 $F < F_\alpha$，则回归方程无显著意义，回归效果不显著。

4. 回归系数的显著性检验

在一元线性回归中，回归系数显著性检验（t 检验）与回归方程的显著性检验（F 检验）是等价的。但在多元线性回归中，这个等价不成立，t 检验是分别检验回归模型中各个偏回归系数是否具有显著性，以便使模型中只保留那些对因变量有显著影响的因素。检验时先计算统计量 t_i，然后根据给定的显著水平 α，与相应临界值比较，得出偏回归系数与 0 之间是否有显著差异。

下面用一个实例说明 R 语言在多元线性回归分析中的应用。

☞ **例 5-3** 27 名糖尿病人的血清总胆固醇（mmol/L）、甘油三酯（mmol/L）、空腹胰岛素（μU/mL）、糖化血红蛋白（%）、空腹血糖（mmol/L）的测量值列于表 5-2 中。试建立血糖与这几项指标关系的多元线性回归方程。

表 5-2 27 名糖尿病人的血糖及有关变量的测量结果

序号	总胆固醇	甘油三酯	胰岛素	糖化血红蛋白	空腹血糖	序号	总胆固醇	甘油三酯	胰岛素	糖化血红蛋白	空腹血糖
1	5.68	1.9	4.53	8.2	11.2	15	6.19	1.18	1.42	6.9	9.6
2	3.79	1.64	7.32	6.9	8.8	16	6.13	2.06	10.35	10.5	10.9
3	6.02	3.56	6.95	10.8	12.3	17	5.71	1.78	8.53	8.0	10.1
4	4.85	1.07	5.88	8.3	11.6	18	6.40	2.40	4.53	10.3	14.8
5	4.60	2.32	4.05	7.5	13.4	19	6.06	3.67	12.79	7.1	9.1
6	6.05	0.64	1.42	13.6	18.3	20	5.09	1.03	2.53	8.9	10.8
7	4.90	8.50	12.60	8.5	11.1	21	6.13	1.71	5.28	9.9	10.2
8	7.08	3.00	6.75	11.5	12.1	22	5.78	3.36	2.96	8.0	13.6
9	3.85	2.11	16.28	7.9	9.6	23	5.43	1.13	4.31	11.3	14.9
10	4.65	0.63	6.59	7.1	8.4	24	6.50	6.21	3.47	12.3	16.0
11	4.59	1.97	3.61	8.7	9.3	25	7.98	7.92	3.37	9.8	13.2
12	4.29	1.97	6.61	7.8	10.6	26	11.54	10.89	1.20	10.5	20.0
13	7.97	1.93	7.57	9.9	8.4	27	5.84	0.92	8.61	6.4	13.3
14	5.84	0.92	8.61	6.4	13.3						

将数据保存为如图 5-1 所示的 Excel 文件，通过 R 语言 xlsx 扩展包中的 read.xlsx() 函数读入数据，然后进行多元线性回归分析。R 语言中的

lm( )函数同样可以求出多元回归方程的回归系数,并对其进行统计学检验。本例的分析过程见 R 语言代码清单 5.5。

	A	B	C	D	E
1	x1	x2	x3	x4	y
2	5.68	1.9	4.53	8.2	11.2
3	3.79	1.64	7.32	6.9	8.8
4	6.02	3.56	6.95	10.8	12.3
5	4.85	1.07	5.88	8.3	11.6
25	7.98	7.92	3.37	9.8	13.2
26	11.54	10.89	1.2	10.5	20
27	5.84	0.92	8.61	6.4	13.3

图 5-1 糖尿病人的血糖及有关变量

◎代码清单 5.5 多元线性回归分析建模

```
1  library(xlsx)
2  exam.data <- read.xlsx("D:/DoEwithR/DoEData/diabetes.xlsx", sheetName = "Sheet1")
3  lm.model <- lm(y ~ ., data = exam.data)
4  lm.model$coefficients
```

```
# (Intercept)      x1          x2          x3          x4
# 5.9432678   0.1424465   0.3514655  -0.2705853   0.6382012
```

根据其输出,所求得多元线性回归方程为

$$\hat{y} = 5.9433 + 0.1424x_1 + 0.3515x_2 - 0.2706x_3 + 0.6382x_4$$

①回归模型的方差分析。用 anova( )函数进行方差分析,见 R 语言代码清单 5.6。

◎代码清单 5.6 多元线性回归模型的方差分析

```
1  lm.model <- lm(y ~ ., data = exam.data)
2  anova(lm.model)
```

```
# Analysis of Variance Table
#
# Response: y
#              Df   Sum Sq   Mean Sq   F value    Pr(>F)
# x1            1   69.425   69.425    17.1919   0.0004221 * *
# x2            1    4.143    4.143     1.0261   0.3220970
# x3            1   32.348   32.348     8.0105   0.0097411 * *
```

```
# x4           1    27.794   27.794   6.8827   0.0155156 *
# Residuals   22    88.841    4.038
# ---
# Signif. codes: 0 '***' 0.001 '**' 0.01 '*' 0.05 '.' 0.1 ' ' 1
```

方差分析结果表明，所拟合的回归方程具有统计学意义。

②t 检验法。通过 summary( ) 函数（见 R 语言代码清单 5.7），可以输出偏回归系数 t 检验法的 t 统计量，同时给出 t 统计量分布的 p 值。

📘代码清单 5.7　回归模型的 t 检验分析

```
1 summary(lm.model)
```

```
# Coefficients:
#               Estimate   Std. Error   t value   Pr(>|t|)
# (Intercept)    5.9433     2.8286       2.101    0.0473 *
# x1             0.1424     0.3657       0.390    0.7006
# x2             0.3515     0.2042       1.721    0.0993 .
# x3            -0.2706     0.1214      -2.229    0.0363 *
# x4             0.6382     0.2433       2.623    0.0155 *
#
# Signif. codes: 0 '***' 0.001 '**' 0.01 '*' 0.05 '.' 0.1 ' ' 1
```

对于同一资料，不同自变量的 t 值间可以相互比较，t 的绝对值越大，说明该自变量对因变量 y 的回归所起的作用越大。本例结果显示，对血糖影响大小的顺序依次为糖化血红蛋白（x_4）、胰岛素（x_3）、甘油三酯（x_2）和总胆固醇（x_1）。同时，所给出的 p 值表明，糖化血红蛋白（x_4）和胰岛素（x_3）对血糖有显著影响（$p<0.05$），而甘油三酯（x_2）和总胆固醇（x_1）对血糖则没有显著影响（$p>0.05$）。

方差分析及 t 检验均表明，回归方程的部分系数（x_1，x_2）没有通过检验，说明全部变量都选入回归方程效果并不一定很好。这就说明多元回归分析过程中，需要进行变量选择，以建立起"最优"的回归方程。

5.3.3　自变量选择的方法

在上述实例中，研究者根据专业知识或事先经验选择好回归方程中所包括的自变量。但是在实际工作中，由于并没有清晰的理论依据，回归模型中包含的自变量难以事先确定，如果在回归模型中引入一些不太重要的自变量，会降低模型的精度。因此，选择有意义的自变量通常是多元回归分析中非常重要的一步，也就是说需要挑选出若干变量建立回归方程。这就涉及变量选择的问题。

选择变量的方法有多种，其基本思路是：尽可能将回归效果显著的自变量选入回归方程中，作用不显著的自变量则排除在外。根据变量选择的思路，有多种选择变量的方法。下面简单介绍几种方法。

5.3.3.1 全局择优法

全局择优法是对自变量各种不同组合所建立的回归方程进行比较，进而从全部组合中挑出一个"最优"的回归方程。

5.3.3.2 逐步选择法

当自变量数目较大时，采用全局择优法的计算量很大。逐步选择法可以克服这一不足，是实际应用中普遍使用的方法。逐步选择法按照选入变量的顺序不同分为前进法、后退法和逐步回归法。

R 语言提供了"最优"回归方程的函数 step( )，它以 Akaike 信息统计量为依据（简称 AIC），通过选择最小的 AIC 信息统计量来达到选择变量的目的。step( )函数的使用方法见 R 语言代码清单 5.8。

✐代码清单 5.8　逐步回归 step( )函数的用法

```
1   step(object,scope,scale = 0,direction = c("both","backward","forward"),trace = 1,keep = NULL,
    steps = 1000,k = 2,...)
```

参数 object 是 lm( )函数返回的回归模型，scope 是确定逐步搜索的区域，参数 direction 用于确定逐步搜索的方向，默认值为 both，是一切子集回归法，backward 是后退法，forward 是前进法。其他参数的意义可参考在线帮助文档。对于糖尿病人的血糖与有关变量回归分析一例，用 step( )函数做逐步回归的过程见 R 语言代码清单 5.9。

✐代码清单 5.9　逐步回归 step( )函数的应用

```
1   step.model <- step(lm.model)
2   step.model
```

```
# Start: AIC = 42.16
# y ~ x1 + x2 + x3 + x4
#
#           Df   Sum of Sq      RSS        AIC
# - x1       1      0.6129    89.454    40.343
# <none>                      88.841    42.157
# - x2       1     11.9627   100.804    43.568
# - x3       1     20.0635   108.905    45.655
# - x4       1     27.7939   116.635    47.507
#
# Step: AIC = 40.34
# y ~ x2 + x3 + x4
#
#           Df   Sum of Sq      RSS        AIC
# <none>                      89.454    40.343
# - x3       1     25.690    115.144    45.159
# - x2       1     26.530    115.984    45.356
# - x4       1     32.269    121.723    46.660
#
# Call:
# lm(formula = y ~ x2 + x3 + x4, data = exam.data)
#
# Coefficients:
#   (Intercept)        x2          x3          x4
#       6.4996      0.4023    - 0.2870      0.6632
```

输出结果表明,当全部自变量进入回归方程时,AIC = 42.157,去掉 x_1,AIC = 40.343,去掉其他任何一个变量,AIC 的值均增大。因此,得到最后的"最优"回归方程包含 x_2, x_3 和 x_4 三个自变量。

step( ) 函数结合 summary( ) 函数,可以提取出逐步回归有关信息,见 R 语言代码清单 5.10。

📝代码清单 5.10 逐步回归 step( ) 函数逐步回归信息提取

| 1 | summary(step.model) |

```
# Call:
# lm(formula = y ~ x2 + x3 + x4, data = exam.data)
#
# Residuals:
```

```
#              Min        1Q     Median       3Q        Max
# -3.2692  -1.2305  -0.2023  1.4886  4.6570
#
# Coefficients:
#                    Estimate    Std. Error    t value    Pr(>|t|)
# (Intercept)    6.4996        2.3962         2.713      0.01242*
# x2                 0.4023        0.1541         2.612      0.01559*
# x3                -0.2870        0.1117        -2.570      0.01712*
# x4                 0.6632        0.2303         2.880      0.00845**
# ---
# Signif. codes: 0 '***' 0.001 '**' 0.01 '*' 0.05 '.' 0.1 ' ' 1
#
# Residual standard error: 1.972 on 23 degrees of freedom
# Multiple R-squared: 0.5981, Adjusted R-squared: 0.5456
# F-statistic: 11.41 on 3 and 23 DF, p-value: 8.793e-05
```

通过逐步回归，得到回归系数的显著性水平有较大提高，所有检验都是显著的。据此，得到最优回归方程为

$$\hat{y} = 6.4996 + 0.4023x_2 - 0.2870x_3 + 0.6632x_4$$

5.4 回归诊断

对于多个自变量与一个因变量的多元线性回归分析，可以利用逐步回归分析的方法来选择进入回归模型对因变量有显著影响的自变量。但是，这只是从选择自变量的角度来研究问题，没有对模型的其他特性做进一步的分析，也没有对数据本身是否存在异常进行分析。

实际上，使用回归分析，也需要数据满足若干基本的假设条件：

①数据的误差要满足正态分布的前提条件。

②数据的误差之间应相互独立。关于独立性的假设，往往需要从数据的获得过程进行验证。

③方差齐性，要求数据误差项有同方差的特征。

④自变量之间是否存在高度相关，即是否有多重共线性问题存在。

除了这些假设的前提条件外，还需要考虑以下几个问题：

①所选择的模型是否合适。

②数据中是否存在异常样本。

③回归模型是否对某些数据过度依赖,否则所获得的模型会存在稳定性问题等。对模型造成过度依赖的数据往往是离群点、高杠杆点和强影响点。

为此,人们提出了很多回归诊断的方法,以确保回归模型正确可靠。

5.4.0.1 正态性分析

可以通过绘制残差图形来分析数据的正态性。R 语言的 car 扩展包中的 qqPlot() 函数提供了绘制残差分布的 Q – Q 图的方法,R 语言代码清单 5.11 绘制了学生化残差图,见图 5 – 2。

✎代码清单 5.11 回归分析的正态性图形检验

```
1  library(car)
2  lm.model <- lm(y ~ ., data = exam.data)
3  qqPlot(lm.model, labels = FALSE, simulate = TRUE, main = "Q - Q Plot")
```

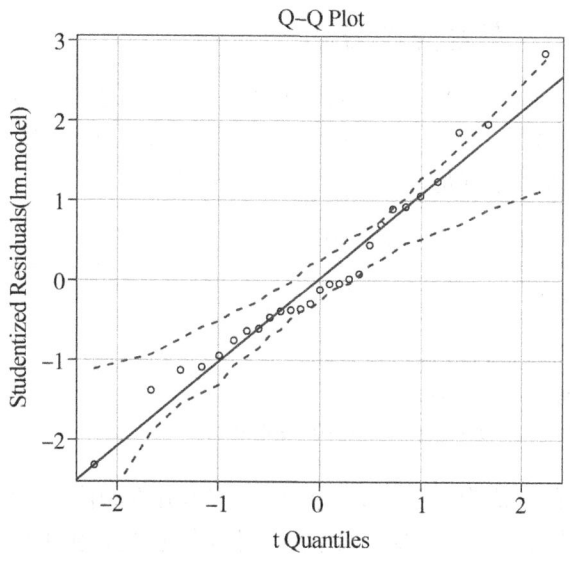

图 5 – 2 数据正态性假设的图形分析

R 语言代码清单 5.11 绘制了在 $n - p - 1$ 个自由度的 t 分布下的学生化残差图形。在图形中。所有的点都应该离直线很近,并且都落在置信区间内,才表明正态性假设条件得以满足。在本例中,有少量数据点分布在置信区间之外，表明数据的正态性条件可能没有满足。

5.4.0.2 误差的独立性分析

因变量值是否相互独立，可以从收集数据的过程中加以判断。R 语言 car 包中的 durbinWatsonTest( ) 函数可以进行 Durbin – Watson 检验（见 R 语言程序清单 5.12），能够检验误差之间的相关性。

📘代码清单 5.12　回归分析误差的独立性检验

```
1  library(car);lm.model <- lm(y ~ .,data = exam.data)
2  durbinWatsonTest(lm.model)
```

```
#  lag Autocorrelation    D-W Statistic    p-value
#  1   0.1778885          1.634654         0.328
#  Alternative hypothesis: rho ! =0
```

$p = 0.328$。结果表明，无自相关性，说明误差项之间是独立的。

5.4.0.3 方差齐性分析

R 语言 car 包中有两个函数，可以判断误差的方差是否具有齐性。ncvTest( ) 函数提供一个计分检验（见 R 语言代码清单 5.13），该检验若显著，说明方差齐性不满足，即误差的方差不恒定。

📘代码清单 5.13　回归分析误差的方差齐性分析

```
1  ncvTest(lm.model)
```

```
#  Non-constant Variance Score Test
#  Variance formula: ~ fitted.values
#  Chisquare = 0.0004274839    Df = 1    p = 0.9835044
```

计分检验的 p 值为 0.9835，说明满足方差齐性的假设条件。

car 包中的 spreadLevelPlot( ) 函数绘制标准化残差绝对值与拟合值的散点图，同时添加一条最佳拟合曲线，如果满足方差齐性的假设，拟合曲线为水平曲线，同时点在拟合曲线周围呈水平随机分布，R 语言代码清单 5.14 所绘制标准化残差绝对值与拟合值的散点图见图 5 – 3、图 5 – 4 方差齐性的图形分析。

代码清单5.14 回归分析误差的方差齐性图形分析

```
1  spreadLevelPlot( lm. model)
```

\# Suggested power transformation: −0.4993159

R语言代码清单5.14所绘制的图形见图5−3，程序还会给出幂次转换的建议，幂次转换为−0.4993，即在回归中用根y的−0.4993次方代替，可能会使得模型满足同方差齐性，若建议幂次为0，则使用对数转换。幂次变化后，方差齐性的分析见R语言代码清单5.15。经过幂次变换后的数据，所绘制的方差齐性分析图形见图5−4。

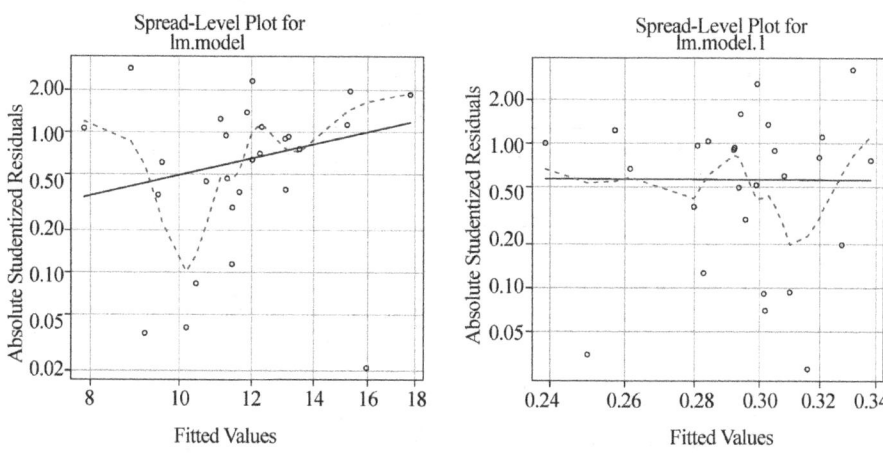

图5−3 幂次变换后方差齐性图形分析　　图5−4 幂次变换后方差齐性图形分析

代码清单5.15 数据经幂次变化的方差齐性图形分析

```
1  lm. model. 1 <− lm( y^−0.4993159 ~ . , data = exam. data)
2  spreadLevelPlot( lm. model. 1)
```

输出结果建议的幂次转换为1.043382，已经非常接近于1。经过幂次转换后的方差齐性图形中，拟合曲线已经呈水平状态，更加满足方差齐性的要求。

5.4.0.4 线性分析

通过绘制成分残差图，观察因变量与自变量之间是否呈非线性关系，也可藉此判断是否存在不同于线性模型假设的系统偏差。成分残差图可以通过 car 包中的 crPlots( ) 函数来绘制，见 R 语言代码清单 5.16，所绘制的图形见图 5-5。

✎ 代码清单 5.16　crPlots( ) 函数绘制线性分析的成分残差图

```
1  library(car)
2  crPlots(lm.model)
```

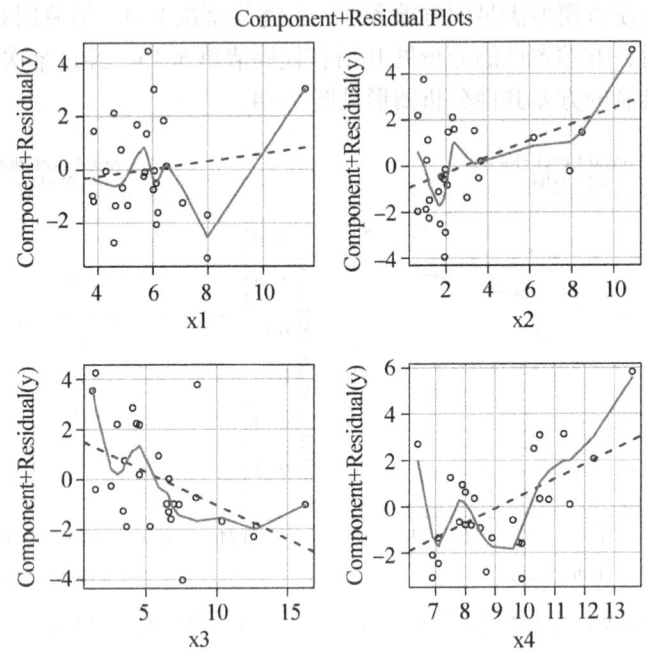

图 5-5　线性分析的成分残差图

如果图形存在非线性，通过线性回归所构建的模型可能不能充分体现数据之间的关系，有必要在模型中添加一些曲线成分，比如多项式项，或者对一个或多个变量进行适当变换，再进行线性回归分析，也可以通过其他回归建模的方式，而不是线性回归模型。

线性分析的成分残差图 5-5 表明，因变量与自变量之间看似符合线性假设，线性模型的形式应该是符合的。

5.4.0.5　共线性问题分析

若某个偏回归系数的 t 检验通不过，可能是该系数相对应的自变量对因变量的影响不显著的原因，那么，可以将该自变量从回归模型中删除，再重新建立回归模型，或者更换自变量。也可能是自变量之间有共线性，此时应设法降低共线性的影响。共线性是指在拟合多元线性回归模型时，自变量之间存在线性关系或近似线性关系。自变量之间的共线性或隐藏变量的显著性，增加参数估计的误差，同时获得的模型稳定性下降。因此，应该对自变量共线性问题进行判别。

共线性问题可以用方差膨胀因子进行检测。方差膨胀因子(VIF)的平方根表示变量回归参数的置信区间能膨胀为与模型无关的预测变量的程度。一般情况下，$\sqrt{VIF} > 2$，就表明存在共线性问题。R 语言 car 包中的的 vif( ) 函数可以计算方差膨胀因子，见 R 语言代码清单 5.17。

📄代码清单 5.17　vif( ) 函数计算方差膨胀因子

```
library(car);vif(lm(y ~ .,data = exam.data))
```

```
#         x1        x2        x3        x4
# 2.185539  1.779862  1.278364  1.266730
```

本例的共线性分析表明，自变量之间不存在共线性问题。

5.4.0.6　线性回归模型的综合评估

R 语言的 gvlma 包中的 gvlma( ) 函数可以对线性回归模型进行综合评估，同时还提供峰度、偏度和方差齐性的评价。R 语言代码清单 5.18 对本例数据进行线性模型假设的综合检验。

📄代码清单 5.18　gvlma( ) 函数对线性模型假设的综合检验

```
1  library(gvlma)
2  lm.model <- lm(y ~ .,data = exam.data)
3  t <- gvlma(lm.model)
4  summary(fit)
```

```
# ASSESSMENT OF THE LINEAR MODEL ASSUMPTIONS
# USING THE GLOBAL TEST ON 4 DEGREES - OF - FREEDOM:
# Level of Significance = 0.05

# Call:
# gvlma(x = lm.model)
#
#                            Value    p-value              Decision
```

```
# Global Stat            9.68910   0.046003   Assumptions NOT satisfied!
# Skewness               0.65344   0.418886   Assumptions acceptable.
# Kurtosis               0.04015   0.841193   Assumptions acceptable.
# Link Function          7.68064   0.005582   Assumptions NOT satisfied!
# Heteroscedasticity     1.31487   0.251515   Assumptions acceptable.
```

对线性回归模型的综合评判结果（Global Stat）可看出，数据并没有满足最小二乘回归模型所有的统计假设条件（$p = 0.046003$），Decision 项下的文字表明违反了假设条件。前面的判断表明，数据的正态性假设条件可能没有很好地满足。

当数据不满足正态假设时，可采用因变量的某种变化，car 包中的 powerTransform( ) 函数通过最大 λ 似然估计来正态化变量。R 语言代码清单 5.19 是对本例数据因变量变换的应用。

📖代码清单 5.19   powerTransform( ) 函数对因变量变换的应用

```
1    library(car)
2    summary(powerTransform(exam.data$y))
```

```
# bcPower Transformation to Normality
#
#                Est. Power   Std. Err.   Wald Lower Bound   Wald Upper Bound
# exam.data$y    -1.2953      0.8579      -2.9768            0.3863
#
# Likelihood ratio tests about transformation parameters
#                       LRT         df      pval
# LR test, lambda = (0) 2.413784    1       0.120271298
# LR test, lambda = (1) 7.837058    1       0.005118583
```

结果表明，可以用 $y^{-1.2953}$ 来正态化因变量。本例中 $\lambda = 1$ 的假设被拒绝，因此有必要对因变量进行变换，这与图 5-2 结果一致。

5.5　异常观测值的分析

所谓异常观测值的分析，就是要对回归模型有异常影响的数据进行分析。这些对模型有异常影响的数据，包括离群点、高杠杆值点和强影响点。这些数据需要格外关注，因为它们可能对回归模型有较大的影响，甚至导致模型失效。

5.5.0.1 离群点

离群点是指用所构建的回归模型进行预测，其预测结果较差的观察值。离群点通常会有一个比较大的预测残差。残差为正表明低估了因变量，残差为负表明高估了因变量。

在残差分布 Q-Q 图中（图 5-2），落在置信区间以外的点，可认为是离群点。car 包提供了离群点的统计检验方法，outlierTest( ) 函数可以计算最大标准化残差绝对值 bonferroni 调整 p 值，可作为判断是否为离群点的依据。

📎代码清单 5.20 outlierTest( ) 函数离群点检测

```
1  library(car)
2  outlierTest(lm(y ~ ., data = exam.data))
```

```
#  No Studentized residuals with Bonferonni p < 0.05
#  Largest |rstudent|:
#     rstudent   unadjusted  p-value      Bonferonni p
#  26 2.853474   0.0095142                0.25688
```

输出结果表明，第 26 号数据预测的残差最大，但还没有被判断为离群点（$p = 0.25688$）。要注意的是，outlierTest( ) 函数是根据单个预测残差最大的数据来判断是否有离群点存在，如果不显著（$p > 0.05$），则表明不存在离群点，如果显著（$p < 0.05$），需要将该次判断为离群点的数据删除之后，重新判断留下的数据中是否还有其他离群点存在。

5.5.0.2 强影响点

强影响点是指对回归模型参数估计值影响较大的数据。如果将该数据移除，回归模型将会发生非常大的变化。此时，需要检测数据中是否存在强影响点。R 语言可通过绘制 Cook 统计量图和变量添加图来检测强影响点。

1. Cook 统计量

一般来讲，Cook 统计量的值大于 $4/(n-k+1)$，则表明它是强影响点，其中 n 为样本容量，k 是预测变量数目。可通过 R 语言代码清单 5.21 来绘制 Cook 统计量图形，见图 5-6。

📖代码清单 5.21　Cook 统计量图形绘制

```
1  cutoff <- 4/(nrow(exam.data) - length(lm.model$coefficients) - 2)
2  plot(lm.model, which = 4, cook.levels = cutoff)
3  abline(h = cutoff, lty = 2, col = "red")
```

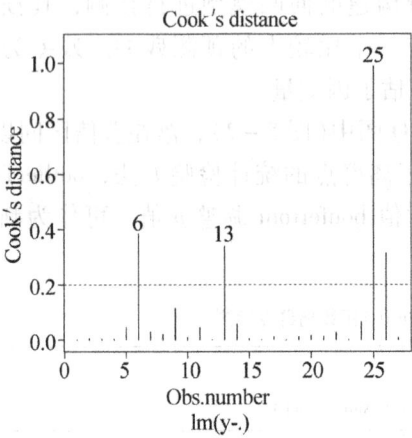

图 5-6　评估强影响点的 Cook 统计量图

通过图 5-6 判断有 3 个强影响点（6，13，25 号数据）。若删除这些点，将会导致回归模型截距项和斜率发生显著变化。

2. 变量添加图

car 包的 avPlots() 函数可绘制变量添加图，即每个自变量 x_i 绘制 x_i 在其他自变量上回归的残差值相对于因变量在其他自变量上回归的残差值的关系图。R 语言代码清单 5.22 所绘制的图形见图 5-7。

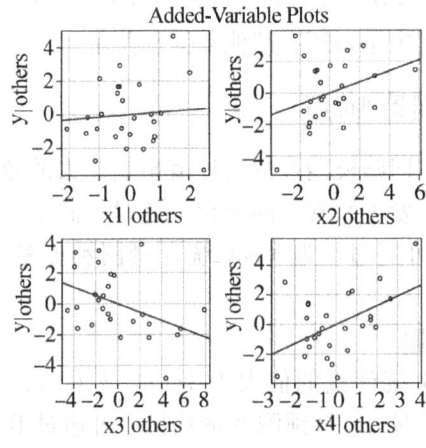

图 5-7　判断强影响点的变量添加图

📝代码清单5.22　avPlots( )函数绘制变量添加图

```
1  library( car )
2  avPlots( lm. model, ask = FALSE, onepage = TRUE, id. method = " identify" )
```

图5-7中的直线表示相应自变量的实际回归系数，可以通过观察删除某些强影响点后直线改变的情况来评估强影响点的影响情况。

5.5.0.3　高杠杆值点

高杠杆值点是与其他自变量有关的离群点。也就是说，高杠杆值点是由许多异常的自变量值组合起来的，与因变量无关。高杠杆值点可以通过帽子统计量评价。对于一个给定的数据集，如果观测点的帽子值大于帽子均值的2倍或3倍，即可认定其为高杠杆值点。可通过R语言代码清单5.23来绘制帽子值的分布图形，见图5-8。

📝代码清单5.23　绘制帽子值的分布图形

```
1  hat. plot <- function( fit ) {
2  p <- length( coefficients( fit ) ) ; n <- length( fitted( fit ) ) ; plot( hatvalues( fit ) , main = " Index Plot of HatValues" ) ; abline( h = c( 2,3 ) * p/n, col = " red" , lty = 2 ) ; identify( 1 : n, hatvalues( fit ) , names ( hatvalues( fit ) ) ) }
3  hat. plot( lm. model )
```

图5-8中，水平标注的是帽子均值的2倍和3倍的位置。绘图过程中，能以交互模式绘图，单击感兴趣的点，就可以对该点进行标注，直接右击图形，选择Stop即可停止标注。此图中，第25，7号数据有异常表现，可认为是高杠杆值点。

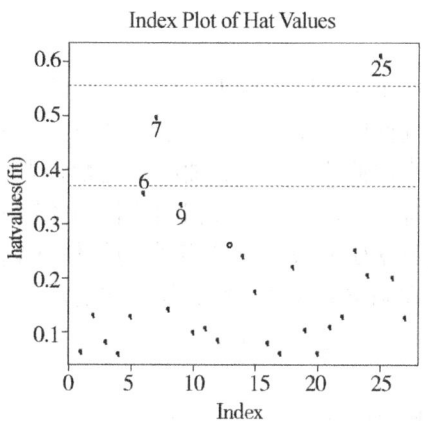

图5-8　帽子值判断高杠杆值点

在 car 包中，还可通过 influencePlot( ) 函数将离群点、高杠杆点和强影响点的有关信息绘制到一张图当中，见 R 语言代码清单 5.24，所绘制图形见图 5-9。图 5-9 中，纵坐标超过 ±2 的点可认为是离群点；水平轴超过 0.2 或 0.3 的点有高杠杆值；圆圈的大小与影响成比例，圆圈很大的点，可能是对所构建的线性回归模型参数估计造成影响的强影响点。

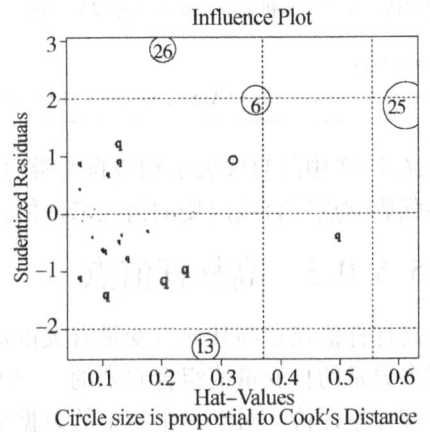

图 5-9　influencePlot( ) 函数绘制影响图

📖代码清单 5.24　influencePlot( ) 函数绘制影响图

| 1 | library(car) |
| 2 | influencePlot(lm. model, id. method = " identify" , main = " InfluencePlot" , sub = " Circle size is proportial to Cook's Distance") |

5.6　非线性回归

在很多实际问题中，变量之间的关系可能是非线性的，此时需要采用非线性回归模型。非线性回归具有多种多样的形式，如双曲线、二次曲线、三次曲线、幂函数曲线、指数函数曲线、S 形曲线、对数曲线、指数曲线等。因此，非线性回归分析的关键是确定函数的具体形式。通常需要根据科学研究或生产实际中的具体问题或试验数据的特征作出合适的选择。在确定非线性函数具体形式之后，仍然是通过最小二乘法获得回归模型，并对其进行统计学的检验。

5.6.1　多项式回归

☞例 5-4　某种合金中的主要成分为元素 A 和 B，试验发现这两种元素之和 x 与合金膨胀系数 y 之间有一定的数量关系。试根据表 5-3 给出的

试验数据找出 y 与 x 之间的回归关系。

表5-3 合金中主要成分之和与膨胀系数数据

序号	x	y	序号	x	y
1	37.0	3.40	8	40.5	1.70
2	37.5	3.00	9	41.0	1.80
3	38.0	3.00	10	41.5	1.90
4	38.5	2.27	11	42.0	2.35
5	39.0	2.10	12	42.5	2.54
6	39.5	1.83	13	43.0	2.90
7	40.0	1.53			

首先，画出散点图，观察两者之间的关系。R语言代码清单5.25绘制两变量之间的散点图，见图5-10。

📝代码清单5.25 合金中主要成分之和与膨胀系数散点图绘制

```
1  x <- c(37.0,37.5,38.0,38.5,39.0,39.5,40.0,40.5,41.0,41.5,42.0,42.5,43.0)
2  y <- c(3.40,3.00,3.00,2.27,2.10,1.83,1.53,1.70,1.80,1.90,2.35,2.54,2.90)
3  alloy.data <- data.frame(x,y);plot(y ~ x,data = alloy.data)
```

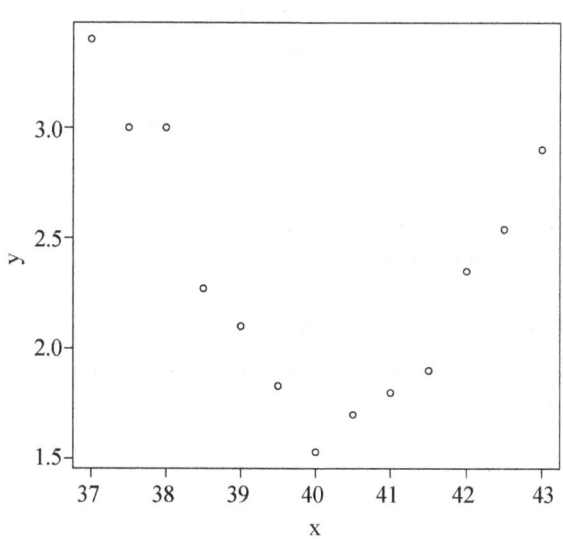

图5-10 合金中主要成分之和与膨胀系数散点图

从散点图可以看出，y 与 x 的关系可以用一个二次多项式来描述：
$$y_i = \beta_0 + \beta_1 x_i + \beta_2 x_i^2 + \varepsilon_i \quad (i = 1, 2, \cdots, 13)$$

可以采用前面介绍的偏最小二乘法的原理计算二次多项式的系数。这里用 R 语言的 lm( ) 函数来进行计算，见 R 语言代码清单 5.26，并对其进行统计学检验。

代码清单 5.26　合金中主要成分之和与膨胀系数的二次多项式回归建模及方差分析

1	alloy.model <- lm(y ~ x + I(x^2), data = alloy.data)
2	summary(alloy.model)
3	anova(alloy.model)

```
# Call:
# lm(formula = y ~ x + I(x^2), data = alloy.data)
#
# Residuals:
#       Min        1Q    Median        3Q       Max
#  -0.22133  -0.05637  -0.01634   0.01879   0.37063
#
# Coefficients:
#               Estimate  Std. Error  t value  Pr(>|t|)
# (Intercept)   271.6231    22.6891    11.97   2.99e-07 * * *
# x             -13.3865     1.1362   -11.78   3.47e-07 * * *
# I(x^2)          0.1660     0.0142    11.69   3.73e-07 * * *
# ---
# Signif. codes:  0  '* * *'  0.001  '* *'  0.01  '*'  0.05  '.'  0.1  ' '  1
#
# Residual standard error: 0.1588 on 10 degrees of freedom
# Multiple R-squared: 0.9402, Adjusted R-squared: 0.9283
# F-statistic: 78.66 on 2 and 10 DF, p-value: 7.625e-07
```

由此，可得到二次多项式回归方程为
$$\hat{y} = 271.6231 - 13.3865x + 0.1660x^2$$

方差分析输出结果如下：

```
# Analysis of Variance Table
#
# Response: y
#                Df   Sum Sq   Mean Sq   F value   Pr(>F)
# x               1   0.5213    0.5213   20.661    0.001066 * *
```

```
# I(x^2)         1    3.4477    3.4477   136.659   3.735e-07* * *
# Residuals     10    0.2523    0.0252
# ---
# Signif. codes: 0 '* * *' 0.001 '* *' 0.01 '*' 0.05 '.' 0.1 ' ' 1
```

回归系数的显著性检验、回归方程的方差分析结果表明，x 一次及二次项对 y 都有显著影响。

5.6.2 多元非线性回归

如果因变量 y 与多个自变量 $x_i(i=1, 2, \cdots, n)$ 之间存在非线性关系，如因变量 y 与 n 个自变量 $x_1, x_2, \cdots, x_n$ 的二次回归模型

$$y = a + \sum_{i=1}^{n} b_i x_i + \sum_{i=1}^{n} b_{ii} x_i^2 + \sum_{i<k} b_{ik} x_i x_k$$

在 R 语言中，则仍然可直接采用 lm( ) 函数进行计算。

☞**例 5-5** 在某化合物的合成试验中，为了提高产品收率(y)，选取原料配比(x_1)和反应时间(x_2)2 个因素，结果见表 5-4。如果收率与两因素之间的函数关系近似满足二次回归模型

$$y = a + b_2 x_2 + b_{22} x_2^2 + b_{12} x_1 x_2$$

试通过回归分析确定回归系数($\alpha = 0.05$)。

表 5-4 化合物合成试验数据

序号	y	x_1	x_2
1	0.330	1.0	1.5
2	0.336	1.4	3.0
3	0.294	1.8	1.0
4	0.476	2.2	2.5
5	0.209	2.6	0.5
6	0.451	3.0	2.0
7	0.482	3.4	3.5

R 语言代码清单 5.27 对本例数据进行多元非线性回归建模。

📝 代码清单 5.27　化合物合成试验数据的多元非线性回归建模及方差分析

```
1  y <- c(0.330, 0.336, 0.294, 0.476, 0.209, 0.451, 0.482)
2  x1 <- c(1.0, 1.4, 1.8, 2.2, 2.6, 3.0, 3.4)
3  x2 <- c(1.5, 3.0, 1.0, 2.5, 0.5, 2.0, 3.5)
4  compound <- data.frame(y, x1, x2)
5  compound.model <- lm(y ~ x2 + I(x2^2) + I(x1*x2), data = compound)
6  summary(compound.model)
7  anova(compound.model)
```

```
# Call:
# lm(formula = y ~ x2 + I(x2^2) + I(x1 * x2), data = compound)
#
# Residuals:
#       1          2          3          4          5          6          7
# -0.002729  -0.013768  -0.002189   0.037194   0.004425  -0.021770  -0.001163
#
# Coefficients:
#              Estimate   Std. Error   t value   Pr(>|t|)
# (Intercept)  0.057886   0.042353     1.367     0.2651
# x2           0.252173   0.047468     5.313     0.0130 *
# I(x2^2)     -0.064841   0.012884    -5.033     0.0151 *
# I(x1 * x2)   0.028317   0.005824     4.862     0.0166 *
# ---
# Signif. codes: 0 '***' 0.001 '**' 0.01 '*' 0.05 '.' 0.1 ' ' 1
#
# Residual standard error: 0.02633 on 3 degrees of freedom
# Multiple R-squared: 0.9679,  Adjusted R-squared: 0.9358
# F-statistic: 30.14 on 3 and 3 DF, p-value: 0.009675
```

根据其输出结果，可以直接得到多元非线性回归方程

$$\hat{y} = 0.057886 + 0.252173 x_2 - 0.064841 x_2^2 + 0.028317 x_1 x_2$$

对多元非线性回归方程进行方差分析结果输出如下：

```
# Analysis of Variance Table
#
# Response: y
#            Df    Sum Sq    Mean Sq    F value    Pr(>F)
# x2          1   0.039300   0.039300    56.681    0.004857 **
```

```
#   I(x2^2)      1   0.007003   0.007003   10.101   0.050164.
#   I(x1* x2)    1   0.016390   0.016390   23.639   0.016617*
#   Residuals    3   0.002080   0.000693
#   ---
#   Signif. codes: 0 '***' 0.001 '**' 0.01 '*' 0.05 '.' 0.1 ' ' 1
```

对回归方程的显著性检验结果表明，所建立的多元非线性回归方差与试验数据拟合得较好。

思考与练习

1. 什么叫回归分析？如何计算直线回归方程和对直线回归作假设检验？
2. 整形素处理桃树第四周的新梢生长量如表 5-5 所示。

表 5-5　整形素处理桃树新梢生长量

整形素浓度 x(mg/kg)	0	25	50	75	100
新梢生长量 y(cm)	14.6	11.8	9.2	8.2	5.8

(1) 画出两者之间的散点图，观察散点图的特征；
(2) 试求新梢生长量关于整形素浓度的一元线性回归方程；
(3) 对回归方程进行显著性检验；
(4) 求出整形素浓度为 30mg/kg 时新梢生长量的预测值和预测区间（显著性水平取 0.05）。

3. 炼钢厂出钢时用于盛钢水的钢包，由于钢液及炉渣对包衬耐火材料的侵蚀，使其容积不断增大。经过试验钢包溶剂 y 与相应的使用次数 x 的数据如表 5-6 所示。

表 5-6　钢包溶剂与使用次数数据

序号	x	y	序号	x	y
1	2	106.42	8	11	110.59
2	3	108.20	9	14	110.60
3	4	109.58	10	15	110.90
4	5	109.50	11	16	110.76
5	7	110.00	12	18	111.00
6	8	109.93	13	19	111.20
7	10	110.49			

(1) 绘出 y 与 x 的散点图；
(2) 试分别建立非线性回归方程：$Y = x/(ax + b)$、$y = a + b\ln x$ 和 $y = ae^{(-b/x)}$；

(3) 求出各回归曲线拟合原始数据的残差，绘出残差图，以判断哪条回归曲线拟合原始数据更合适。

4. 查《脾胃论》，其中 7 个处方用柴胡、黄芪、炙甘草的数据见表 5–7，试以炙甘草用量为因变量，柴胡、黄芪用量为自变量建立二元线性回归方程，并对回归方程进行统计学检验。

表 5–7 《脾胃论》中 7 个处方药物用量

处方	柴胡(x_1)	黄芪(x_2)	炙甘草(y)
升阳脾胃汤	45.0	30.0	30.0
补中益气汤	9.0	60.0	30.0
除风湿羌活汤	0.6	3.0	1.5
助阳洁血补气汤	1.5	3.0	1.5
丁香茱萸汤	0.3	4.5	0.6
补脾胃泄阴升阳汤	1.5	3.0	1.5
清燥汤	1.5	3.0	1.5

5. 某厂生产的一种电器年销售量 Y 与竞争对手的价格 X_1 及本厂价格 X_2 有关，表 5–8 是 10 个城市中记录的销售资料。

表 5–8 10 个城市某电器年销售量数据

序号	X_1	X_2	Y	序号	X_1	X_2	Y
1	120	100	102	6	140	110	100
2	190	90	120	7	130	150	77
3	155	210	46	8	175	150	93
4	125	250	26	9	145	270	69
5	180	300	65	10	150	250	85

试以表 5–8 的数据，进行如下分析：

(1) 建立 Y 与 X_1 及 X_2 的回归关系，并说明回归方程在 $\alpha = 0.05$ 的水平上是否显著？并解释回归系数的意义。

(2) 对回归模型进行初步回归诊断，并指出有无可疑点或异常点。

(3) 已知某城市本厂电器的售价 $X_2 = 160$ 元，竞争对手售价 $X_1 = 170$ 元。使用上述建立起来的回归模型预测该城市年销售量。

(4) 能否建立系数 $R^2 > 0.68$，模型中所有回归系数在 0.10 水平上是显著的回归模型(考虑二次项和交叉项，用逐步回归法)？

第六章 完全随机试验设计

完全随机试验设计是采用完全随机化的方法将同质的受试对象分配到各处理组，然后观察各组的试验效应。完全随机试验设计也叫组间设计，被试对象被分成若干组，每组分别接受一种试验处理，有几种试验处理就分为几组，各试验组的受试对象之间相互独立，因而又叫独立组试验设计。

6.1 完全随机试验设计概述

6.1.1 完全随机试验设计的含义

完全随机试验设计也称为单因素试验设计，或成组试验设计，是科学研究和生产实践中最常用的一种试验设计方法。它是将同质的受试对象随机地分配到 n 个处理组中进行试验观察，各组分别接受不同的处理，试验结束后比较各试验组均值之间的差异有无统计学意义。

完全随机试验设计的本质是将供试对象随机分组，就是要保证每个供试对象都有相同机会接受任何一种处理，而不受试验人员主观倾向的影响。

当试验条件特别是试验对象的初始条件比较一致时，可采用完全随机试验设计。这种设计应用了重复和随机化两个原则，试验结果受非处理因素的影响基本一致，能真实反映出试验的处理效应。

6.1.2 完全随机试验设计的特点

完全随机试验设计是一种简单的试验设计方法，主要优缺点如下：

（1）试验设计容易。完全随机试验设计适用面广，处理数与重复数都不受限制，但在总样本量不变的情况下，各组样本量相同时设计效率最高。

（2）统计分析简单。无论所获得的试验资料各处理重复数相同与否，都可采用 t 检验或方差分析法进行统计分析。当少量数据缺失时，也不影响其余数据的统计分析。

（3）由于未应用局部控制的试验原则，非试验因素的影响被归入试验误差，试验误差较大，试验的精确性较低。

（4）在试验条件、环境、受试对象差异较大时，不宜采用这种设计方法。

（5）完全随机试验设计一次试验只能分析一个因素。

6.2 用 R 语言实现完全随机试验设计的方法

完全随机试验设计的本质是受试对象的随机分组。在没有计算机程序进行分组时，通常可利用随机数字表进行随机分组。随机数字表也称为乱数表，是随机生成的从 0 到 9 十个数字所组成的数表，每个数字在表中出现的次数是大致相同的，它们出现在表上的顺序是随机的。随机数字表是统计工作者用计算机生成的随机数组成，并保证表中每个位置上出现哪一个数字是等概率的。利用随机数字表抽取样本保证了每个个体被抽取的概率相等，因而可用于完全随机试验设计。

在 R 语言中，可以通过 agricolae 扩展包中的 design.crd( ) 函数来进行完全随机试验设计。

design.crd( ) 函数的使用格式见 R 语言代码清单 6.1。

📖代码清单 6.1 design.crd( ) 函数的用法

```
1  design.crd(trt, r, serie = 2, seed = 0, kinds = "Super - Duper", randomization = TRUE)
```

R 语言代码清单 6.1 中主要参数的意义如下：

trt：试验组数。

r：每组重复数。

serie：design.crd( ) 函数返回的对象中，plots 是试验对象的顺序号，该顺序号的编排方式由 serie 取值确定。serie 参数的取值不同，试验对象的数字标签 plots 也会因此而改变。①serie 的值取 0，则试验对象的数字标签顺序号从 1 开始，然后是 2，3 等。②serie 的值取 1，则试验对象的数字标签顺序号从 11 开始，然后是 12，13 等。③serie 值取 2 时，试验对象的数字标签顺序号从 101 开始,然后是 102,103 等。④serie 值取 3 时,试验对象数字标签顺序号从 1001 开始,然后是 1002,1003 等。

seed:随机数字种子,设定随机数字种子后,可重现该设计。

kinds:完全随机的随机化方法,包括:"Wichmann Hill""Marsaglia Multicarry""Super Duper""Mersenne Twister""Knuth TAOCP""user supplied""Knuth TAOCP-2002""default",这些随机化方法的具体算法可参阅相关文献。

下面用一个简单的实例来说明用 R 语言进行完全随机试验方案的设计。

☞例 6-1 欲将 19 个试验对象,完全随机分为 5 组,每组的试验对象分别为 4,3,5,4,3。试设计一种完全随机试验的方案,并将试验方案保存为 Excel 文件。

首先通过 R 语言代码清单 6.2 来设计完全随机试验方案。

✍代码清单 6.2 design.crd( ) 函数的实例

```
1  library(agricolae)
2  treatment  <- c("group-1","group-2","group-3","group-4","group-5")
3  Replications  <- c(4,3,5,4,3)
4  outdesign <- design.crd(trt = treatment, r = Replications, serie = 0, seed = 2543, kinds = "Mersenne-Twister")
5  design <- outdesign$book;head(design,10)
```

R 语言代码清单 6.2 的含义如下:

第 1 行:加载 R 语言 agricolae 扩展包。第 2 行:对 5 个试验组命名,分别为 group-1,group-2,group-3,group-4,group-5,也可以用中文进行命名。第 3 行:根据题意,确定每一分组中试验对象的重复数,即每组的样本容量。第 4 行:通过 design.crd( ) 函数进行完全随机试验设计,将其存储在 outdesign 对象中。outdesign 对象是一个列表,包含了很多信息。可以直接在命令行中输入 outdesign 对象名称,返回相关信息。第 5 行:从 design.crd( ) 函数返回的对象 outdesign 中提取出试验方案,并将试验方案输出。输出试验方案的前 10 行如下:

```
#    plots   r   treatment
# 1    1     1   group-5
# 2    2     1   group-3
# 3    3     1   group-4
# 4    4     2   group-5
```

```
# 5    5   2   group-3
# 6    6   1   group-2
# 7    7   3   group-3
# 8    8   4   group-3
# 9    9   1   group-1
# 10  10   2   group-1
```

因为设定了随机数字种子 seed = 2543，所以重复运行所得到的试验方案都是一样的。在输出结果中，plots 一列为 19 个受试对象的编号，treatment 即为试验分组名称，r 则需要与 treatment 结合起来理解，r 标示为"1"的前 3 个受试对象，其分组分别为 group-5、group-3 和 group-4；第 4 个和第 5 个受试对象，其分组分别为 group-5 和 group-3，r 标示为"2"。r 标示为"1"，表示 group-5、group-3 和 group-4 三个试验组中已经分配了 1 个受试对象；r 标示为"2"，表示 group-5 和 group-3 此时已经分配了 2 个受试对象……r 标示为其他数字可依次类推。

6.3 完全随机试验数据的分析方法

对于完全随机试验数据的统计分析，由于试验处理数不同，统计分析方法也不同。两个处理的完全随机设计也就是非配对设计，对其试验结果进行统计分析时，无论实际所得资料的两个处理重复数相同与否，可采用 t 检验法分析。

多组数据一般先进行方差分析，然后再在多组之间进行多重比较，获得组间差异的统计学结果。

上述完全随机试验设计的数据分析方法，都是基于试验指标正态分布的计量数据，若所获得的试验指标为计数资料，则需要采用非参数的检验法，可参考有关统计学书籍，本书对非参数检验法不做介绍。

6.3.1 t 检验

因素水平数为 2，即处理数为 2 的两组试验数据，数据性质为计量资料，通常采用 t 检验对试验数据进行统计学分析。

☞例 6-2 以 R 语言内置的数据集 sleep 为例，说明完全随机试验设

计数据的 t 检验方法。sleep 数据集是一项完全随机试验的数据,该试验是将 20 名患者随机分为两组,分别使用两种催眠药物治疗。数据集中包含 3 个变量,extra:用药后睡眠时间增加量,group:分组,ID:患者编号。

首先计算各组的均值、标准差等,并绘制出两组数据的箱线图,对数据进行基本的探索性分析。本例探索性分析过程见 R 语言代码清单 6.3。

代码清单 6.3 数据集 sleep 的均值、标准差计算

```
1  aggregate(sleep$extra, by = list(sleep$group), FUN = mean)
2  aggregate(sleep$extra, by = list(sleep$group), FUN = sd)
```

```
#    Group.1     x
# 1     1      0.75
# 2     2      2.33
#    Group.1     x
# 1     1   1.789010
# 2     2   2.002249
```

R 语言代码清单 6.4 绘制了两组患者服用催眠药物的试验效果箱线图,见图 6-1。

代码清单 6.4 催眠药物试验效果箱线图的绘制

```
1  boxplot(extra ~ group, data = sleep, col = c("blue","red"), notch = FALSE, xlab = "Group", ylab = "extra numeric increase in hours of sleep", main = "The Effect of Two Soporic Drugs")
```

从图 6-1 可以直观地观察到两种催眠药物的催眠效果有一定差异,但是这种差异是否有统计学意义,尚需进一步进行假设检验。

通过 R 语言代码清单 6.5,对两种药物催眠效果进行 t 检验。

代码清单 6.5 两种催眠药物催眠效果的 t 检验

```
1  t.test(extra ~ group, data = sleep)
```

```
#       Welch Two Sample t-test
#
# data: extra by group
# t = -1.8608, df = 17.776, p-value = 0.07939
# alternative hypothesis: true difference in means is not equal to 0
# 95 percent confidence interval:
#  -3.3654832  0.2054832
```

```
# sample estimates:
#  mean in group 1 mean in group 2
#          0.75            2.33
```

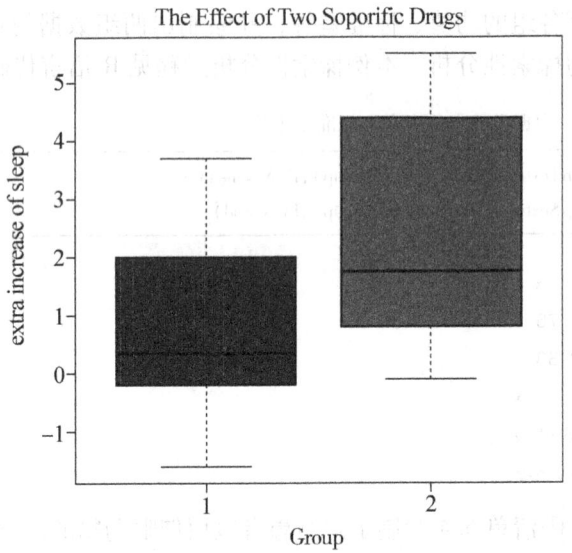

图6-1 两组患者服用催眠药物的催眠效果箱线图

t 检验结果表明，检验统计量 $t = -1.8608$，$p = 0.07939 > 0.05$，表明尚没有证据证明两种催眠药物的催眠效果之间存在显著差异。实际上，t.test()函数也输出了区间估计，两种药物催眠效果均数差值的区间估计范围为[-3.3654832, 0.2054832]。该范围包含了0，与假设检验结果一致。

6.3.2 方差分析

t 检验适合于处理数为2的情况。处理数大于等于3的完全随机试验设计，常采用方差分析的方法。下面以 R 语言 multcomp 扩展包中自带的 cholesterol 数据集为例，介绍 R 语言对完全随机试验设计的数据进行方差分析的一般步骤。

☞例6-3 cholesterol 数据集是一个完全随机试验设计的结果数据，一共50个患者接受降脂治疗五种疗法中的一种疗法。其中三种治疗方法的治疗药物相同，采用不同剂量，分别是20mg一天一次(1time)、10mg一天两次(2times)和5mg一天四次(4times)，剩下的两种方式(drugD 和 drugE)

代表候选药物。试验的目的是要研究哪一种药物疗法降脂效果最好。

R 语言代码清单 6.6，第 1 行加载了 multcomp 扩展包，同时载入数据集 cholesterol。第 2 行进行了简单的汇总分析，计算各组的样本含量。第 3、4 行分别计算各组的均值和标准差，这些属于统计描述的基本内容。

📖 代码清单 6.6　cholesterol 数据集的描述性统计分析

```
1   library(multcomp);data(cholesterol)
2   table(cholesterol$trt)
3   aggregate(cholesterol$response,by=list(cholesterol$trt),FUN=mean)
4   aggregate(cholesterol$response,by=list(cholesterol$trt),FUN=sd)
```

```
#   1time   2times   4times   drugD   drugE
#    10      10       10      10      10
#   Group.1          x
# 1  1time     5.78197
# 2  2times    9.22497
# 3  4times   12.37478
# 4  drugD    15.36117
# 5  drugE    20.94752
#   Group.1          x
# 1  1time     2.878113
# 2  2times    3.483054
# 3  4times    2.923119
# 4  drugD     3.454636
# 5  drugE     3.345003
```

接下来通过方差分析的函数 aov( ) 进行方差分析。进一步采用自编函数 anova.table( )，计算了方差分析表，见 R 语言代码清单 6.7。

📖 代码清单 6.7　cholesterol 数据集的方差分析

```
1   aov.model <- aov(response ~ trt,data = cholesterol)
2   anova.table <- function(fm){
3       tab <- summary(fm)
4       k <- length(tab[[1]]) - 2
5       temp <- c(sum(tab[[1]][,1]),sum(tab[[1]][,2]),rep(NA,k))
6       tab[[1]]["Total",] <- temp
7       tab}
8   anova.table(aov.model)
```

```
#              Df   Sum Sq   Mean Sq   F value   Pr( > F)
```

```
# trt          4   1351.4   337.8   32.43   9.82e-13 * * *
# Residuals   45    468.8    10.4
# Total       49   1820.1
# ---
# Signif. codes: 0 ' * * * ' 0.001 ' * * ' 0.01 ' * ' 0.05 '.' 0.1 ' ' 1
```

R语言代码清单6.7输出结果表明，各试验组的受试对象相等，每组的患者均为10名；均值显示drugE组的降脂效果最好，而1time组降脂最少；各组的标准差相对变化不大，在2.88至3.48之间；方差分析结果表明$p<0.0001$，说明五种药物疗法的效果不同。

除了通过方差分析，分析多个处理组之间的差异是否具有统计学意义，在R语言中，还可通过图形分析的方法，直观地对多个处理组进行比较。如R语言gplots扩展包中的plotmeans()函数就可以用来绘制带有置信区间的各处理组均值图形。这样一方面得到了各处理组的均值，同时还展示了95%的置信区间，可直观展示它们之间的差异，见R语言代码清单6.8，输出图形见图6-2。

📝代码清单6.8 cholesterol数据集均数的图形展示

```
1  library(gplots)
2  plotmeans(response ~ trt, data = cholesterol, p = 0.95, xlab = "Treatment", ylab = "Response", main
   = "Mean Plot with 95% Confidence Interval")
```

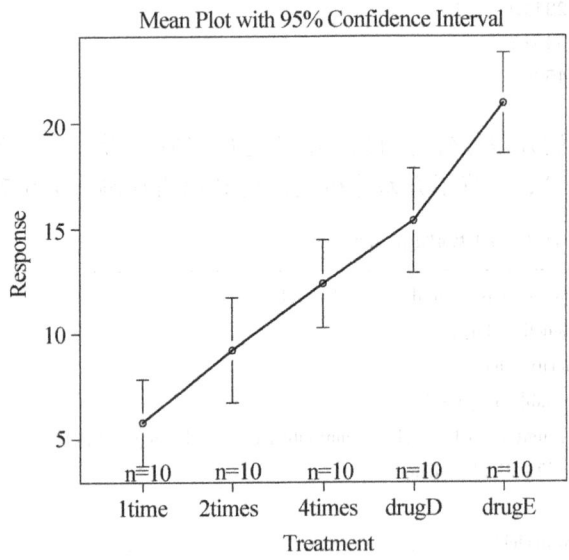

图6-2 cholesterol数据集各处理组均值，带95%置信区间

从图 6-2 可以清楚地看出，五种治疗方法的降脂效果存在差异。

6.3.3 多重比较

通过方差分析可以获知，五组受试对象在不同药物治疗方法下，其降脂效果有明显差异。但是究竟哪种疗法与其他疗法不同，方差分析并没有告诉我们，多重比较可以解决这个问题。

在 R 语言中，TukeyHSD()函数提供了对各组均值差异的成对比较。将方差分析 aov()函数返回的对象作为 TukeyHSD()的输入即可进行多重比较。分析过程见 R 语言代码清单 6.9。

✎ 代码清单 6.9　cholesterol 数据集均数的多重比较

```
1  TukeyHSD(aov.model)
```

```
#  Tukey multiple comparisons of means
#    95% family-wise confidence level
#
#  Fit: aov(formula = response ~ trt, data = cholesterol)
#
#  $trt
#                    diff        lwr         upr        p adj
#  2times-1time     3.44300   -0.6582817    7.544282   0.1380949
#  4times-1time     6.59281    2.4915283   10.694092   0.0003542
#  drugD-1time      9.57920    5.4779183   13.680482   0.0000003
#  drugE-1time     15.16555   11.0642683   19.266832   0.0000000
#  4times-2times    3.14981   -0.9514717    7.251092   0.2050382
#  drugD-2times     6.13620    2.0349183   10.237482   0.0009611
#  drugE-2times    11.72255    7.6212683   15.823832   0.0000000
#  drugD-4times     2.98639   -1.1148917    7.087672   0.2512446
#  drugE-4times     8.57274    4.4714583   12.674022   0.0000037
#  drugE-drugD      5.58635    1.4850683    9.687632   0.0030633
```

对于本例，TukeyHSD()函数输出结果表明，2times-1time，4times-2times，drugD-4times 的均值差异不显著，统计学检验的 p 值分别为 0.1380949，0.2050382 和 0.2512446。TukeyHSD()函数的结果还可通过图形展示，绘图过程见 R 语言代码清单 6.10，输出图形如图 6-3 所示，置信区间包含 0 的两个处理组差异不显著。

📝代码清单6.10 TukeyHSD()函数绘制 cholesterol 数据集均数的多重比较图形

```
1   plot(TukeyHSD(aov.model))
```

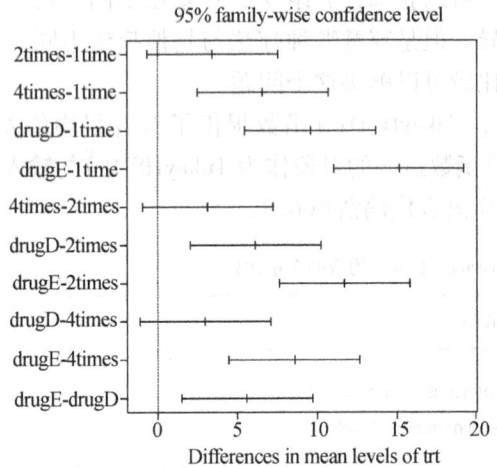

图6-3 95%置信区间的均数多重比较

另外，multcomp 扩展包中的 glht()函数也提供了多重均值比较的方法，该函数所返回的对象可通过 plot()函数来绘制图形，绘图过程见 R 语言代码清单6.11，输出图形见图6-4。在图的上部，有相同字母的组（箱线图）说明均值差异不显著，该图还提供了数据的分布特征。

📝代码清单6.11 glht()函数绘制 cholesterol 数据集均数的多重比较图形

```
1   tuk <- glht(aov.model, linfct = mcp(trt = "Tukey"))
2   summary(tuk)
3   par(las = 1, mar = c(5,4,6,2))
4   plot(cld(tuk, level = 0.05, col = "lightgrey"))
```

```
# Linear Hypotheses:
#                      Estimate Std. Error t value Pr(>|t|)
# 2times - 1time == 0    3.443    1.443    2.385    0.13804
# 4times - 1time == 0    6.593    1.443    4.568   <0.001***
# drugD - 1time == 0     9.579    1.443    6.637   <0.001***
# drugE - 1time == 0    15.166    1.443   10.507   <0.001***
```

第六章 完全随机试验设计

```
# 4times - 2times == 0      3.150    1.443    2.182    0.20495
# drugD - 2times == 0       6.136    1.443    4.251    <0.001***
# drugE - 2times == 0      11.723    1.443    8.122    <0.001***
# drugD - 4times == 0       2.986    1.443    2.069    0.25123
# drugE - 4times == 0       8.573    1.443    5.939    <0.001***
# drugE - drugD  == 0       5.586    1.443    3.870    0.00302**
# ---
# Signif. codes: 0 '***' 0.001 '**' 0.01 '*' 0.05 '.' 0.1 ' ' 1
# (Adjusted p values reported--single-step method)
```

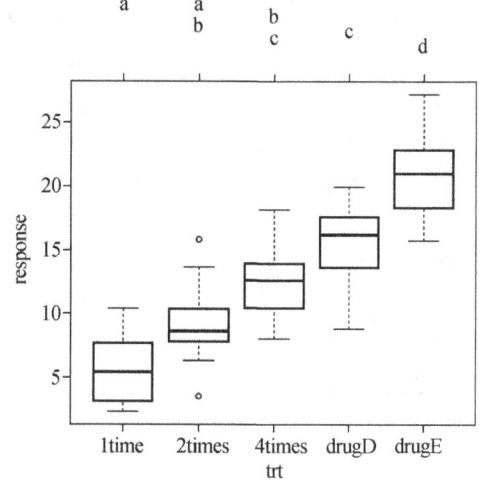

图 6-4 multcomp 包 TuskeyHSD 检验

思考与练习

1. 完全随机试验设计有什么特点？其适应范围是什么？
2. 完全随机试验的计量数据常采用的统计分析方法是什么？
3. 现有同品种、同性别、同龄、体重相近的健康小鼠 18 只。试使用完全随机的方法分成甲、乙两组；分成甲、乙、丙三组。
4. 以酶联免疫法测定某班男生与女生血浆中 anti-PSA 的滴度，结果（滴度倒数）如下：

男生 12 人：10, 20, 40, 40, 40, 40, 80, 80, 160, 160, 160, 320
女生 10 人：10, 10, 40, 40, 80, 80, 80, 160, 160, 160
试问男生与女生之间该抗体含量差别有无统计学意义？

5. 取禁食12h的18～22g小鼠，完全随机分为4组，每组8只，用苦味酸标记，分别用碳末生理盐水混悬液0.1g/mL(A，碳末为活性炭)、生大黄水煎液1g/mL(B，含碳末0.1g/mL)、制大黄水煎液1g/mL(C，含碳末0.1g/mL)、生大黄水煎液加芒硝1g/mL(D，生大黄1g/mL、芒硝0.5g/mL、含碳末0.1g/mL)按0.3mL/10g体重灌胃。给药30min后颈椎脱白致死，打开腹腔，分离肠系膜，剪取上端至幽门、下端至回盲肠的小肠，置于托盘上。轻轻将小肠拉成直线，测量肠管长度作为"小肠总长度"，从幽门至碳末前沿距离作为"碳末在肠内推进距离"。试验结果数据见表6-1。试对试验结果进行统计分析，推断出试验的结果与结论。

表6-1 生大黄等对小鼠小肠运动的影响

序号	小肠总长度				碳末推进距离			
	A	B	C	D	A	B	C	D
1	60.1	59.1	52.7	49.1	11.2	49.7	35.5	31.9
2	65.9	65.9	63.1	63.6	26.8	35.3	12.2	50.0
3	70.3	68.0	66.4	50.7	16.9	41.1	24.1	45.1
4	53.1	46.5	60.4	51.6	29.9	27.3	24.4	30.4
5	61.9	48.6	53.0	50.7	11.3	42.5	30.5	36.4
6	64.9	51.1	56.2	58.2	11.1	39.1	21.3	31.6
7	53.6	63.3	67.6	70.4	31.7	35.7	14.0	33.2
8	57.1	71.4	52.5	67.6	26.5	29.0	25.4	37.0

第七章 随机区组试验设计

随机区组试验设计又称配伍组设计，它是按照一定的条件，将几个条件相同的受试对象划分为一个区组或配伍组，然后在每个区组内部按随机原则将每个受试对象分配到各组，对每组分别实施不同的处理，然后对其结果进行方差分析。

7.1 随机区组试验设计概述

7.1.1 随机区组试验设计的含义

随机区组试验设计是根据局部控制的原理，先按影响试验指标的非处理因素（如性别、体重、年龄、职业、病情、病程等）将受试对象分成若干个区组（block），再分别将各个区组内的受试对象随机分配到各处理或对照组。由于一个区组内试验的所有处理（一般不取重复）都要随机地分配到试验对象上，故也称为完全随机区组设计。由于这种设计方法使每个区组包含全部处理，因此，不同区组对比较处理而言，更具方差齐性，有助于在分析试验结果时消除受试对象的差异带来的影响。

7.1.2 随机区组试验设计的适用范围

"区组"的名称源于农田试验。在农田试验中，如需要比较某种农作物的不同品种的产量，就选择若干不同的地块（每一地块的肥沃性、水利……基本相同），将每个品种都种植到每一块地上，且在同一地块上按随机顺序种植，这就是随机区组试验设计。

随机区组试验设计是广泛使用的一种试验设计方法。从原则上讲，凡试验目的是回答两种因素（被试因素、区组因素）各自的差异有无统计学差异的情况，不管是两个或多个处理组，均可采用完全随机区组试验设计。

例如，试验设备、机器的部件、原材料的批、试验的时间……往往可以作为区组，试验中往往需要通过区组化来消除这些"外来"影响引起的干扰。

随机区组试验设计时，第一因素应当安排研究的主要因素，第二因素相对次要一点，可以是待考察的因素，也可以是仅仅为了排除它对试验结果的影响。

正确划分区组的条件十分重要，总的原则是必须将对试验结果有明显影响的非处理因素列为划分区组的条件，要求区组间差异越大越好，区组内差异越小越好。

7.1.3 随机区组试验设计的特点

在完全随机试验设计中，一次只能分析一个主要影响因子，必须假定其他因子对指标的影响都不大。在试验的时候，对其他因子不加控制而任其变化，它们影响的总和称为随机误差。试验的目的是要比较对指标起主要影响的那个因子的各个处理（即各个水平）的影响程度。

如果在试验过程中，有其他因子对指标有较大影响，称这种影响为外来影响。这时，如果使用完全随机试验设计，为了消除这种影响，应该把这些因子固定在相同的水平上进行试验。但是在实际上，可能无法固定这些因子，或者不应该将这些因子固定。在这种情况下，就可以采用随机区组试验设计，将外来的这些影响因子分为若干个区组，再在区组内随机分配，从而消除外来因素的影响。

随机区组试验设计具有以下特点：

（1）随机区组试验设计属于两因素设计，它不仅能回答处理因素（第一因素）间的差异有无统计学意义，而且能够告诉区组因素（第二因素）间差异对试验结果有无明显影响。

（2）由于各个区组条件相同或基本相同，组间均衡性好，因而抽样误差较小，试验效率较高。

（3）在样本分配上，不仅各处理组的样本含量相等，而且每个区组所含的受试对象例数（受试单元）与处理组数相等或是处理数的倍数。但是在某些情况下，一个区组可以是一个受试对象，如在不同时期接受不同处理或在不同部位进行不同观察等。

7.2 用 R 语言实现随机区组试验方案的设计

在 R 语言中实现随机区组试验设计，可以通过编写程序或者通过相关扩展包中的函数来进行。

7.2.1 自编 R 语言程序实现随机区组试验方案的设计

在 R 语言中，可以非常方便地编写程序，实现随机区组试验方案的设计。见以下实例。

☞例7-1 如何按随机区组试验设计，分配 5 个区组的 15 只小白鼠，分别接受甲、乙、丙三种抗癌药物？

根据题意，编写 R 语言代码清单7.1，程序的第 1 行对 15 只小白鼠进行编号，从 1 号开始，编到 15 号，同时设定 3 种处理，分别为三种药物；第 2 行是在 5 个区组内的 3 个受试对象上随机安排处理；第 3 行设定为 5 个区组；第 4 行，形成最终的随机区组试验设计方案，将试验方案的前 10 行输出。

📄代码清单7.1 随机区组试验设计自编程序

```
1  No <- c(1:15);f <- c("drugA","drugB","drugC")
2  Treatment <- c(sample(f,3),sample(f,3),sample(f,3),sample(f,3),sample(f,3))
3  block <- factor(rep(c("Ⅰ","Ⅱ","Ⅲ","Ⅳ","Ⅴ"),each=3))
4  plan <- data.frame(No.=No,Block=block,Treatment=Treatment);head(plan,10)
```

```
#     No.  Block  Treatment
# 1   1    Ⅰ      drugC
# 2   2    Ⅰ      drugA
# 3   3    Ⅰ      drugB
# 4   4    Ⅱ      drugB
# 5   5    Ⅲ      drugA
# 6   6    Ⅱ      drugC
# 7   7    Ⅲ      drugA
# 8   8    Ⅲ      drugC
# 9   9    Ⅲ      drugB
# 10  10   Ⅳ      drugB
```

R语言代码清单7.1主要用到了R语言的随机抽样函数sample()来实现随机区组试验方案的设计,程序的思路就是将受试对象编号,设置好区组数和处理数,然后同一个区组内完全随机地安排不同处理。

7.2.2 R语言函数实现随机区组试验方案的设计

R语言相应的扩展包中也有函数可直接地进行随机区组试验方案的设计。如agricolae扩展包中design.rcbd()函数可以实现随机区组试验设计。design.rcbd()函数的用法见R语言代码清单7.2。

代码清单7.2　design.rcbd()函数的用法

```
1  design.rcbd(trt, r, serie = 2, seed = 0, kinds = "Super - Duper", rst = TRUE, continue = FALSE, randomization = TRUE)
```

design.rcbd()函数中主要参数的含义如下:
trt:指处理数。
r:重复数或区组数。
seri:e起到标示作用,如果serie = 0,则输出中的plots表示为1,2,3,…
seed:随机数字种子,如不指定,则程序每次运行输出的方案都会不同。
kinds:参数为随机化的方式,具体方式参见其在线帮助文件。

例7-1 通过design.rcbd()函数设计试验方案的过程,见R语言代码清单7.3。

代码清单7.3　design.rcbd()函数的应用

```
1  library(agricolae)
2  Treatment <- c("drugA","drugB","drugC")
3  outdesign <- design.rcbd(trt = Treatment, r = 5, serie = 2, seed = 123,"Super - Duper", randomization = TRUE)
4  book <- outdesign$book; head(book,10)
```

#	plots	block	Treatment
# 1	101	1	drugB

# 2	102	1	drugC
# 3	103	1	drugA
# 4	201	2	drugC
# 5	202	2	drugB
# 6	203	2	drugA
# 7	301	3	drugC
# 8	302	3	drugA
# 9	303	3	drugB
# 10	401	4	drugB

另外，在 R 语言中，dae 扩展包中的 fac.layout( ) 函数也可以进行随机区组试验设计。fac.layout( ) 函数的用法见 R 语言代码清单 7.4。

代码清单 7.4　fac.layout( ) 函数的用法

```
1  fac.layout (unrandomized, nested.factors = NULL, randomized, seed = NULL, unit.permutation = TRUE,...)
```

在 fac.layout( ) 函数中，unrandomized 参数是有关因素的列表或者数据框；randomized 参数是将包含因子的列表或数据框进行随机化处理；seed 参数用于指定随机数字种子；unit.permutation 参数默认值为"TRUE"，用于指定在试验方案中是否输出受试对象的编号及其所分配的区组。

下面仍以例 7 - 1 来说明 fac.layout( ) 函数进行随机区组试验方案设计的方法，程序见 R 语言代码清单 7.5。

代码清单 7.5　fac.layout( ) 函数的应用

```
1  library(dae)
2  RCBD.unit  <- list(Blocks = 5, Units = 3)
3  RCBD.nest  <- list(Units = "Blocks")
4  Treat  <- factor(rep(1:3, times = 5), labels = c("drugA","drugB","drugC"))
5  RCBD.design  <- fac.layout(unrandomized = RCBD.unit, nested.factors = RCBD.nest, randomized = Treat, seed = 1234, unit.permutation = TRUE)
6  head(RCBD.design, 10)
```

R 语言代码清单 7.5 中的第 1 行加载 dae 扩展包；第 2 行用于设置区组数及区组内受试对象数；第 3 行用于设定区组的名称；第 4 行设定三种处理的名称及其重复数；第 5 行通过 fac.layout( ) 函数进行随机区组试验方案的设计；第 6 行将试验方案前 10 行输出。

```
#     . Units   . Permutation   Blocks   Units   Treat
# 1    1        12              1        1       drugB
# 2    2        10              1        2       drugA
# 3    3        11              1        3       drugC
# 4    4        14              2        1       drugC
# 5    5        15              2        2       drugB
# 6    6        13              2        3       drugA
# 7    7         6              3        1       drugA
# 8    8         5              3        2       drugC
# 9    9         4              3        3       drugB
# 10   10        7              4        1       drugB
```

输出的试验方案中，从左至右".Units"是受试对象的编号，".Permutation"即受试对象在区组内的编号；Blocks 为区组；Uints 为区组内的受试对象编号；Treat 为区组内受试对象接受的处理情况。

7.3 随机区组试验数据的分析方法

随机区组试验设计的资料如符合正态分布与方差齐性的要求，应当按两因素方差分析，即将变异来源分为处理间、区组间和误差三项，分析处理间差异和区组间差异有无统计学意义。在统计处理时若区组间差异无统计学意义，则应依据不同情况给予不同处理。如从专业的角度，第二因素（区组因素）作用尚待确定者，则将区组间与误差二项合并为组内；若第二因素作用已经确定无疑，设计与分析该因素的目的是为了减少误差则不应合并。

在方差分析的基础上，应进一步通过均数多重比较，分析因素不同水平对试验指标的影响。

7.4 随机区组试验设计应用实例

下面用一些不同领域的实例，进一步说明用 R 语言实现随机区组试验方案的设计及其数据的分析处理过程。

☞例 7-2 为了研究 4 种不同篇幅的广告对产品销量的影响，现有 A

(小型广告)、B(中型广告)、C(大型广告)、D(特大型广告)。选取 16 个城市,采用单因素完全随机区组试验设计,则有 16 个供试单元,4 个区组,每个区组 4 个单元,分别为小型城市、中型城市、大型城市、特大型城市(按人口规模划分),试验指标是产品的销售量(万件),试验结果数据如表 7-1 所示。

表 7-1　城市规模及不同篇幅的广告宣传对产品销量的影响

城市规模	A	B	C	D
小型城市	5	10	10	12
中型城市	10	10	25	20
大型城市	40	60	65	60
特大型城市	110	100	150	130

通过 agricolae 包 design.rcbd( ) 函数设计试验方案,见 R 语言代码清单 7.6。

📖代码清单 7.6　广告对产品销量影响的随机区组试验方案设计

```
1  library(agricolae)
2  Advertise <- c("A","B","C","D")
3  outdesign <- design.rcbd(trt = Advertise, r = 4, serie = 2, seed = 123, "Super - Duper", randomization
    = TRUE)
4  RCBD2.design <- outdesign$book; levels(RCBD2.design$block) <- c("small city","medium
    city","big city","extra large city")
5  RCBD2.design
6  print(matrix(RCBD2.design$Advertise, byrow = TRUE, ncol = 4, dimnames = list(c("small city",
    "medium city","big city","extra large city"), c("1","2","3","4"))))
```

```
#    plots    block         Advertise
# 1  101      small city      C
# 2  102      small city      D
# 3  103      small city      B
# 4  104      small city      A
# 5  201      medium city     D
# 6  202      medium city     A
# 7  203      medium city     B
# 8  204      medium city     C
```

```
# 9   301        big city          D
# 10  302        big city          B
# 11  303        big city          C
# 12  304        big city          A
# 13  401        extra large city  A
# 14  402        extra large city  B
# 15  403        extra large city  C
# 16  404        extra large city  D
```

R 语言代码清单 7.6 的第 6 行将所设计的试验方案以矩阵的形式输出。输出如下：

```
#                    1    2    3    4
# small city        "C"  "D"  "B"  "A"
# medium city       "D"  "A"  "B"  "C"
# big city          "D"  "B"  "C"  "A"
# extra large city  "A"  "B"  "C"  "D"
```

第二步，获得试验数据之后，可以在输出的 Excel 文件中填入结果数据，再将试验数据导入到 R 语言中进行数据统计分析。R 语言可以通过 xlsx 扩展包直接读取 Excel 文件，见 R 语言代码清单 7.7[1]。

📄代码清单 7.7　读取试验数据

```
1  setwd("D:/DoEwithR/DoEData/")
2  RCBD2.data <- read.xlsx("RCBD2withResults.xlsx",sheetName="design");RCBD2.data
```

```
#      .Units  .Permutation  block  Units  Advertise  results
# 1    1       11            1      1      A          5
# 2    2       9             1      2      C          10
# 3    3       10            1      3      B          10
# 4    4       12            1      4      D          12
# 5    5       14            2      1      D          20
# 6    6       15            2      2      B          10
# 7    7       13            2      3      A          10
# 8    8       16            2      4      C          25
# 9    9       1             3      1      B          60
# 10   10      3             3      2      C          65
# 11   11      2             3      3      A          40
```

---

① 注：数据源于文献资料，为保持与表 7-1 一致，导入数据之前，已对试验结果数据顺序调整处理，与前述 R 语言所设计方案可能不一致。

```
# 12     12           4      3      4      D      60
# 13     13           7      4      1      C      150
# 14     14           6      4      2      A      110
# 15     15           8      4      3      B      100
# 16     16           5      4      4      D      130
```

对随机区组试验设计的数据进行分析，最为常用的统计分析方法为方差分析。有关方差分析方法请参考方差分析一章。本例方差分析过程见 R 语言代码清单 7.8：第 1 行通过 aov( ) 函数进行方差分析；第 2 行载入自编函数 anova. table( )；第 3 行通过自编函数 anova. table( ) 计算方差分析表。

📋代码清单 7.8　随机区组试验设计案例方差分析

```
1   aov. model <- aov( results ~ Advertise + block, data = RCBD2. data)
2   source( "D:/DoEwithR/DoEData/anova. table. R")
3   anova. table( aov. model)
```

```
#                Df     Sum Sq    Mean Sq    F value    Pr( > F)
# Advertise      3      1134      378        3.759      0.0533.
# block          3      32362     10787      107.269    2.31e - 07 * * *
# Residuals      9      905       101
# Total          15     34401
# ---
# Signif. codes: 0  '* * *'  0.001  '* *'  0.01  '*'  0.05  '.'  0.1  ' '  1
```

方差分析结果表明，广告类型对于产品销售的影响没有统计学差异，而城市规模对于产品销售有非常显著的影响。

☞**例 7 - 3**　某教师为了研究四种不同的写作训练方法哪种训练方法更有效，按照前一学期历次作文的成绩的评分将 36 名学生划分为优良、中等、一般三个写作水平，每个水平均有 12 名学生，而 12 名学生被随机均分到各实验区组。经一学期的写作训练后进行写作能力测试，计算出每一个学生的得分比前一学期历次作文平均分提高的分数，如表 7 - 2 所示。问四种教学方法的成绩提高幅度是否相同？

表 7 - 2　四种不同写作训练方法效果表

区组	方法一			方法二			方法三			方法四		
	1	2	3	1	2	3	1	2	3	1	2	3
优良	15	9	12	10	6	11	20	18	25	12	15	17
中等	10	18	12	15	19	12	25	30	18	20	15	18
一般	2	6	5	6	3	7	10	4	13	6	8	11

第一步，设计实验方案，采用 fac.layout( ) 函数设计试验方案，见 R 语言代码清单 7.9。第 1 行加载 dae；试验方案由第 2～4 行完成，第 5 行输出方案前 18 行。

📄代码清单 7.9　写作训练方法随机区组试验方案设计

```
1  library(dae)
2  RCBD.unit <- list(Blocks = 3, Units = 12); RCBD.nest <- list(Units = "Blocks")
3  Method <- factor(rep(1:4, times = 9), labels = c("A","B","C","D"))
4  RCBD.design <- fac.layout(unrandomized = RCBD.unit, nested.factors = RCBD.nest, randomized = Method, seed = 123)
5  head(RCBD.design, 18)
```

#	.Units	.Permutation	Blocks	Units	Method
# 1	1	10	1	1	D
# 2	2	11	1	2	D
# 3	3	4	1	3	C
# 4	4	2	1	4	C
# 5	5	9	1	5	D
# 6	6	6	1	6	B
# 7	7	12	1	7	A
# 8	8	1	1	8	B
# 9	9	7	1	9	A
# 10	10	8	1	10	A
# 11	11	3	1	11	B
# 12	12	5	1	12	C
# 13	13	36	2	1	B
# 14	14	28	2	2	A
# 15	15	35	2	3	A
# 16	16	30	2	4	C
# 17	17	25	2	5	D
# 18	18	32	2	6	C

第二步，数据的方差分析。先导入试验结果数据，采用 aov( ) 函数进行方差分析，分析过程见 R 语言代码清单 7.10。

📄代码清单 7.10　写作训练方法试验数据的方差分析

```
1  RCBD.design.data <- read.xlsx("RCBD3withResults.xlsx", sheetName = "RCBD.design")
2  aov.model <- aov(results ~ Method + Blocks, data = RCBD.design.data)
3  anova.table(aov.model)
```

#		Df	Sum Sq	Mean Sq	F value	Pr(>F)	
#	Method	3	342.0	114.0	8.564	0.000294	* * *
#	Blocks	2	690.7	345.3	25.943	2.87e-07	* * *

```
# Residuals        30   399.3    13.3
# Total            35  1432.0
# ---
# Signif. codes: 0 '***' 0.001 '**' 0.01 '*' 0.05 '.' 0.1 ' ' 1
```

方差分析结果表明，教学方法和学生基础对教学效果均有显著影响。

在方差分析的基础上，用 TukeyHSD( ) 函数进行均值的多重比较，程序见 R 语言代码清单 7.11。

代码清单 7.11　写作训练方法试验教学效果的多重比较

```
1  aov.model <- aov( results ~ Method + Blocks, data = RCBD.design.data)
2  TukeyHSD( aov.model)
```

```
#   Tukey multiple comparisons of means
#     95% family-wise confidence level
#
# Fit: aov(formula = results ~ Method + Blocks, data = RCBD.design.data)
#
#$ Method
#                 diff          lwr        upr       p adj
# B-A   1.776357e-15   -4.676571    4.6765715   1.0000000
# C-A   7.444444e+00    2.767873   12.1210159   0.0008430
# D-A   3.666667e+00   -1.009905    8.3432381   0.1662202
# C-B   7.444444e+00    2.767873   12.1210159   0.0008430
# D-B   3.666667e+00   -1.009905    8.3432381   0.1662202
# D-C  -3.777778e+00   -8.454349    0.8987937   0.1473252
#
#$ Blocks
#              diff          lwr         upr       p adj
# 2-1      4.333333     0.6613877    8.005279   0.0180283
# 3-1     -6.333333   -10.0052790   -2.661388   0.0005432
# 3-2    -10.666667   -14.3386123   -6.994721   0.0000002
```

均值多重分析结果表明，第三种方法与前两种方法比较，有非常显著的差异（$p < 0.01$）；一般学生的成绩与优良学生的成绩比较，有非常显著差异；优秀学生与良好学生之间的成绩比较也有显著差异。

均数多重比较还有很多图形化展示的方式，可参考试验数据的方差分析一章。

思考与练习

1. 随机区组设计的原理及必要性是什么?

2. 有 5 个处理需要考察其间的差异。若采用随机化完全区组设计,选 4 个区组,如何将 5 个处理随机地安排到 20 个试验单元中去?

3. 为考察某种产品的不同价格对销售量的影响,某公司在其下属连锁店进行试销,应如何设计区组?

4. 化学制剂对布料有侵蚀作用,从而降低布料的抗拉强度。某工程师研究出一种能抗化学制剂的新型布料,为了检验此种能力,特选定 4 种化学制剂对新型布料进行试验。考虑到布匹间的差异,工程师决定用随机化完全区组设计。把一匹布作为一个区组,他选取 5 匹布,并用 4 种化学制剂(处理)对每匹布进行试验。在每个区组内经过随机化后所得试验结果(抗拉强度)如表 7-3 所示。试分析 4 种化学制剂对新型布料的抗拉强度的影响。

表 7-3 布匹抗拉强度随机区组试验数据

化学制剂	布匹				
	1	2	3	4	5
1	73	69	73	71	67
2	73	68	74	72	69
3	75	72	74	73	68
4	75	72	77	75	72

5. 某会计师事务所对报名的 30 名审计员准备同时比较 3 种培训方法的效果,他们按随机化完全区组设计要求做如下安排:(1)把 30 名审计员按毕业年限从小到大排队;(2)均分为 10 组,毕业年限最短的 3 人分到第一区组,而毕业年限最长的 3 人分到第十区组;(3)把每个区组内的 3 名审计员随机地安排到三个方法中。在培训结束时,每名审计员都要去分析一个复杂的案例,根据分析结果,评分小组给每名审计员评分,结果如表 7-4 所示。计算各类平方和,写出方差分析表,若取显著性水平 $\alpha = 0.05$,可以得到什么结论?

表 7-4 审计员培训方法随机区组试验数据

培训方法	审计员区组									
	1	2	3	4	5	6	7	8	9	10
1	73	76	75	74	76	73	68	64	65	62
2	81	78	76	77	71	75	72	74	73	69
3	92	89	87	90	88	86	88	82	81	78

6. 一位化学工程师研究 4 种催化剂对一化学过程的反应时间的影响。由于每批原材料的变化可能会影响到催化剂的使用，故将原材料的批次看作区组，但由于每批原材料只够供三种催化剂试验，故必须用随机化不完全区组设计。试验数据如表 7-5 所示。试分析这些数据，并得出结论。

表 7-5 催化剂对某化学过程反应时间的影响

处理(催化剂)	区组(原材料的批次)			
	1	2	3	4
1	73	74	—	71
2	—	75	67	72
3	73	75	68	—
4	75	—	72	75

第八章 拉丁方试验设计

完全随机试验设计只能考察一个处理因素，随机区组试验设计可以考察一个处理因素、一个控制因素，即区组因素（或称配伍组因素）。如果试验研究涉及一个处理因素和两个控制因素，每个因素的类别数或水平数相等，此时可采用拉丁方设计来安排试验，将两个控制因素分别安排在拉丁方设计的行和列上。拉丁方试验设计是在随机区组试验设计的基础上发展起来的，它可多安排一个已知对试验结果有影响的非处理因素，增加试验的均衡性，减少了误差，提高了效率。

8.1 拉丁方试验设计概述

8.1.1 拉丁方试验设计的含义

随机区组试验设计适用于存在一个外来因素的试验问题，区组化的作用是使统计分析时能够消除这个外来因素的干扰，更好地对处理均值作比较。但是在实际问题中，这种外来因素可能多于一个，本章讨论有两个外来因素的情况。在这种情况下，为了达到试验的目的，所制定的试验方案应该保证在对处理的均值作比较时能够消除两个外来因素的干扰。按区组化的思想，必须将两个外来因素作为两个区组因素，要求试验安排满足：在每个区组因素的每个区组里，每个处理都要做一次试验，即处理因素相对于每个区组因素而言，都是正交的。拉丁方矩阵正好可以满足上述要求，因此可采用拉丁方来安排这种试验，即拉丁方试验设计。

拉丁方的基本含义是指：将 n 个拉丁字母 A，B，C，…，排成一个 n 行 n 列的 n 阶方阵，每个拉丁方字母在每一行、每一列都出现，且只出现一次，则称该 n 阶方阵为 $n \times n$ 阶拉丁方。拉丁方试验设计就是利用这种拉丁方来安排试验。它可以从行和列两个方向进行局部控制，较随机区组试验设计仅在行方向进行局部控制更进了一步，使行列两向都称为区组，以剔除两个方向的系统误差，因而有较高的精确度和准确度。

8.1.2 拉丁方试验设计的特点

拉丁方试验设计以拉丁字母代表处理因素，用行与列分别代表另外两个因素，将试验单元排成拉丁方阵。若有 n 个拉丁字母，表示有 n 个试验处理，排成 $n \times n$ 的拉丁方阵。通常将第二因素排于行，即区组；第三因素排于列，即序列。

拉丁方试验设计要求处理因素间、区组间与序列间没有交互作用，且方差齐性。在安排上，要求每种处理在不同区组和不同序列间分布均匀，每种处理在任意一行与任意一列均出现一次，无论在行的方向或列的方向出现差异时，拉丁方试验设计均可克服这两个方向的差异带来的干扰，能够充分显示出处理间的差异。这就是拉丁方试验设计的特点。由于拉丁方试验设计的变异来源分为四项：处理间、区组间、序列间和误差，得到的信息有 3 个，并且误差较小，因此这是一种节约样本量的高效率试验设计。但是由于它在因素和水平上有严格的限制，$n \times n$ 个试验单元必须排列成 n 行 n 列，这样使试验空间缺乏伸缩性，重复太多，要估计的效应太多，剩下的误差自由度太少，用起来缺乏灵活性，而且不能显示因素间的交互作用，故在应用上有一定的局限性。但是，若试验的处理数在 5～10 个，并且要求精度高时，可采用拉丁方试验设计。

拉丁方试验设计也可以用于相互无交互效应的三因素设计，即行因素和列因素也是需要加以考虑的因素，不再当外来因素，这时它们不再是区组因素，不再是随机化的限制。因为这时拉丁方试验设计满足：对其中任意两个因素而言，都是正交的，所以拉丁方试验设计是一个正交试验设计。因此，凡三因素试验，若每个因素的水平数能做到相等，都可以采用拉丁方试验设计。在药物的实验室研究中，尤其是细胞培养的试验，拉丁方试验设计有着广泛的用途。

8.2 用 R 语言实现拉丁方试验方案的设计

在 R 语言中，可以通过 agricolae 扩展包中的 design.lsd() 函数来进行拉丁方试验设计。design.lsd() 函数的基本用法如 R 语言代码清单 8.1 所示。

✍️代码清单 8.1　design.lsd( ) 函数的用法

```
1  design.lsd(trt,serie=2,seed=0,kinds="Super-Duper",first=TRUE,randomization=TRUE)
```

　　design.lsd( )函数中主要参数的意义如下：
　　trt：试验组数。
　　serie：确定 design.lsd( )函数返回拉丁方试验设计试验对象的顺序号，与完全随机试验设计相同。
　　seed：随机数字种子，设定随机数字种子后，可重现该设计。
　　kinds：完全随机的随机化方法。

8.3　拉丁方试验数据的分析方法

　　设计好试验方案后，根据拉丁方设计方案安排试验，获得试验数据。在进行数据分析之前，需要检查资料的完整性。拉丁方试验的数据必须是完整的，若数据有缺失，势必给资料的统计分析带来困难。进一步检查资料是否符合方差分析的要求，必要时可以进行数据变换。
　　拉丁方试验设计结果的统计分析，是将两个区组因素与试验处理三因素一起，按三因素试验单独观测值的方差分析进行，也就是将总变异分解为处理组变异、行区组变异、列区组变异和误差 4 部分。

8.4　拉丁方试验设计应用实例

　　下面通过一个具体的实例，说明在 R 语言中实现拉丁方试验方案的设计及其资料的方差分析过程。
　　☞例 8-1　为了比较甲、乙、丙、丁、戊、己 6 种药物给家兔注射后产生皮肤疱疹大小(mm^2)，研究者选用 6 只家兔，并在每只家兔的 6 个不同部位进行注射，实验结果见表 8-1。

第八章 拉丁方试验设计

表 8-1 拉丁方设计与试验结果（皮肤疱疹大小，mm²）

家兔编号(行区组)	注射部位编号(列区组)					
	Ⅰ	Ⅱ	Ⅲ	Ⅳ	Ⅴ	Ⅵ
1	A(73)	B(75)	C(67)	E(61)	D(69)	F(79)
2	B(82)	A(81)	E(99)	F(82)	C(85)	D(87)
3	E(73)	D(60)	F(73)	C(77)	B(68)	A(74)
4	F(58)	C(64)	B(64)	D(71)	A(77)	E(74)
5	C(64)	F(62)	D(64)	A(81)	E(85)	B(71)
6	D(77)	E(75)	A(73)	B(59)	F(85)	C(82)

通过 R 语言进行上述试验的拉丁方试验设计程序，见 R 语言代码清单 8.2。第 1 行加载 agricolae 和 xlsx 包；第 2 行设定处理因素；第 3 行进行拉丁方试验方案的设计，其输出对象 outdesign 中包含的信息众多，可以采用不同方式提取这些信息；第 4 行将拉丁方试验方案以矩阵的形式输出①。

📝代码清单 8.2 design.lsd() 函数设计拉丁方试验方案应用实例

```
1  library(agricolae)
2  drug <- c("drugA","drugB","drugC","drugD","drugE","drugF")
3  outdesign <- design.lsd(drug,serie=1,seed=123)
4  outdesign$sketch
```

```
#      [,1]     [,2]     [,3]     [,4]     [,5]     [,6]
#[1,] "drugA"  "drugE"  "drugB"  "drugC"  "drugF"  "drugD"
#[2,] "drugD"  "drugB"  "drugE"  "drugF"  "drugC"  "drugA"
#[3,] "drugE"  "drugC"  "drugF"  "drugA"  "drugD"  "drugB"
#[4,] "drugF"  "drugD"  "drugA"  "drugB"  "drugE"  "drugC"
#[5,] "drugC"  "drugA"  "drugD"  "drugE"  "drugB"  "drugF"
#[6,] "drugB"  "drugF"  "drugC"  "drugD"  "drugA"  "drugE"
```

在此基础上，按方案进行试验获得数据。此处将文献方案及数据导入到 R 语言中，进行数据分析。R 语言代码清单 8.3 第 2 行将拉丁方试验方案及数据导入；第 3 行显示数据的前 18 行；第 4~6 行进行方差分析，计算方差分析表。

---

① 注：因拉丁方试验方案设计不具唯一性，此处所设计方案与文献方案可能不一致，数据分析时已根据文献方案进行调整。

📝代码清单 8.3 拉丁方试验数据的方差分析

```
1  library(xlsx)
2  lsd.Results <- read.xlsx("D:/DoEwithR/DoEData/lsdwithResults.xlsx", sheetName = "lsd")
3  head(lsd.Results, 18)
4  aov.model <- aov(Results ~ drug + col + row, data = lsd.Results)
5  source("D:/DoEwithR/DoEData/anova.table.R")
6  anova.table(aov.model)
```

试验方案的前 18 行：

#	plots	row	col	drug	Results
# 1	11	1	1	drugA	73
# 2	12	1	2	drugB	75
# 3	13	1	3	drugC	67
# 4	14	1	4	drugE	61
# 5	15	1	5	drugD	69
# 6	16	1	6	drugF	79
# 7	21	2	1	drugB	83
# 8	22	2	2	drugA	81
# 9	23	2	3	drugE	99
# 10	24	2	4	drugF	82
# 11	25	2	5	drugC	85
# 12	26	2	6	drugD	87
# 13	31	3	1	drugE	73
# 14	32	3	2	drugD	60
# 15	33	3	3	drugF	73
# 16	34	3	4	drugC	77
# 17	35	3	5	drugB	68
# 18	36	3	6	drugA	74

方差分析表如下：

#		Df	Sum Sq	Mean Sq	F value	Pr(>F)
#	drug	5	268.7	53.73	0.976	0.45605
#	col	5	383.3	76.67	1.393	0.26909
#	row	5	1283.3	256.67	4.664	0.00553**
#	Residuals	20	1100.7	55.03		
#	Total	35	3036.0			
#	---					
#	Signif. codes: 0 '***' 0.001 '**' 0.01 '*' 0.05 '.' 0.1 ' ' 1					

根据 R 语言计算的方差分析结果，就可以列出方差分析表。本例研究目的是推断 6 种药物注射后家兔产生皮肤疱疹大小的差别，所以主要关心药物因素效应的大小。方差分析结果表明，药物间的 F 值为 0.976，$p = 0.45605 > 0.05$，结论为尚不能认为皮肤疱疹大小与药物有关。

思考与练

1. 什么是拉丁方？
2. 怎样进行 3 阶拉丁方设计的随机化？
3. 3 因素 4 水平进行拉丁方试验设计，试验方案及结果如表 8-2 所示。试进行方差分析。

表 8-2 3 因素 4 水平拉丁方试验方案及结果

A	B			
	A_1	A_2	A_3	A_4
B_1	C_1(348)	C_2(290)	C_3(357)	C_4(383)
B_2	C_2(315)	C_1(299)	C_4(307)	C_3(383)
B_3	C_3(365)	C_4(332)	C_2(274)	C_1(332)
B_4	C_4(340)	C_3(340)	C_1(315)	C_2(307)

4. 某特种导弹的交流发电机的 AC 输出电压与定子的 AC 线圈的圈数(145，150，155，160，165)；转子铁芯体的铁芯片数(230，240，250，260，270)以及铁芯片表面涂层的质量(Ⅰ，Ⅱ，Ⅲ，Ⅳ，Ⅴ)有关，采用拉丁方试验比较定子的 AC 线圈的 5 种不同的圈数对输出电压的影响，试验方案与结果如表 8-3 所示。请进行方差分析并判断定子的 AC 线圈的圈数对输出电压影响的显著性。

表 8-3 交流发电机的 AC 输出电压试验拉丁方试验结果

铁芯片数	铁芯片表层涂层质量				
	Ⅰ	Ⅱ	Ⅲ	Ⅳ	Ⅴ
230	C(20)	B(12)	A(10)	D(6)	E(0)
240	E(5)	C(24)	B(10)	A(9)	D(0)
250	D(7)	A(12)	C(25)	E(2)	B(3)
260	A(17)	E(-6)	D(4)	B(6)	C(18)
270	B(8)	D(9)	E(3)	C(23)	A(14)

5. 纺织品的磨损试验。用一台 Matindale 磨损试验机试验香蕉涂敷织物，这是一个

4×4拉丁方试验。此试验机设有四块矩形铜板，每块铜板上设置一个由特殊质量的金刚砂纸构成的磨蚀面。金刚砂表面放置四个衬套，上面安装纺织品试验样品，通过一套机械装置使衬套在金刚砂表面上移动，从而对试样进行磨蚀。经过一段时间的磨蚀后，以其质量损耗作为判定抗磨蚀性的标准。在试验机的四个工作间存在微小差异，如果要比较纺织品的抗磨蚀强度，应尽量消除工作之间和运转之间的变差。设工位、运转和材料三种因素相互独立，则可以对试验进行如下设计：

在试验机上共进行四轮运转，每一轮试验四种材料。运转、工位均用1，2，3，4四个数字表示，用A，B，C，D表示四种材料，而用单位长度的材料在一轮运转中的质量损失(0.1mg)为试验结果，如表8-4所示。试对数据进行分析，并比较A，B，C，D四种纺织品的抗磨蚀强度。

表8-4 纺织品的磨损试验方案及试验结果

运转	试验机工位			
	4	2	1	3
2	A(251)	B(241)	D(227)	C(229)
3	D(234)	C(273)	A(274)	B(226)
1	C(235)	D(236)	B(218)	A(268)
4	B(195)	A(270)	C(230)	D(225)

第九章 尧敦方试验设计

在三因素试验设计中,当处理水平数固定的条件下,其他两个因素中一个的水平数小于处理因素水平数时,不能用拉丁方设计,需用尧敦方设计。尧敦方试验是一种均衡、对称的不完全区组设计。

9.1 尧敦方试验设计概述

9.1.0.1 尧敦方试验设计的含义

三因素试验通常采用拉丁方设计,但是它有一个重要前提,在设计上要求三个因素(处理、区组、序列)的水平数相等。然而,在实际工作中,有时在处理水平固定的条件下,其他两个因素中有一个的水平数少于处理水平数。在这种情况下无法使用拉丁方设计进行试验,此时可以采用尧敦方试验设计。

9.1.0.2 尧敦方试验设计的应用范围

原则上讲,尧敦方试验设计的应用范围与拉丁方试验设计情况相同,但它仅适用于其他两因素中有一因素水平数少于处理水平数的情况。最基本的尧敦方试验设计是针对每行单元数较处理数少一个的情况。在这种情况下,只要从拉丁方矩阵中删去任何一列,便成为尧敦方试验设计。

9.2 用R语言实现尧敦方试验方案的设计

在R语言中,可以通过agricolae扩展包中的design.youden()函数来进行完全随机试验设计。

design.youden()函数的基本用法如R语言代码清单9.1所示。

📟代码清单9.1 design. youden( )函数的使用方法

```
1  design. youden( trt, r, serie = 2, seed = 0, kinds = "Super - Duper", first = TRUE, randomization =
   TRUE)
```

design. youden( )函数中的参数的含义与完全随机试验设计 design. crd( )函数基本一致。

9.3 尧敦方试验数据的分析方法

在尧敦方试验设计中，由于行列的水平与处理因素的水平不全相等，包含处理全部水平与全部行数，对与处理因素的水平数相等的行或列因素，可以进行分析，但与处理因素不相等的行或列因素，在没有校正条件下，不宜直接计算均方并做 F 检验，区组因素应在校正之后，再计算均方和进行 F 检验。

9.4 尧敦方试验设计应用实例

下面以一个实例说明用 R 语言进行尧敦方试验方案的设计及数据分析。

☞例9-1 某研究室以4种淋巴瘤细胞系（Ⅰ、Ⅱ、Ⅲ、Ⅳ）在裸鼠体内建立异体移植瘤为受试对象，观察某中药的 4 个组分（A、B、C、D）不同剂量对移植瘤增殖的影响。但是由于裸鼠数量有限，每种瘤系只能供应 3 只裸鼠，故采用尧敦方试验设计。试验结果如表 9 - 1 所示，试做统计分析。

表 9 - 1 某中药不同组分对不同瘤系增殖的影响

瘤 系	剂量（μg/g）		
	0	5	50
Ⅰ	A（80）	D（68）	C（20）
Ⅱ	C（74）	B（75）	D（64）
Ⅲ	B（76）	C（40）	A（ 8）
Ⅳ	D（70）	A（38）	B（70）

采用 R 语言进行尧敦方试验方案的设计的程序见 R 语言代码清单 9.2。要注意的是，由于试验方案设计的随机性，此处进行尧敦方试验方案的设计仅为说明 R 语言的应用，所设计的方案与实例中的方案可能不一致。R 语言代码清单 9.2 首先加载 agricolae 和 xlsx 扩展包，然后设定处理因素即中药的四种组分（A、B、C、D）；第 2 行设定每种肿瘤系的重复数为 3；第 3 行通过 design.youden() 函数设计尧敦方试验方案；第 4 行则将试验方案输出到屏幕。

📝代码清单 9.2　design.youden() 函数的应用实例

```
1  library(agricolae);library(xlsx)
2  varieties <- c("A","B","C","D");r <- 3
3  outdesign <- design.youden(varieties,r,serie=2,seed=123)
4  print(outdesign$sketch)
```

```
#     [,1] [,2] [,3]
# [1,] "B"  "C"  "D"
# [2,] "A"  "D"  "B"
# [3,] "C"  "B"  "A"
# [4,] "D"  "A"  "C"
```

当然，还可用通过 R 语言代码清单 9.3 将试验方案另外一种形式输出到屏幕。另外再通过 write.xlsx() 函数将试验方案保存为 Excel 文件。

📝代码清单 9.3　design.youden() 试验方案另外一种输出形式

```
1  outdesign$book
2  setwd("D:/DoEwithR/DoEData/");file <- paste(getwd(),"/youden.xlsx",sep="")
3  write.xlsx(outdesign$book,file,col.names=TRUE,row.names=FALSE,append=FALSE,showNA
   =TRUE)
```

```
#    plots row col varieties
# 1  101   1   1   B
# 2  102   1   2   C
# 3  103   1   3   D
# 4  201   2   1   A
# 5  202   2   2   D
# 6  203   2   3   B
# 7  301   3   1   C
# 8  302   3   2   B
# 9  303   3   3   A
# 10 401   4   1   D
```

```
# 11  402    4    2    A
# 12  403    4    3    C
```

在获得数据之后,将数据导入到 R 语言中进行统计分析。分析过程见 R 语言代码清单 9.4 和 R 语言代码清单 9.5。

代码清单 9.4 R 语言读取 Excel 文件

```
1  library(xlsx);setwd("D:/DoEwithR/DoEData/")
2  youden.data <- read.xlsx("youdenwithResults.xlsx",sheetName = "design")
3  youden.data
```

```
#     plots  row  col  varieties  results
# 1   101    1    1    A          80
# 2   102    1    2    D          68
# 3   103    1    3    C          20
# 4   201    2    1    C          74
# 5   202    2    2    B          75
# 6   203    2    3    D          64
# 7   301    3    1    B          76
# 8   302    3    2    C          40
# 9   303    3    3    A          8
# 10  401    4    1    D          70
# 11  402    4    2    A          38
# 12  403    4    3    B          70
```

代码清单 9.5 尧敦方试验数据的方差分析

```
1  aov.model <- aov(results ~ varieties + row + col, data = youden.data)
2  source("D:/DoEwithR/DoEData/anova.table.R")
3  anova.table(aov.model)
```

```
#              Df   Sum Sq   Mean Sq   F value   Pr(>F)
# varieties    3    2285     761.6     2.565     0.230
# row          3    858      286.0     0.963     0.512
# col          2    2397     1198.6    4.037     0.141
# Residuals    3    891      296.9
# Total        11   6431
```

方差分析结果表明,处理间、瘤系间及浓度间差异没有统计学意义($p > 0.05$)。

第九章　尧敦方试验设计

思考与练习

1. 尧敦方试验设计的含义是什么？其适应范围是什么？
2. R 语言扩展包中 agricolae 进行尧敦方试验方案设计的函数 design.youden( ) 各参数的含义是什么？
3. 7 种添加饲料 A，B，C，D，E，F，G(基本饲料加某些添加剂)喂小鼠，一共 7 窝，每窝 3 只小鼠，采用尧敦方试验设计方法，试验结果如表 9-2 所示。
(1)试通过 R 语言重新设计该试验方案；
(2)试分析 7 种添加剂对小鼠的增重(g)有无差异。

表 9-2　饲料添加剂对小鼠体重试验的尧敦方试验结果

窝别	小鼠编号及增重(g)		
	Ⅰ	Ⅱ	Ⅲ
1	A(7)	B(5)	G(3)
2	G(2)	F(8)	B(4)
3	D(7)	A(6)	E(7)
4	B(6)	C(6)	F(6)
5	F(6)	D(6)	C(5)
6	E(5)	G(3)	A(5)
7	C(5)	E(7)	D(7)

第十章 正交试验设计

正交试验设计是研究多因素多水平的一种设计方法,它是根据正交性从全面试验中挑选出部分有代表性的点进行试验,这些有代表性的点具备"均匀分散,齐整可比"的特点。正交试验设计是分析因式设计的主要方法,是一种高效率、快速、经济的实验设计方法。

10.1 正交试验设计概述

正交试验设计用部分水平组合代替全部水平组合进行试验,设计重点是安排试验点,试验目的是要挑选最优水平组合(最佳配方、最佳工艺条件等)或重要因素。

日本著名的统计学家田口玄一将正交试验选择的水平组合列成表格,称为正交表。例如作一个三因素三水平的实验,按全面实验要求,须进行 $3^3=27$ 种组合的实验,且尚未考虑每一组合的重复数。若按 $L_9(3^4)$ 正交表安排实验,只需做9次,按 $L_{18}(2\times 3^7)$ 正交表安排实验,只需进行18次试验,显然大大减少了工作量。因而正交试验设计在很多领域的研究中已经得到广泛应用。

10.1.1 正交试验设计的基本思想

当因素数和每个因素的水平数不多的情况下,人们一般首先考虑采用全面试验,并且通过数据分析获得丰富的信息,而且结论也比较准确。考虑进行一个3因素,每个因素有3个水平的试验。如果做全面试验,需作 $3^3=27$ 次。4因素3水平的全面试验水平组合数为 $3^4=81$,5因素3水平的全面试验水平组合数为 $3^5=243$……显然,这种方案数据分布的均匀性极好,各因素和水平的搭配十分全面,但其缺点是试验次数多,这在生产实践或科学试验中有可能做不到。

另外一种方案是简单比较法。这种方法由于试验次数比较少,在工农业生产实践和科学试验中也常常被采用。仍然以 3 因素 3 水平试验为例，进行说明。

第一步，常将 A 和 B 分别固定在 A_1 和 B_1 水平上，与 C 的三个水平进行搭配，$A_1B_1C_1$，$A_1B_1C_2$，$A_1B_1C_3$。做完这 3 次试验后，若 $A_1B_1C_3$ 最优，认为在后面的试验中，因素 C 应取的水平为 C_3。

第二步，让 A_1 和 C_3 固定，再分别与 B 因素的三个水平搭配，$A_1B_2C_3$，$A_1B_3C_3$。这两次试验做完以后，若 $A_1B_2C_3$ 最优，确定因素 B 较合适的水平是 B_2，这样就确定了 2 个因素 B 和 C 的水平。

第三步，再做两次试验 $A_2B_2C_3$，$A_3B_2C_3$，然后做一比较，若 $A_3B_2C_3$ 最优，则可断言 $A_3B_2C_3$ 是我们欲选取的最佳水平组合。这样仅做了 7 次试验就选出了最佳水平组合。

这种简单比较的试验方案选取的优点是试验次数较少。但是各因素的各水平参加试验的次数不相同；各因素的各水平之间的搭配很不均衡，数据分布的均匀性是毫无保障的；用这种方法比较条件好坏时，只是对单个的试验数据仅仅进行试验指标数值上的简单比较，不能排除必然存在试验误差对试验指标的干扰。

3 因素 3 水平的正交试验设计通过 $L_9(3^4)$ 正交表来安排试验，只需要做 9 次试验。如果将 A，B，C 三个因素分别安排在正交表的 1，2，3 列，则试验方案为 $A_1B_1C_1$，$A_1B_2C_2$，$A_1B_3C_3$，$A_2B_1C_2$，$A_2B_2C_3$，$A_3B_1C_3$，$A_3B_2C_1$，$A_3B_3C_2$，这些试验方案的确定则是根据 $L_9(3^4)$ 正交表来确定。正交试验设计虽然只有 9 次试验，但这 9 个试验点分布十分均匀，它们是 27 次全面试验的很好代表。对正交试验的全部数据进行统计分析，所得结论的可靠性肯定会好于简单比较法。正交试验设计兼有全面试验和简单试验设计方法的优点。因此，正交试验设计是进行多因素多水平试验时效率很高的一种设计方法。这种设计不仅能明确各因素的主次地位，而且能知道哪些因素存在什么性质的交互影响，还可以找出各因素各水平的最佳配比。因此，它被广泛应用于各种领域。

10.1.2　正交试验设计的工具——正交表

正交试验设计通常通过正交表来安排试验。正交表的表达形式是 $L_n(k^m)$，其中 L 代表正交表，n 代表试验方案号，k 代表水平数，m 代表可能安排的最大因素数。

正交表常用的有 $L_8(2^7)$，$L_9(3^4)$，$L_{16}(4^5)$，$L_8(4\times 2^4)$，$L_{12}(2^{11})$ 等。符号中各数字均有各自的含义，如符号 $L_8(2^7)$ 中各数字的意义：7 为此正交表中所含列的数目，也就是 $L_8(2^7)$ 最多可安排的因子数；2 为因子的水平数，所有因子均为 2 个水平；8 为该正交表的行数，也就是试验的次数。符号 $L_{18}(2\times 3^7)$ 中各数字的意义：有 7 列可安排 3 水平的因素；有 1 列是可安排 2 水平的因素。$L_{18}(2\times 3^7)$ 的数字告诉我们，用它来安排试验，做 18 个试验，最多可以考察 1 个 2 水平因子和 7 个 3 水平因子。

10.1.3 正交表的性质

10.1.3.1 正交性

正交表任一列中，各水平都出现，且出现的次数相等。任两列之间各种不同水平的所有可能组合都出现，且出现的次数相等。即每个因素的一个水平与另一因素的各个水平所有可能组合次数相等，表明任意两列各个数字之间的搭配是均匀的。

（1）任意两列中数字的排列方式齐全而且均衡。例如在两水平正交表 $L_4(2^3)$ 中，任何两列（同一横行内）有序对共有 4 种：（1，1），（1，2），（2，1），（2，2）。每对出现的次数相等。在三水平情况下，任意两列（同一横行内）有序对共有 9 种，且每对出现的次数也都相等，见表 10-1、表 10-2。这一点反映了正交表试验点分布的均衡性。

表 10-1 $L_4(2^3)$ 正交表

试验号	列 1	列 2	列 3
1	1	1	1
2	1	2	2
3	2	1	2
4	2	2	1

表 10-2 $L_9(3^4)$ 正交表

试验号	列 1	列 2	列 3	列 4
1	1	1	1	1
2	1	2	2	2
3	1	3	3	3
4	2	1	2	3
5	2	2	3	1
6	2	3	1	2
7	3	1	3	2
8	3	2	1	3
9	3	3	2	1

(2) 每一列中,不同的数字出现的次数是相等的。例如在两水平正交表 $L_4(2^3)$ 中,任意一列都有数码"1"与"2",且任意一列中它们出现的次数是相等的;如在三水平正交表中,任意一列都有"1","2","3",且在任一列的出现次数均相等。在 $L_9(3^4)$ 正交表中,各列中的 1,2,3 都各自出现 3 次;任意两列,例如第 3,4 列,所构成的有序数对从上向下共有 9 种,既没有重复也没有遗漏。其他任意两列所构成的有序数对也是这 9 种各出现一次,见表 10-2 $L_9(3^4)$。这反映了试验点分布的均匀性。

这两个数学性质就是正交性的体现,即"均匀分散性,整齐可比"。通俗地说,每个因素的每个水平与另一个因素各水平的组合各一次,这就是正交表的正交性。

10.1.3.2 代表性

正交表任一列的各水平都出现,使得部分试验中包括了所有因素的所有水平;任两列的所有水平组合都出现,使任意两因素间的试验合为全面试验。另一方面,由于正交表的正交性,正交试验的试验点必然均衡地分布在全面试验点中,具有很强的代表性。因此,部分试验寻找的最优条件与全面试验所找的最优条件,应有一致的趋势。

10.1.3.3 综合可比性

正交表任一列的各水平出现的次数相等;任两列间所有水平组合出现次数相等,使得任一因素各水平的试验条件相同。这就保证了在每列因素各水平的效果中,最大限度地排除了其他因素的干扰,从而可以综合比较该因素不同水平对试验指标的影响情况。

正交表中各列的地位平等,各列之间可以相互置换,称为列间置换;各行之间也可以相互置换;同一列中的水平数字也可以相互置换,称为水平置换。上述 3 种置换称为正交表的初等置换。通过初等置换所能得到的一切正交表,称为原正交表的同构表或等价表。在实际工作中,可以根据需要进行变换。

10.1.4 正交表的类别

10.1.4.1 等水平正交表

各列水平数相同的正交表称为等水平正交表。如 $L_4(2^3)$,$L_8(2^7)$,

$L_{12}(2^{11})$ 等各列中的水平为 2，称为 2 水平正交表；$L_9(3^4)$，$L_{27}(3^{13})$ 等各列水平为 3，称为 3 水平正交表。

10.1.4.2　混合水平正交表

各列水平数不完全相同的正交表称为混合水平正交表。如 $L_8(4 \times 2^4)$ 表中有一列的水平数为 4，有 4 列水平数为 2。也就是说该表可以安排一个 4 水平因素和 4 个 2 水平因素。再如 $L_{16}(44 \times 2^3)$，$L_{16}(4 \times 2^{12})$ 等都是混合水平正交表。

10.1.5　正交试验设计的特点

正交设计 j 用部分水平组合代替全部水平组合试验，就是从选优区全面试验点（水平组合）中挑选出有代表性的部分试验点（水平组合）来进行试验。设计重点是安排试验点，试验目的主要挑选最优水平组合（最佳配方、最佳工艺条件等）或重要因素。正交试验设计的基本特点是：用部分试验来代替全面试验，通过对部分试验结果的分析，了解全面试验的情况。正因为正交试验是用部分试验来代替全面试验的，它不可能像全面试验那样对各因素效应、交互作用进行一一分析；当交互作用存在时，有可能出现交互作用的混杂。虽然正交试验设计有上述不足，但它能通过部分试验找到最优水平组合，因而很受实际工作者青睐。

10.1.6　正交试验的安排

正交试验设计的关键在于试验因素的安排。通常，在不考虑交互作用的情况下，可以自由地将各个因素安排在正交表的各列，只要不在同一列安排两个因素即可（否则会出现混杂）。但是当要考虑交互作用时，就会受到一定的限制，如果任意安排，将会导致交互效应与其他效应混杂的情况。

因素所在列是随意的，但是一旦安排完成，试验方案即确定，之后的试验以及后续分析将根据这一安排进行，不能再改变。对于部分正交表，如 $L_{18}(2 \times 3^7)$，则没有交互作用列，如果需要考虑交互作用，则需要选择其他的正交表。

正交试验设计可以从所要考察的因子水平数来决定最低的试验次数，进而选择合适的正交表。比如要考察 5 个 3 水平因子及 1 个 2 水平因子，则起码的试验次数为 $5\times(3-1)+1\times(2-1)+1=12$（次）。这就是说，要在行数不小于 12，既有 2 水平列又有 3 水平列的正交表中选择，$L_{18}(2\times 3^7)$ 适合。

10.2 用 R 语言实现正交试验方案的设计

在 R 语言中，可以通过扩展包 DoE.base 的 oa.design() 函数实现正交试验方案的设计，基本用法见 R 语言代码清单 10.1。

代码清单 10.1 oa.design() 函数的用法

1 oa.design(ID = NULL, nruns = NULL, nfactors = NULL, nlevels = NULL, factor.names = if(!is.null(nfactors)) { if(nfactors <= 50) Letters[1:nfactors] else paste("F", 1:nfactors, sep = "")} else NULL, columns = "order", replications = 1, repeat.only = FALSE, randomize = TRUE, seed = NULL, min.residual.df = 0)

oa.design() 函数的参数众多，部分参数均有其默认值，同时，参数与参数之间往往相互关联，在具体使用时，有时只需要设定部分参数的值，其他参数可以不设定，其中部分参数的主要含义如下：

ID：正交表的名称。

nruns：最少试验次数，当指定 ID 具体的正交表的名称，或根据后续的因素水平情况找到最小试验次数时，nruns 参数可以不指定。

nfactors：因子的个数。当参数 nlevels 是一个简单数值、参数 factor.names 没有指定时，才需要设定参数 nfactors 的值。其他情况下，可以不设定该参数的值。

nlevels：因子水平数。参数 nlevels 的值通常是一个向量，向量的个数与参数 nfactors 的值相一致，当参数 factor.names 或者参数 ID 或者参数 columns 的值设定时，参数 nlevels 的值可以不设定。

factor.names：顾名思义，本参数是设定因素的名称，是一个字符型的向量。

replications：试验的重复数。

randomize：随机化参数，是一个逻辑向量，其值为 TRUE 或者 FALSE。当其值设定为 TRUE 时，oa.design() 函数返回的正交试验设计方案的试验顺序已经进行了随机化排序。

上述参数的详细含义及其他参数的含义可参见在线帮助文件的内容。

下面以 2 个简单示例程序为例，说明 oa.design( ) 函数的基本使用方法。在使用 oa.design( ) 函数之前，需要通过命令加载 DoE.base 扩展包。设计一个 $L_9(3^4)$ 的正交试验方案，见 R 语言代码清单 10.2。

📝代码清单 10.2　oa.design( ) 函数设计 $L_9(3^4)$ 试验方案

1	library(DoE.base); design1 <- oa.design(ID = L9.3.4, randomize = TRUE); design1

```
#   A B C D
# 1 3 1 2 2
# 2 1 2 3 2
# 3 3 2 1 3
# 4 1 3 2 3
# 5 2 3 1 2
# 6 2 2 2 1
# 7 1 1 1 1
# 8 2 1 3 3
# 9 3 3 3 1
# class = design, type = oa
```

设计一个 $L_{18}(3^6)$ 的正交试验方案，见 R 语言代码清单 10.3。

📝代码清单 10.3　oa.design( ) 函数设计 $L_{18}(3^6)$ 正交试验方案

1	design2 <- oa.design(nfactors = 6, nlevels = 3, randomize = TRUE); design2

```
#    A B C D E F
# 1  1 3 2 3 2 1
# 2  1 1 1 1 1 1
# 3  3 1 2 3 1 2
# 4  3 3 1 1 2 2
# 5  2 1 3 1 3 2
# 6  1 1 2 2 3 3
# 7  2 2 2 2 2 2
# 8  2 3 1 2 3 1
# 9  3 1 3 2 2 1
# 10 1 2 3 1 2 3
# 11 3 3 3 3 3 3
# 12 2 2 3 3 1 1
```

```
# 13  3  2  1  2  1  3
# 14  3  2  2  1  3  1
# 15  2  1  1  3  2  3
# 16  1  3  3  2  1  2
# 17  1  2  1  3  3  2
# 18  2  3  2  1  1  3
# class = design, type = oa
```

在这些简单示例中，没有对 oa. design( )函数的参数进行过多的设置。事实上，也只需要设定少数几个参数，就可以获得相应的试验设计方案，输出结果简单明了，容易理解。当然，使用 oa. design( )函数时，也可以对其参数进行详细设定，定制自己的正交试验设计方案，比如可以设定具体的因素名称，因素水平也可以指定其具体的值，而不是用 1 水平、2 水平等代替。

10.3　正交试验数据的分析方法

正交试验的数据分析通常采用直观分析法和方差分析法，通过对正交试验结果数据进行相应的分析，得出几个结论：

①在试验范围内，各列对试验指标的影响从大到小的顺序。
②试验指标随各因素的变化趋势。
③使试验指标最好的适宜的操作条件。
④对所得结论和进一步研究方向的讨论。

10.3.1　直观分析法

正交试验结果分析从 n 次试验中直接做两两比较是不行的，因为它们两两之间无可比性。直观分析法的基本思想就是利用正交表"整齐可比"的特性，从 n 次试验的结果出发，找出能够反映各水平作用大小的客观数据进行比较。

直观分析法也叫极差分析法，是通过计算每一因素的平均极差来分析问题。所谓极差就是平均效果中最大值和最小值的差。有了极差，就可以找到影响指标的主要因素，并可以帮助找到最佳因素水平组合。因为每个因素水平均值的极差抵消了其他因素取不同水平对效应的影响，从而认为，该因素各水平的差异是由于因素本身引起的，因素水平极差大，说明该因素水平的改变对试验结果影响大，意味着该因素重要；各因素内则根据其各水平效应的大小，结合专业知识选择相应水平。

直观分析不能对误差的大小作出估计，但是简单易行，计算量小。对分析的精确度要求不高的筛选试验，均可使用直观分析法。

10.3.2　方差分析法

直观分析法具有简单直观、计算量小的优点；但不能估计误差的大小，不能精确估计各因素对结果影响的重要程度，特别是水平数大于等于3，需要考虑交互作用时，直观分析法计算量较大，不便使用。如果对试验结果进行方差分析，可弥补直观分析法的不足。

正交试验数据的方差分析法，其思想和方法与前面介绍的方差分析一致，也是先计算出各因素和误差的离差平方和，然后计算自由度、均方、F值，最后进行F检验。

10.4　正交试验设计应用实例

下面，以几个正交试验设计的实例说明 R 语言在正交试验及其数据分析中的具体应用，以及如何进行操作。

☞**例 10 – 1**　研究雌螺产卵的最优条件，在 $20cm^2$ 的泥盒里饲养同龄雌螺 10 只，试验条件有 4 个因素，每个因素 2 个水平。4 个因素分别是（A 温度，℃），B（含氧量，%），C（含水量，%），D（pH 值）。试在考虑温度与含氧量对雌螺产卵有交互作用的情况下安排正交试验并进行方案设计及分析。试验的因素水平及试验结果见表 10 – 3。

表10-3 雌螺产卵条件优化的 $L_8(2^7)$ 正交试验

试验序号	A(℃)	B(%)	C(%)	D	产卵数量
1	5	0.5	10	6.0	86
2	5	0.5	30	8.0	95
3	5	5.0	10	8.0	91
4	5	5.0	30	6.0	94
5	25	0.5	10	8.0	91
6	25	0.5	30	6.0	96
7	25	5.0	10	6.0	83
8	25	5.0	30	8.0	88

首先，对因素水平进行分析，考虑用 $L_8(2^7)$ 来安排试验，可通过 ID 号来选择 $L_8(2^7)$ 正交表。其他参数也可设定，见 R 语言代码清单 10.4。

📖代码清单 10.4 oa.design( ) 函数设计 $L_8(2^7)$ 正交试验方案

```
1  Design1 <- oa.design(ID = L8.2.7, nruns = 8, nfactors = 4, replications = 1, randomize = TRUE, seed
   = 4011, nlevels = c(2,2,2,2), factor.names = list(Tempreture = c(1,2), Oxygen = c(1,2), Water =
   c(1,2), pH = c(1,2)))
2  Design1
```

#	run.no.in.std.order	run.no	Tempreture	Oxygen	Water	pH
#7	1	7	1	1	1	1
#4	2	4	1	1	2	2
#1	3	1	1	2	1	2
#2	4	2	1	2	2	1
#3	5	3	2	1	1	2
#8	6	8	2	1	2	1
#5	7	5	2	2	1	1
#6	8	6	2	2	2	2

值得注意的是，R 语言 oa.design( ) 函数所设计的正交试验方案的输出结果中，有 run.no 一列。在进行具体试验时，应该根据 run.no 来进行。本例中第一次进行的试验 4 个因素水平分别为 1，2，1，2，第二次试验 4 个因素的水平分别为 1，2，2，1。这样进行试验的目的是消除试验者所带来的误差。实际上是因为在 oa.design( ) 函数设置了参数 randomize = TRUE，

将试验的顺序随机排列。参考书籍上，正交表通常是从因素低水平开始，最后是因素的高水平。如果按照此顺序进行试验，在试验过程中，因为先后顺序的不同，试验者操作熟练程度有差异，开始试验时，对试验不熟悉而导致误差较大，越到试验后期，这种误差就会越小。R 语言将试验顺序进行随机排列，就是为了克服这种可能因试验者操作而带入的误差。

当数据较少时，可直接在 R 语言中通过 c( ) 函数输入，通过 cbind( ) 函数将试验结果与试验方案组合成一个数据框。数据的输入过程见 R 语言代码清单 10.5。

📖代码清单10.5　正交试验设计数据直接录入

```
1    Results <- c(91,94,91,95,83,88,86,96)
2    Resultsdata <- cbind(Design1,Results)
3    Resultsdata
```

#	Tempreture	Oxygen	Water	pH	Results
# 1	1	2	1	2	91
# 2	1	2	2	1	94
# 3	2	1	1	2	91
# 4	1	1	2	2	95
# 5	2	2	1	1	83
# 6	2	2	2	2	88
# 7	1	1	1	1	86
# 8	2	1	2	1	96

接下来进行数据的统计分析。首先进行直观分析，然后进行方差分析。

（1）直观分析。

对于 2 水平因素的正交试验，在 R 软件中，可以借助 FrF2 扩展包中的 MEPlot( ) 函数绘制出因素各水平试验指标均值的折线图（见图 10 - 1），可直观地比较因素水平均值的极差大小。MEPlot( ) 函数除绘制图形之外，若配合使用 summary( ) 函数，则可以得到因素水平均值的具体数值，也可以直观比较，见 R 语言代码清单 10.6。

📖代码清单10.6　正交试验设计数据直观分析

```
1    library(FrF2)
2    lm.model <- lm(Results ~ Tempreture + Oxygen + Water + pH,data = Resultsdata)
3    summary(MEPlot(lm.model,abbrev = 5,response = "mean"))
```

#	Tempreture	Oxygen	Water	pH

178

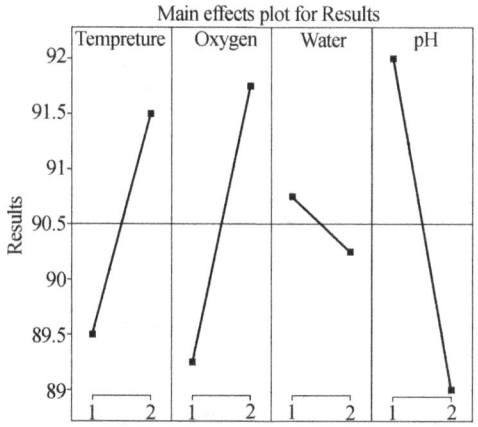

图 10-1 正交试验设计因素效应折线图

```
# Min.   : 89.5    Min.   : 89.00   Min.   : 87.75   Min.   : 89.75
# 1st Qu.: 90.0    1st Qu.: 89.75   1st Qu.: 89.12   1st Qu.: 90.12
# Median : 90.5    Median : 90.50   Median : 90.50   Median : 90.50
# Mean   : 90.5    Mean   : 90.50   Mean   : 90.50   Mean   : 90.50
# 3rd Qu.: 91.0    3rd Qu.: 91.25   3rd Qu.: 91.88   3rd Qu.: 90.88
# Max.   : 91.5    Max.   : 92.00   Max.   : 93.25   Max.   : 91.25
```

通过上述的直观分析，可以看出因素水平均数极差最大的是含水量这个因素，其极差 $R=6$。

极差分析仅仅考虑了每个因素的单独作用。在许多试验中，不仅各个因素对试验指标起作用，还需要考虑因素间的交互作用对试验结果的影响。交互作用是指一个因素的效应依赖于另外一个因素。交互作用有不同的类型，两个因素之间的交互作用，称之为一级交互作用；三个因素之间的交互作用，称之为二级交互作用……以此类推。可以通过图形来考察因素间的交互作用。在本例中，要考察温度与含氧量两因素之间是否存在交互作用，可以绘制出两因素交互作用图形来进行判断。

在 R 语言基础安装包中的 interaction.plot() 函数可以绘制出因素间交互作用图，程序见 R 语言代码清单 10.7，所输出的图形如图 10-2 所示。

📝代码清单 10.7 interaction.plot() 函数绘制交互作用图形

```
1  with (Resultsdata, interaction.plot (Tempreture, Oxygen, Results, lwd = 3, type = "b", col = c("black","blue"), pch = c(16,18), main = "A * B Interaction Plot"))
```

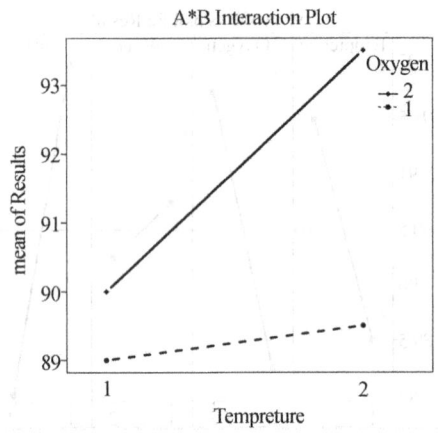

图 10-2 因素间交互作用图形

实际上，从试验结果数据可以知道，当含氧量取 B_1 水平，温度从 1 水平变到 2 水平时，试验指标从 90.5 增加到 93.5；当含氧量取 B_2 水平，温度从 1 水平变到 2 水平时，试验指标是从 92.5 减少到 85.5。试验指标的变化趋势是相反的，与含氧量取哪一个水平有关；类似地，含氧量从 1 水平变为 2 水平时，试验指标变化趋势也相反，与温度取哪一个水平有关。这时，可以认为这两个因素之间有交互作用。

这种交互作用表现为 interaction.plot( ) 函数绘制的交互作用图形中，两条直线是明显相交的，这是交互作用很强的一种表现。通过图形，可以直观地判断因素之间是否存在交互作用。

（2）方差分析。

正交试验结果方差分析的基本思想是把由于因素（含交互作用）水平变化所引起试验结果的差异与试验误差分开，用因素水平变化所引起的试验结果的变化与试验误差之比作为统计量（F 比），来衡量因素对试验结果的影响有无统计学意义。

本例方差分析过程见 R 语言代码清单 10.8，同时考察温度与含氧量之间的交互作用。在 aov( ) 函数基础上，用 anova.table( ) 函数计算方差分析表。

📄代码清单 10.8　正交试验数据的方差分析

```
1  aov.model <- aov( Results ~ Tempreture + Oxygen + Water + pH + Tempreture:Oxygen, data =
   Resultsdata)
2  source("D:/DoEwithR/DoEData/anova.table.R"); anova.table(aov.model)
```

```
#                     Df  Sum Sq  Mean Sq  F value  Pr(>F)
# Tempreture          1    8.0     8.0      3.2    0.2155
# Oxygen              1   18.0    18.0      7.2    0.1153
# Water               1   60.5    60.5     24.2    0.0389*
# pH                  1    4.5     4.5      1.8    0.3118
# Tempreture: Oxygen  1   50.0    50.0     20.0    0.0465*
# Residuals           2    5.0     2.5
# Total               7  146.0
# ---
# Signif. codes: 0 '***' 0.001 '**' 0.01 '*' 0.05 '.' 0.1 ' ' 1
```

方差分析结果表明,含水量对雌螺产卵的影响显著($p=0.0389$),温度与含氧量的交互作用对产卵影响也显著($p=0.0465$)。

☞**例 10 -2** 四君子汤由人参、白术、茯苓和甘草组成,具有健脾胃的功能,可能主要与它能够促进胃泌素分泌有关。若要找出该复方的最佳组成,按 $L_9(3^4)$ 正交表进行实验,试验安排及结果见表 10 -4。

表 10 -4 四君子汤对血浆胃泌素含量的影响

序号	人参	白术	茯苓	甘草	血浆胃泌素含量(ng/L)
1	1	1	1	1	60
2	1	2	2	2	80
3	1	3	3	3	150
4	2	1	2	3	55
5	2	2	3	1	85
6	2	3	1	2	120
7	3	1	3	2	80
8	3	2	1	3	75
9	3	3	2	1	100

通过 oa.design() 函数设计 $L_9(3^4)$ 试验方案,见 R 语言代码清单 10.9。

🖉代码清单 10.9 $L_9(3^4)$ 正交试验方案设计

```
1  library(DoE.base); Design <- oa.design(ID = L9.3.4, nruns = 9, nfactors = 4, replications = 1,
   repeat.only = FALSE, randomize = TRUE, seed = 4011, nlevels = c(3,3,3,3), factor.names = list(A
   = c(1,2,3), B = c(1,2,3), C = c(1,2,3), D = c(1,2,3))); print(Design, std.order = T)
```

```
#   run. no. in. std. order   run. no   A  B  C  D
# 7                    1             7   1  1  1  1
# 4                    2             4   1  2  3  2
# 1                    3             1   1  3  2  3
# 6                    4             6   2  1  3  3
# 2                    5             2   2  2  2  1
# 3                    6             3   2  3  1  2
# 8                    7             8   3  1  2  2
# 5                    8             5   3  2  1  3
# 9                    9             9   3  3  3  1
```

在保存的 Excel 文件中填写好试验结果，试验方案及结果数据如图 10-3 所示。

	A	B	C	D	E
1	A	B	C	D	results
2	1	1	1	1	60
3	1	2	2	2	80
4	1	3	3	3	150
5	2	1	2	3	55
6	2	2	3	1	85
7	2	3	1	2	120
8	3	1	3	2	80
9	3	2	1	3	75
10	3	3	2	1	100

图 10-3　四君子汤正交试验设计方案及结果

通过 read. xlsx( ) 函数将试验结果数据读入到 R 语言程序中[①]，见 R 语言代码清单 10.10，然后进行数据分析。

R 代码清单 10.10　读入数据

```
1  library(xlsx)
2  setwd("D:/DoEwithR/DoEData/")
3  oa.data <- read.xlsx("oaexamplewithResults.xlsx", sheetName = "design")
```

---

① 注：由于正交表非唯一性，本例 R 语言所设计的试验方案与文献方案可能不一致，此处分析中的数据已根据文献进行调整。

（1）直观分析。

R 语言代码清单 10.11 利用 tapply( ) 函数计算了 4 个因素不同水平的均值。

✎代码清单10.11　tapply( )函数计算各水平均值

```
1  attach(oa.data)
2  A.mean <- tapply(results,A,mean)
3  B.mean <- tapply(results,B,mean)
4  C.mean <- tapply(results,C,mean)
5  D.mean <- tapply(results,D,mean)
6  means <- cbind(A.mean,B.mean,C.mean,D.mean)
7  means
```

```
#             A          B          C          D
# 1    96.66667    65.0000    85.00000    81.66667
# 2    86.66667    80.0000    78.33333    93.33333
# 3    85.00000   123.3333   105.00000    93.33333
```

根据各水平均值，可以判断因素的主次效应。可以进一步将各因素各水平的均值通过图形展示，更加直观地判断因素的主次效应。通过下面的自编函数 R 语言代码清单10.12绘制出各个因素在不同水平下试验指标的趋势图，见图 10-4。

✎代码清单10.12　自编程序绘制各因素各水平均值折线图

```
1   plot(as.vector(means),axes=F,xlab="Level of Factors",ylab="Mean of Results")
2   xmark <- c(NA,"A1","A2","A3","B1","B2","B3","C1","C2","C3","D1","D2","D3",NA)
3   axis(1,0:13,labels=xmark)
4   axis(2,seq(60,130,by=10))
5   axis(3,0:13,labels=xmark)
6   axis(4,seq(60,130,by=10))
7   lines(1:3,means[,"A.mean"],col=1)
8   lines(4:6,means[,"B.mean"],col=2)
9   lines(7:9,means[,"C.mean"],col=3)
10  lines(10:12,means[,"D.mean"],col=4)
```

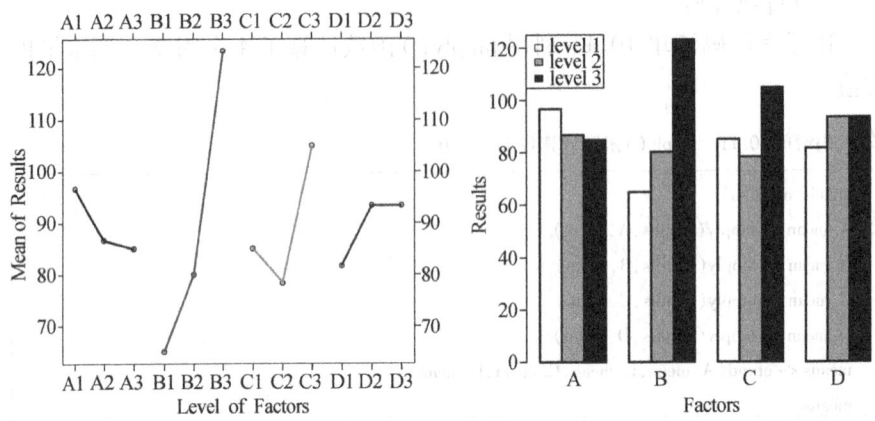

图10-4 因素各水平试验指标均值趋势图　图10-5 因素各水平试验指标均值条形图

还可以通过barplot()函数,将各水平的均值绘制成条形图,对因素各水平对试验指标的影响进行判断,见R语言代码清单10.13,所绘制的图形见图10-5。

代码清单10.13　barplot()函数绘制因素各水平均值条形图程序

```
1  barplot(means,beside = TRUE,ylab = "Results",ylim = c(0,125),xlab = "Factors",
      col = c("white","gray","black"))
2  legend("topleft",c("level1","level2","level3"),fill = c("white","gray","black"))
```

从图10-4、图10-5可以看出,四君子汤促进胃泌素分泌的作用中,白术为首要药物,且应取水平3;第二位为茯苓,也应取水平3;人参和甘草作用比较次要,人参以水平1为好,甘草可用水平2或水平3。因此,对于胃泌素水平降低的脾虚患者,四君子汤最佳组成应该是$A_1B_3C_3D_2$,或$A_1B_3C_3D_3$。可以发现$A_1B_3C_3D_2$和$A_1B_3C_3D_3$两个配伍并不在9次试验中,它对胃泌素分泌的促进作用是否好,还要通过实践来检验。

(2)方差分析。

通过aov()函数进行方差分析,结合自编函数anova.table()计算出方差分析表,见R语言代码清单10.14。

代码清单10.14　四君子汤正交试验数据的方差分析

```
1  model <- aov(results ~ A + B + C + D,data = oa.data)
2  source("D:/DoEwithR/DoEData/anova.table.R")
3  anova.table(model)
```

方差分析输出结果如下。

```
#               Df  Sum Sq  Mean Sq  F value  Pr( > F)
# A              1    204     204    0.771   0.4296
# B              1   5104    5104   19.266   0.0118*
# C              1    600     600    2.265   0.2068
# D              1    204     204    0.771   0.4296
# Residuals      4   1060     265
# Total          8   7172
# ---
# Signif. codes: 0 '***' 0.001 '**' 0.01 '*' 0.05 '.' 0.1 ' ' 1
```

由结果可知，方差分析与直观分析结果一致，表明白术为主要因素（$p=0.0118<0.05$）。通过方差分析和直观分析，可以确定在本试验所设定的试验因素水平条件下，得到的最优复方配伍条件是 $A_1B_3C_3D_2$ 或者 $A_1B_3C_3D_3$。

思考与练习

1. 某工厂为了提高某产品的收率（Y,%），根据经验和分析，认为反应温度、碱用量和催化剂种类可能对产品的收率造成较大的影响。对这3个因素各取3种水平，按 $L_9(3^4)$ 正交表进行试验，因素水平、试验方案及结果见表10-5。
（1）试用直观分析法确定因素主次和优化方案，并画出趋势图。
（2）不考虑交互作用，用方差分析法确定各因素的显著性、因素的主次和优化方案。

表10-5 提高化工产品收率的 $L_9(3^4)$ 正交试验因素水平、方案与结果

试验号	A(温度/℃)	B(碱用量/kg)	C(催化剂种类)	空白列	Y(收率,%)
1	1(80)	1(85)	1(甲)	1	71
2	1	2(48)	2(乙)	2	91
3	1	3(55)	3(丙)	3	78
4	2(85)	1	2	3	102
5	2	2	3	1	89
6	2	3	1	2	79
7	3(90)	1	3	2	97
8	3	2	1	3	105
9	3	3	2	1	104

2. 某化工厂为了处理含有毒性物质锌和镉的废水，摸索沉淀条件，选取的因素及水平如表10-6所示，不考虑交互作用，用正交表 $L_9(3^4)$ 安排试验，得到考察指标的综合评分(百分制)，因素A，B，C依次放在1，3，4列，试验结果如表10-6所示。试用直观分析法和方差分析确定各因素的显著性。

表10-6 某化工厂废水的 $L_9(3^4)$ 正交试验方案与结果

试验号	A(pH值)	空列	B(凝聚剂)	C(沉淀剂)	y(收率)
1	1	1	1	1	51
2	1	2	2	2	71
3	1	3	3	3	58
4	2	1	2	3	82
5	2	2	3	1	69
6	2	3	1	2	59
7	3	1	3	2	77
8	3	2	1	3	85
9	3	3	2	1	84

3. 某化工厂为了处理含有毒性物质锌和镉的废水，摸索沉淀条件，选取的因素及水平如表10-7所示，不考虑交互作用，用正交表 $L_8(4^1 \times 2^4)$ 安排试验，得到考察指标的综合评分(百分制)，因素A，B，C，D依次放在1，2，3，4列，试验结果如表10-7所示。pH值: 1(7~8)，2(8~9)，3(9~10)，4(10~11)；凝聚剂: 1(加)，2(不加)；沉淀剂: 1(NaOH)，2(Na_2CO_3)；废水浓度: 1(稀)，2(浓)。

表10-7 某化工厂废水的 $L_8(4^1 \times 2^4)$ 正交试验方案与结果

试验号	A(pH值)	B(凝聚剂)	C(沉淀剂)	D(废水浓度)	空列	综合评分
1	1	1	1	1	1	59
2	1	2	2	2	2	63
3	2	1	1	2	2	42
4	2	2	2	1	1	66
5	3	1	2	1	2	54
6	3	2	1	2	1	78
7	4	1	2	2	1	82
8	4	2	1	1	2	56

(1) 试用直观法确定各因素极差和各因素的主次，分析这个实验方案；
(2) 试用方差分析法确定各因素的显著性、因素的主次和优化方案。

4. 用石墨炉原子吸收分光光度计法测定食品中的铅，为提高测定灵敏度，希望吸收光度大。为提高吸光度，对A(灰化温度)、B(原子化温度)、C(灯电流)、D(检时间)4个因素进行了考察,并考虑交互作用 AB,AC。用正交表 $L_8(2^7)$ 安排试验,试验方案及结果如表 10-8 所示。试用直观分析和方差分析来分析结果。

表 10-8 $L_8(2^7)$ 正交试验优化原子吸收光度法测定铅

试验号	A	B	A×B	C	A×C	空列	D	吸光度(%)
1	1	1	1	1	1	1	1	65
2	1	1	1	2	2	2	2	74
3	1	2	2	1	1	2	2	71
4	1	2	2	2	2	1	1	73
5	2	1	2	1	2	1	2	70
6	2	1	2	2	1	2	1	73
7	2	2	1	1	2	2	1	62
8	2	2	1	2	1	1	2	67

第十一章 Plackett-Burman 试验设计

Plackett – Burman 试验设计，即 PB 试验设计，是属于响应面试验设计的一种，是用于中心组合试验之前挑选优化因素的一种试验设计方法。如果与试验有关的因素有许多，重要性各不相同，在试验的初始阶段就需要进行筛选试验。PB 设计可以用来进行筛选试验，它试图用最少试验次数达到使因素的主效果得到尽可能精确的估计的目的。它适用于从众多的考察因素中快速有效地筛选出最为重要的少数几个影响因素，供进一步研究用。

11.1 PB 试验设计概述

PB 试验就是因素筛选试验，主要针对因素数量较多，且未确定多个因素对响应变量的显著影响采用的一种试验设计方法。PB 试验设计不能区分主效应与交互作用的影响，但可以确定对相应变量有显著影响的因素，避免在后期的优化试验中由于因素数量太多或部分因素不显著而浪费试验资源，从而达到筛选的目的。

11.1.1 PB 试验设计的基本原理

PB 试验设计是一种 2 水平的设计方法，主要通过对每个因素取 2 个水平，即高水平和低水平来进行分析。低水平一般为原始水平，高水平一般为低水平的 1.5 倍左右，但是对某些因素高低水平的差值不能过大，以防掩盖了其他因素的重要性，应依实验条件而定。对于 PB 试验的 N 次试验（N 应该为偶数），至多可研究 $k = N - 1$ 个因素。但有时为了方差分析，实际因素应该要少于 $N - 1$ 个，至少要有 1 个虚拟变量用以估计误差，一般要留 13 个，也就是所谓的空项。在 N 次 PB 试验中，每个因素高、低水平分别出现 $N/2$ 次，可以计算这个因素的效应，所有空项的效应用以估计试验误差。当某个因素处于高（低）水平时，其余因素均各出现高、低水平 $N/4$ 次，所以其他因素的效应将正负抵消而消除。这样可以只考察这个因素的效应。对试验结果可以进行多元线性回归分析,对各因素回归系数进行 t 检验,得到检验统计量 t 值和可信度水平;也可以采用方差分析得到可信度水平,一般选择可信度大于 95%(或 85%)或者显著性水平达到 0.05(或 0.15)的因素作为重要因素。根据实际情况,显著性水平甚至可以取到 0.2。

11.1.2 PB 试验设计的特点及其适应范围

PB 试验设计矩阵的特点是按规则生成,其排列往往不具唯一性,但其试验次数 N 应为 4 的倍数,一般不取为 2 的整数次幂。常用的试验次数 N 为 12, 20, 24, 28, 36, 40, 44, 48 等。PB 试验设计的矩阵一般是由 N 行、$N-1$ 列组成的。其中,每行的高水平因子数是 $N/2$ 个,低水平因子数是 $N/2-1$ 个;每一列的高低水平的因子数则相等。在 N 次试验的组合矩阵中,第一行的高低水平在满足上述要求的基础上是任意排列的,最后一行则全部是低水平;其余的每行,都是将上一行的最后一列作为本行的第一列,上一行的第一列作为本行的第二列,第二列作为本行的第三列……以此类推。遵循以上三个基本原则,即可得到 N 次试验的正交矩阵。

另外,由于 PB 试验不能考察因素间的交互作用,结果可能遗漏某些存在很大交互作用的因素。在实际应用 PB 试验设计时,还要注意以下几个方面:

①因素的确定:根据经验、常识、历史数据等确认试验模型的因素,应尽量地多取,只要避免完全不可能的因素被选取就可以了。

②水平的选取:对每个因素选取合适的水平,在这里一定要注意水平选取的合适性,尽量涵盖每个因素允许取值的最大空间,避免由于水平区间过小而反映不出实际的因素影响能力,但也要注意不能选太大。

③现场试验:根据 PB 设计方案安排试验,在进行试验时应尽量避免其他因素的影响而使试验失真。例如,某变量受环境温度影响较大,但环境温度控制的可能性较小,必须将其固定在一个比较平稳的水平。

④测量结果:测量结果前必须对测量系统进行评估,确保可接受后才能进行试验结果的测量,测量结果需记录好。

11.2 用 R 语言实现 PB 试验方案的设计

遵循 PB 试验设计矩阵的基本原则，可以手动完成 PB 试验方案的设计。在 R 语言中，可以使用 FrF2 扩展包中的 pb( ) 函数实现 PB 试验设计矩阵，通过其在线帮助文档，可以获得其 pb( ) 函数的基本使用语法，如 R 语言代码清单 11.1 所示。

📖代码清单 11.1　pb( ) 函数的用法

| 1 | pb(nruns, nfactors = nruns – 1, factor. names = if(nfactors <= 50) Letters[1 : nfactors] else paste (" F" , 1 : nfactors, sep = " ") , default. levels = c (– 1, 1) , ncenter = 0, center. distribute = NULL, boxtyssedal = TRUE, n12. taguchi = FALSE, replications = 1, repeat. only = FALSE, randomize = TRUE, seed = NULL, oldver = FALSE, . . .) |

可见，pb( ) 函数的参数较多。在使用过程中，可以通过设置其参数，以便获得适合的特定的 PB 试验设计。pb( ) 函数主要参数的意义如下：

①nruns：试验次数，根据 PB 试验设计的原理，试验次数为 4 的整数倍。

②nfactors：因素数量，默认是试验次数 – 1。建议保持默认值，在因素个数较少的情况下可指定因素名称；剩余的列被命名为 e1，e2，…它们在效应图中用来表示误差(也被称为虚拟因素)。

③factor. names：试验中因素的名称，字符向量。factor. names = if (nfactors <= 26) Letters[1 : nfactors] else paste(" Factor" , 1 : nfactors, sep = " ") 参数的意义：如果因素个数小于等于 26 个，因素名称依次用大写字母 A，B，C，D 等表示；如果因素个数大于 26 个，因素名称依次用 Factor1，Factor2，Factor3，…表示。

④default. levels：因素水平表示方法，– 1 表示低水平，1 表示高水平。

⑤ncenter：中心点的数量。中心点就是添加的中间水平。

⑥center. distribute：中心点的分布。

⑦boxtyssedal：逻辑参数，仅用于 nruns = 16 的试验设计。

⑧n12. taguchi：逻辑参数，仅用于 nruns = 12 的试验设计。如果 n12. taguchi = TRUE，12 次试验设计以正交顺序给出。

⑨replications：重复数，正整数。默认的缺省值为 1，即各因素水平组合只进行1 次试验；replications 参数值如果大于 1，则其值表明试验重复次数。

⑩repeat. only:逻辑参数,只有当 replications 参数取值大于 1 时才有意义。如果 repeat. only = TRUE,每一个因素水平重复试验放在一起,这样重复试验的误差将比较少,因此需要取试验结果的平均值来进行分析。如果 repeat. only = FALSE,整个试验方案就像区组试验一样,每一个因素水平组合的试验在每一个重复区组中均出现。

⑪randomize:逻辑参数,随机化,默认值为 TRUE,将试验顺序随机打乱,以避免试验过程中的人为因素。缺省值为 TRUE。

⑫seed:随机数字种子选项,如果取具体的数值,本次实验方案设计可以重复。

使用 pb( ) 函数之前需要安装并加载 FrF2 扩展包。R 语言代码清单 11.2 产生了一个 $N = 12$ 的 PB 试验设计矩阵。

✍️代码清单 11.2　pb( ) 函数产生 N 为 12 的 PB 试验设计矩阵

```
1    library(FrF2)
2    pb(12)
```

```
#      A   B   C   D   E   F   G   H   J   K   L
# 1   -1  -1  -1  -1  -1  -1  -1  -1  -1  -1  -1
# 2   -1   1  -1   1   1  -1   1   1   1  -1  -1
# 3   -1  -1   1  -1   1   1  -1   1   1   1   1
# 4   -1   1  -1  -1  -1   1  -1   1   1  -1   1
# 5   -1   1   1   1  -1   1   1  -1  -1  -1   1
# 6    1  -1   1   1   1  -1   1   1  -1  -1  -1
# 7    1   1  -1   1   1   1  -1  -1  -1   1  -1
# 8    1  -1  -1  -1   1   1   1  -1   1   1  -1
# 9    1   1   1  -1  -1  -1   1   1  -1   1  -1
# 10  -1   1   1  -1   1  -1  -1  -1   1  -1   1
# 11   1  -1   1   1  -1  -1  -1   1  -1   1   1
# 12   1   1  -1   1  -1  -1   1  -1   1   1  -1
# class = design, type = pb
```

从 R 语言代码清单 11.2 可以看出,pb( ) 函数简单的用法仅需一个参数,即可进行 PB 试验方案的设计。

R 语言代码清单 11.3 同样也产生了一个 $N = 12$ 的 PB 试验设计矩阵,但是通过相应参数的设置,对所产生的矩阵做了一些定制。randoize = TRUE,表示将数据的矩阵行的排列顺序随机打乱,而 n12. taguchi = TRUE 则是按正交的顺序输出 PB 设计矩阵。增加一个 seed 随机数字种子参数,则可以使得多次运行时输出的 PB 试验设计矩阵可以重现。

📋代码清单 11.3　pb( ) 函数定制 N 为 12 的 PB 试验设计矩阵

```
1  pb(12,randomize = TRUE,default.levels = c("old","new"),n12.taguchi = TRUE,seed = 1234)
```

```
#      A    B    C    D    E    F    G    H    J    K    L
# 1    new  old  new  old  new  new  new  old  old  old  new
# 2    new  new  old  old  old  new  old  new  new  new  old
# 3    old  new  old  new  old  new  new  new  old  old  new
# 4    old  new  new  new  old  old  old  new  new  old  new
# 5    old  old  new  old  old  old  new  new  new  old  old
# 6    new  old  old  old  new  new  old  new  old  new  new
# 7    new  new  new  new  new  old  old  old  new  old  old
# 8    old  old  old  new  new  new  new  old  old  new  new
# 9    new  new  new  old  old  old  new  old  old  new  new
# 10   new  new  old  new  new  new  old  old  old  old  new
# 11   new  old  new  new  old  new  new  old  new  new  old
# 12   old  new  new  old  new  new  old  new  new  old  old
# class = design, type = pb
```

11.3　PB 试验设计应用实例

下面通过几个实例，介绍 R 语言在 PB 试验方案的设计及数据分析中的应用。

☞**例 11-1**　某药厂生产某药品，为了提高该药品的转化率，经过初步筛选，其转化率可能与以下 5 个因子有关：①反应温度、②pH、③反应时间、④压强、⑤底物浓度。采用 PB 试验设计筛选影响转化率的主要因素，试验次数为 12 次，因素水平见表 11-1。

表 11-1　提高药品转化率的 PB 试验因素水平表

因素水平	因素				
	反应温度	pH 值	反应时间	压强	底物浓度
1	60℃	6	60min	2atm	1
2	30℃	7	30min	1atm	2

首先，通过 pb( ) 函数设计 PB 试验方案，见 R 语言代码清单 11.4。

📖代码清单11.4 提高药品转化率的PB试验方案设计

```
1  library(FrF2)
2  PB.design <- pb(12,factor.names = list(Temperuture = c("60","30"),pH = c("6","7"),Time
   = c("60","30"),Pressure = c("2","1"),Cmol = c("1","2")),seed = 1)
```

```
#     Temperuture  pH  Time  Pressure  Cmol  e1   e2   e3   e4   e5   e6
# 1     60         6   30    2         2     1    -1   1    1    1    -1
# 2     60         6   60    1         1     1    1    -1   1    1    1
# 3     60         7   30    1         1     -1   -1   1    -1   1    1
# 4     30         6   60    2         2     -1   1    1    -1   1    1
# 5     30         6   30    1         2     -1   -1   -1   1    -1   1
# 6     60         7   60    1         2     -1   1    1    1    -1   -1
# 7     30         6   30    1         1     1    1    1    -1   -1   -1
# 8     60         7   30    2         2     1    1    1    -1   -1   -1
# 9     30         7   60    2         1     1    -1   1    1    -1   1
# 10    60         6   60    2         1     -1   -1   -1   -1   -1   -1
# 11    30         7   60    1         2     1    -1   -1   -1   1    -1
# 12    30         7   30    2         1     -1   1    -1   1    1    -1
# class = design, type = pb
```

获得试验数据之后,通过add.response()函数将其导入到R语言中,采用回归分析法对PB试验设计的数据进行分析,分析过程见R语言代码清单11.5。

📖代码清单11.5 提高药品转化率的PB试验数据分析

```
1  Results <- c(80, 78, 79, 68, 81, 65, 82, 82, 60, 67, 64, 59)
2  PB.design <- add.response(PB.design,Results)
3  PB.model <- lm(Results ~ Temperuture + pH + Time + Pressure + Cmol, data = PB.design); summary
   (PB.model)
```

```
# Coefficients:
#                 Estimate   Std. Error   t value   Pr(>|t|)
# (Intercept)     72.083     1.577        45.695    7.36e-09 * * *
# Temperuture1    -3.083     1.577        -1.955    0.0984.
# pH1             -3.917     1.577        -2.483    0.0476 *
# Time1           5.083      1.577        3.222     0.0181 *
# Pressure1       2.750      1.577        1.743     0.1319
# Cmol1           1.250      1.577        0.792     0.4583
# ---
```

```
# Signif. codes: 0 '***' 0.001 '**' 0.01 '*' 0.05 '.' 0.1 ' ' 1
#
# Residual standard error: 5.465 on 6 degrees of freedom
# Multiple R-squared: 0.8002, AdjustedR-squared: 0.6338
# F-statistic: 4.807 on 5 and 6 DF, p-value: 0.04104
```

多元线性回归分析结果表明，只有温度这一因素对转化率有显著影响。当然，对回归分析结果还需要进行回归诊断等，可参考回归分析章节相关内容。

除了通过 R 语言代码清单 11.5 进行回归分析外，PB 试验数据还可以通过 FrF2 扩展包中的 MEPlot( ) 函数绘制各个因素不同水平的效应折线图。绘图程序非常简单，R 语言代码清单 11.6 中两条命令是等价的，所绘制图形如图 11-1 所示。

✏️代码清单 11.6　MEPlot( ) 函数绘制各因素不同水平效应图

```
1  MEPlot(PB.design)
2  MEPlot(PB.design, abbrev = 4, select = c(1,2,3,4,5), response = "Results")
```

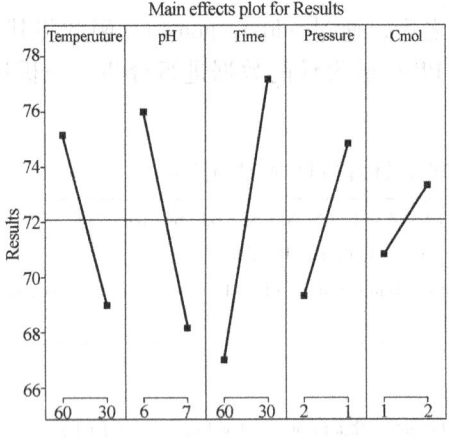

图 11-1　MEPlot( ) 函数绘图

R 语言代码清单 11.6 所绘制的图形，直观展示了 5 个因素各个不同水平的效应情况。除温度这一因素的两个水平效应相差较大外，其他 4 个因素的 2 个不同水平效应差别不大，与多元线性回归结果一致。

用 MEPlot( ) 函数绘制各因素不同水平效应图是放在同一坐标系中。除用 MEPlot( ) 函数绘图外，还可以用 effects 扩展包中的 allEffects( ) 函数与基础包中的 plot( ) 函数，组合绘图。绘图程序见 R 语言代码清单 11.7。这种图形是在独立的坐标系中展示各个因素的效应情况，所绘图形如图 11 – 2 所示。

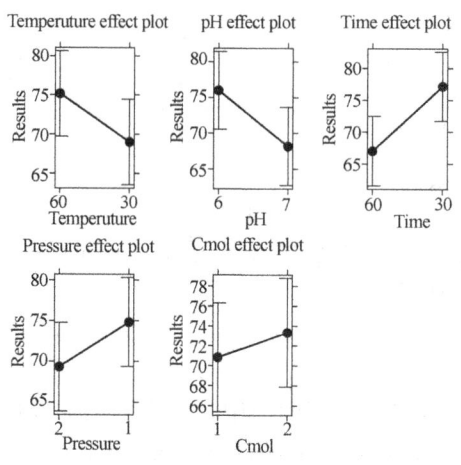

图 11 – 2　plot( )、allEffects( ) 函数组合绘图

✎ 代码清单 11.7　MEPlot( ) 函数绘制各因素不同水平效应图

```
1  PB. model <- lm( Results ~ Temperuture + pH + Time + Pressure + Cmol, data = PB. design)
2  library( effects)
3  plot( allEffects( PB. model))
```

除了 MEPlot( ) 和 allEffects( ) 函数用于图形化展示因素效应外，在 R 语言中，还有 BsMD 扩展包中的 LenthPlot( )，DanielPlot( ) 等函数，也可进行图像化展示因素效应。后面这两个函数都是以回归分析所返回的对象作为绘图对象，绘图过程见 R 语言代码清单 11.8，所绘制图形见图 11 – 3、图 11 – 4。

✎ 代码清单 11.8　DanielPlot( ) 函数绘制 Half – Normal Plot

```
1  library( BsMD)
2  DanielPlot( PB. model, half = TRUE, main = "Half – Normal Plot")
3  LenthPlot( PB. model, main = "Lenth's Plot")
```

DanielPlot( ) 函数绘制的 half – normal 图中，因素的效应被认为为回归系数绝对值的 2 倍，half – normal score 值越大的因素，对试验结果的影响越明显；half – normal score 值是如何计算的，可参见其帮助文档。图 11 – 3 表明，温度这一因素对转化率影响非常显著，其次为因素 pH。

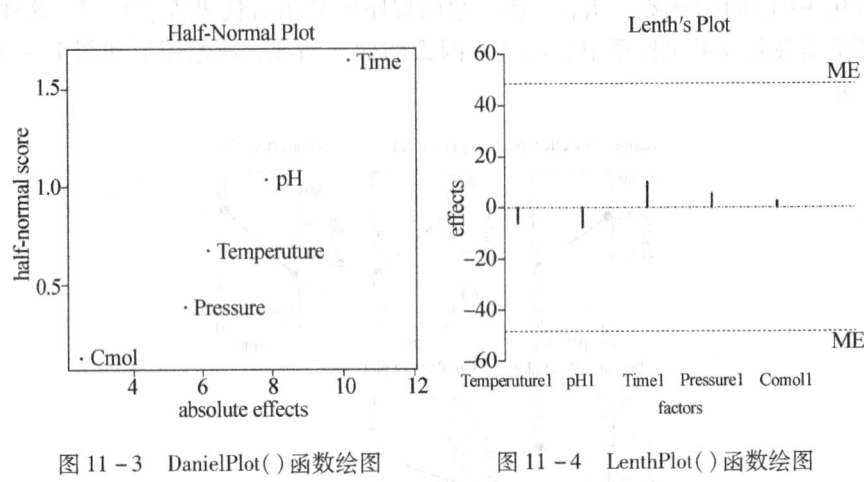

图 11-3 DanielPlot( )函数绘图　　　图 11-4 LenthPlot( )函数绘图

在 LenthPlot( )函数所绘制的图中，则将因素的效应绘制在纵坐标上，图上绘制的 3 条虚线有其相应的统计学含义，ME 表示边际误差，SME 表示同时边际误差。线段超过 ME 范围的因素，即对试验结果有显著性的影响。关于边际误差与同时边际误差的定义及其计算方法，可参考有关统计学专著。图 11-4 同样表明，因素温度对转化率有非常显著的影响，因素 pH 值对转化率的影响重要性排在第二位，图上的线段尚未超过边际误差的范围，对转化率的影响没有统计学差异。

☞例 11-2　PB 试验设计筛选冲和凝胶处方组成。以黏度、芍药苷与蛇床子素稳定性为指标，影响因素有 A 基质（卡波姆）、B 保湿剂（甘油）、C 稳定剂（亚硫酸氢钠）、D pH 值、E EDTA-2Na、F 载药量等 6 个。每个因素两个水平，每个因素"-1"取低水平，"1"取高水平。采用黏度、芍药苷含量、蛇床子素含量等三个试验指标衡量试验结果。通过 PB 设计筛选最主要的影响因素，按试验次数为 $N=12$ 的试验设计。试验中各因素水平情况见表 11-2。

表 11-2　冲和凝胶处方筛选的 PB 试验因素水平表

因素水平	卡波姆	甘油	亚硫酸氢钠	EDTA-2Na	pH 值	载药量
1	0.50%	5%	0%	0%	5	10%
2	2.00%	20%	0.20%	0.05%	8	30%

首先设计试验方案，设计方案的过程见 R 语言代码清单 11.9。

第十一章　Plackett-Burman 试验设计

✎ 代码清单 11.9　pb( ) 函数设计 PB 试验方案应用

```
1  library(FrF2)
2  PB.design <- pb(12,factor.names = list(x1 = c("0.5","2.0"),x2 = c("5","20"),x3 = c("0","0.20"),x4 = c("0","0.05"),x5 = c("5","8"),x6 = c("10","30")))
3  print(PB.design,std.order = TRUE)
```

#	run.no.in.std.order	run.no	x1	x2	x3	x4	x5	x6	e1	e2	e3	e4	e5
# 8	1	8	2.0	20	0	0.05	8	30	-1	-1	-1	1	-1
# 3	2	3	0.5	20	0.20	0	8	30	1	-1	-1	-1	1
# 6	3	6	2.0	5	0.20	0.05	5	30	1	1	-1	-1	-1
# 1	4	1	0.5	20	0	0.05	8	10	1	1	1	-1	-1
# 9	5	9	0.5	5	0.20	0	8	30	-1	1	1	1	-1
# 7	6	7	0.5	5	0	0.05	5	30	1	-1	1	1	1
# 4	7	4	2.0	5	0	0	8	10	1	1	-1	1	1
# 5	8	5	2.0	20	0	0	5	30	-1	1	1	-1	1
# 11	9	11	2.0	20	0.20	0	5	10	1	-1	1	1	-1
# 10	10	10	0.5	20	0.20	0.05	5	10	-1	1	-1	1	1
# 2	11	2	2.0	5	0.20	0.05	8	10	-1	-1	1	-1	1
# 12	12	12	0.5	5	0	0	5	10	-1	-1	-1	-1	-1

通过 summary( ) 函数可输出试验方案概述，见 R 语言代码清单 11.10。

✎ 代码清单 11.10　summary( ) 函数设计 PB 试验方案概述

```
1  summary(PB.design,brief = TRUE)
```

```
# Call:
# pb(12, factor.names = list(x1 = c("0.5","2.0"), x2 = c("5",
#     "20"), x3 = c("0","0.20"), x4 = c("0","0.05"), x5 = c("5",
#     "8"), x6 = c("10","30")))
#
# Experimental design of type pb
# 12  runs
#
# Factor settings (scale ends):
```

#	x1	x2	x3	x4	x5	x6	e1	e2	e3	e4	e5
# 1	0.5	5	0	0	5	10	-1	-1	-1	-1	-1
# 2	2.0	20	0.20	0.05	8	30	1	1	1	1	1

将试验结果数据(y1 黏度;y2 芍药苷含量;y3 蛇床子素含量)导入到 R 语言中,见 R 语言代码清单 11.11。

📖代码清单 11.11　导入 csv 结构数据

```
1   PB. designwithresults <- read. csv ( " D:/DoEwithR/DoEData/PBdesign2withresults. csv" , header =
    TRUE)
```

各因素对黏度影响的多元线性回归分析,确定因素对黏度影响的主次效应,见 R 语言代码清单 11.12。

📖代码清单 11.12　对冲和凝胶处方黏度进行回归分析

```
1   PB. model. 1 <- lm( y1 ~ x1 + x2 + x3 + x4 + x5 + x6 ,data = PB. designwithresults)
2   coef( PB. model. 1)
```

回归模型的回归系数如下:

```
#    (Intercept)        x1           x2           x3           x4           x5           x6
#   -25767.6111   22641.0000    264.5444   -23517.5000  -108636.6667   5109.9444    -432.8083
```

根据回归系数可以看出,各因素对响应值(黏度)影响的显著性顺序依次为:卡波姆 > pH 值 > 载药量 > EDTA - 2Na > 亚硫酸氢钠 > 甘油。

对回归模型进行方差分析,见 R 语言代码清单 11.13。

📖代码清单 11-13　冲和凝胶处方黏度回归方程的方差分析

```
1   PB. model. 1 <- lm( y1 ~ x1 + x2 + x3 + x4 + x5 + x6 ,data = PB. designwithresults)
2   anova( PB. model. 1)
```

```
#   Analysis of Variance Table
#
#   Response: y1
#                Df      Sum Sq      Mean Sq      F value      Pr( >F)
#   x1           1   3460150447   3460150447    48.4162     0.0009424 ***
#   x2           1     47239040     47239040     0.6610     0.4531676
#   x3           1     66368737     66368737     0.9287     0.3794690
#   x4           1     88514440     88514440     1.2385     0.3163749
#   x5           1    705011370    705011370     9.8649     0.0256420 *
#   x6           1    224787664    224787664     3.1453     0.1363294
#   Residuals    5    357333720     71466744
```

```
#  ---
# Signif. codes: 0 '***' 0.001 '**' 0.01 '*' 0.05 '.' 0.1 ' ' 1
```

其中因素卡波姆在回归方程的方差分析中，$p=0.000942$，因素 pH 的 $p=0.025642$，对冲和凝胶的黏度影响具有统计学意义（$p<0.05$）。如果在 85% 的置信水平条件下，载药量对黏度的影响也具有统计学差异，$p=0.136329<0.15$，因此可将其作为显著性影响因素考虑。

除了多元线性回归分析以外，读者可以模仿前一实例对本例试验数据进行图形化分析，此处不赘述。

思考与练习

1. Plackett – Burman 试验设计的基本原理及其应用范围是什么？
2. Plackett – Burman 试验设计矩阵的生成规则是什么？
3. 采用 Plackett – Burman 设计筛选鼻鼽颗粒一步制粒的显著性影响因素。选取 6 个因素：进样速度（A，r·min^{-1}）、进风温度（B,℃）、进风频率（C，Hz）、出风温度（D,℃）、浸膏相对密度（E）、料液温度（F,℃）进行试验，以合格率（Y,%）为考察指标，试验设计及结果见表 11 – 3。试分析对鼻鼽颗粒一步制粒的重要影响因素。

表 11 – 3　Plackett – Burman 试验筛选鼻鼽颗粒一步制粒法的影响因素

序号	A	B	C	D	E	F	Y	序号	A	B	C	D	E	F	Y
1	30	90	50	80	1.1	80	92.65	7	50	90	50	60	1.2	60	86.98
2	50	90	50	60	1.2	80	80.69	8	50	70	50	60	1.1	60	71.28
3	50	90	30	80	1.1	60	85.41	9	30	90	30	60	1.1	80	88.58
4	50	90	30	80	1.2	60	75.23	10	30	70	30	80	1.2	80	72.60
5	50	70	60	80	1.1	80	72.69	11	30	70	30	60	1.1	60	75.67
6	50	70	30	60	1.2	80	68.42	12	30	70	50	80	1.2	60	71.30

第十二章 中心复合试验设计

中心复合试验设计(Central Composite Design，CCD)，是一种最常用的响应曲面设计方法，它是采用多元二次回归方程来拟合因素与响应值之间的函数关系，通过对回归方程的分析来寻求最优因素及水平的组合，解决多因素问题的一种试验设计方法。

12.1 中心复合试验设计概述

12.1.1 中心复合试验设计的基本原理

中心复合试验设计是在2水平因素的全面试验及分部试验的基础上发展出来的一种试验设计方法，它是2水平因素全面试验和分部试验设计的拓展。通过对分部试验设计增加设计点(相当于增加因素水平)，体现出试验设计的序贯性。它可以对响应变量和因素间的非线性关系进行评估，常用于需要对因素的非线性影响进行研究的试验中。所谓序贯性，就是指前面所做试验的数据，在后续的过程中仍然可以使用，具有承上启下的作用。

中心复合试验设计又称二次回归旋转设计，由2水平因素试验点、轴点(也叫星点)以及零水平的中心点试验构成，可用非线性二次回归模型对数据进行统计分析，具有设计简单，试验次数少，预测性好等优点。

中心复合试验设计的组成包括三部分：立方试验点、轴向试验点和中心试验点，见图 12 – 1。

①立方试验点(Cube Point)：各点坐标皆为 1 或 – 1，即因素水平编码值为 ±1。这是全因子试验相同的部分。在 k 个因素的情况下，共有 2^k 个立方试验点。

②中心试验点(Center Point)：各点坐标均为 0，也就是中心复合试验设计的中心试验点中，各因子都取 0 水平的中心点重复试验。

③轴向试验点(Axial Point)：也称为星点，除了一个因素坐标为 $±α$

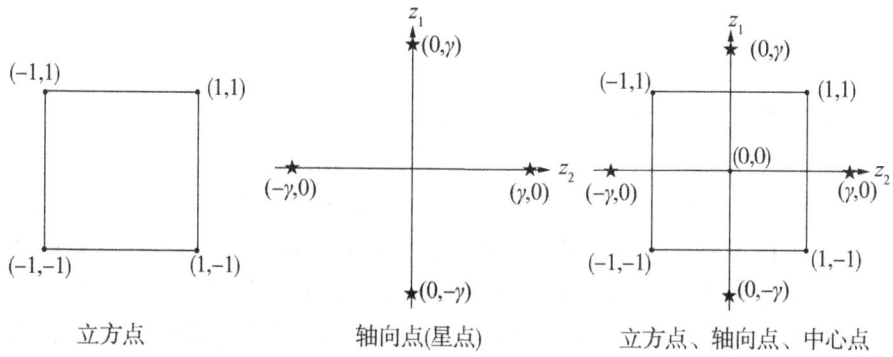

图 12-1 中心复合试验设计试验点分布

(旋转性指数)外,其他因素坐标皆为 0。轴向点因素的水平设置,所有因素中,只有一个因素设置为 $\pm\alpha$ 水平,其他因素均为 0 水平。在 k 个因素的情况下,共有 $2k$ 个轴向点,记为 $(+\alpha,0)$、$(-\alpha,0)$、$(0,+\alpha)$、$(0,-\alpha)$。其中 α 是待定参数,称作星号臂。根据满足旋转性的要求,调节 α 的大小,就可以得到各种具有很好性质的设计。所谓旋转性,是指所设计的星号点形成的球面其组合的拟合值具有相同的标准误差,也就是这种具有旋转设计性质的试验点,预测方差是恒定的。这个特性改善了预测精度。

在满足旋转性的前提下,如果适当选择中心试验点的数量,则可以使整个试验区域内的预测值都有一致均匀精度。常用中心复合试验设计的试验点情况见表 12-1。

表 12-1 中心复合试验设计试验点数表

因素数	立方点	星号点	中心点	总计
2	4	4	5	13
3	8	6	6	20
4	16	8	6	30
5	32	10	10	52
6	64	12	10	86

但是有人认为,这样做的试验次数多,代价太大,中心试验点取 2 以上就可以了;如果中心点的选取主要是为了估计试验误差,取 4 以上也就够了。

当然,在时间和资源条件都允许的情况下,应尽可能按推荐的中心试验点个数去安排试验,设计结果和推荐出的最佳试验点都比较可信。实在需要减少试验次数时,中心试验点至少也要有 2~5 个。

12.1.2 中心复合试验设计的基本类型

中心复合试验设计,一般情况为 5 水平的试验设计,各个因素水平为($\pm\alpha$;± 1;0)5 个水平,实际上就是在 2 水平的因式试验设计中,有规律地增添了有限次数的中心试验点和轴向试验点,其目的是为了研究曲率的变化趋势、最优区域的确定。轴向试验点的设置实际上就是 α 取值的不同,从而体现出旋转性、正交性意义。基于 α 取值的不同,中心复合设计有以下类型:

(1)中心复合序贯设计。在 k 个因素的情况下,$\alpha = 2^{(k/4)}$,当 $k=2$ 时,$\alpha=1.414$;当 $k=3$ 时,$\alpha=1.682$;当 $k=4$ 时,$\alpha=2.000$;当 $k=5$ 时,$\alpha=2.378$。按公式 $\alpha=2^{(k/4)}$ 选定 α 值来安排中心复合试验设计是最典型的情形,它可以实现试验的序贯性。这种 CCD 设计称为中心复合序贯设计 CCC(Central Composite Circumscribed Design),也称为外切中心复合设计,是 CCD 中最常用的一种。

(2)中心复合有界设计。如果要进行 CCD 设计,但又希望试验水平的安排不要超过立方体边界,也可以将轴向试验点 α 值设置为 ± 1,则原有 CCD 缩小到整个立方体内,这种设计称为中心复合有界设计 CCI(Central Composite Inscribed Design),也称为内切中心复合设计。这种设计失去了试验的序贯性,前一次在立方点上已经做过的试验结果,在后续的 CCI 设计中不能继续使用。

(3)中心复合表面设计。另外一种方式,就是将 α 值设置为 1 的同时,改变原来立方试验点的设置,这就意味着将轴向试验点设在立方体的表面上,这样的设计称为中心复合表面设计 CCF(Central Composite Face Centered Design),也称为面心中心复合设计。这样做,每个因素的取值水平只有 3 个(-1,0,1),而在前面介绍的 CCC、CCI 两种 CCD 设计,因素的水平是 5 个($-\alpha$,-1,0,1,α)。CCF 设计在更换水平较困难的情况下是有意义的。这种设计失去了旋转性,但保留了序贯性。

12.1.3 中心复合试验设计的特点

中心复合试验设计一般安排 2～6 个因素，试验次数依据因素数量及中心试验点而定，一般为 14～90 次，2 因素 12 次，3 因素 20 次，4 因素 30 次，5 因素 52 次，6 因素 86 次。所有因素都应该为计量值，即可连续变化的量。在应用具有序贯性的中心复合试验设计时(CCC，CCF)，一般进行中心复合试验设计可按三个步骤进行试验：

①先进行 2 水平因子的全面试验或部分试验。
②再加上中心点进行非线性测试。
③如果发现非线性影响为显著影响，则加上轴向点进行补充试验以得到非线性预测方程。

当然，在确信因素对响应变量有非线性影响的情况下，在不具有序贯性的 CCD 试验设计时，也可以一次进行完毕(CCI)。

中心复合试验设计有一个很重要的前提，即设计的试验点应包括最佳的试验条件，如果试验点的选取不当，使用响应面优化法则不能得到很好的优化结果。因而，在使用响应面优化法之前，应当确立合理的试验因素与水平。所以，前期会利用大量的准备试验来确定最佳试验范围。

12.2 用 R 语言实现中心复合试验方案的设计

在 R 语言中，rsm 扩展包中的 ccd( )、cube( ) 及 star( ) 函数均可实现中心复合试验方案的设计，这些函数基本用法见 R 语言代码清单 12.1。

📝代码清单 12.1　ccd( )、cube( ) 及 star( ) 函数的用法

1	ccd (basis, generators, blocks = " Block ", n0 = 4, alpha = " orthogonal ", wbreps = 1, bbreps = 1, randomize = TRUE, inscribed = FALSE, coding, oneblock = FALSE)
2	cube (basis, generators, n0 = 4, reps = 1, coding, randomize = TRUE, blockgen, bid = 1, inscribed = FALSE)
3	star(basis, n0 = 4, alpha = " orthogonal ", reps = 1, randomize = TRUE)

在上述进行 CCD 试验设计的 R 函数中，部分重要参数的意义如下：
basis：因素个数，为整数。
n0：中心试验点的次数，即因素水平取值为 0 时，重复的试验次数。

中心点次数由试验者决定，其大小影响到结果的稳定性。

alpha：其取值为数字或字符串。若为数字，则表示在星状点的位置。也可通过定义为"orthogonal""rotatable""spherical""faces"，以使中心复合试验设计具有正交性或旋转性，其值默认为"rotatable"。

inscribed：是一个逻辑参数，包括 TRUE 和 FALSE 两个值，用于设定轴向点所在位置。若取值为 FALSE，则表明轴向点在立方体外，即所设计的方案为外切中心复合设计；若为 TRUE，则表明轴向试验点在立方体内或立方体表面，即所设计的方案为内切中心复合设计或者中心复合表面设计。

oneblock：是一个逻辑参数，表明试验是否分区组，当其值取 TRUE 时，所有的试验在一个区组内。

在这些参数里面，有些参数间是彼此关联的，设置了其中一个，就不需要设置另外一个。例如参数 alpha 和 coding，如果通过 coding 参数设定了因素的具体水平，实际上就是对 alpha 参数的间接设定。

rsm 扩展包中，还可以通过 ccd.pick( ) 函数列出可能的中心复合试验设计方案，其用法见 R 语言代码清单 12.2。

✍ 代码清单 12.2　中心复合试验设计方案的 ccd.pick( ) 函数的用法

```
1  ccd.pick( k, n.c = 2^k, n0.c = 1:10, blks.c = 1, n0.s = 1:10, bbr.c = 1, wbr.s = 1, bbr.s = 1, best = 10, sortby = c("agreement","N"), restrict)
```

ccd.pick( ) 函数中，最重要的参数为 k，是指因素的个数，如通过 R 语言代码清单 12.3，可以列出 3 个因素中心复合试验设计的方案。

✍ 代码清单 12.3　ccd.pick( ) 函数列举 3 因素中心复合试验方案

```
1  library(rsm)
2  ccd.pick(3)
```

输出的 10 个 3 因素中心复合试验方案基本情况如下：

#	n.c	n0.c	blks.c	n.s	n0.s	bbr.c	wbr.s	bbr.s	N	alpha.rot	alpha.orth
# 1	8	9	1	6	6	1	1	1	29	1.681793	1.680336
# 2	8	2	1	6	1	1	1	1	17	1.681793	1.673320
# 3	8	6	1	6	4	1	1	1	24	1.681793	1.690309
# 4	8	5	1	6	3	1	1	1	22	1.681793	1.664101
# 5	8	10	1	6	7	1	1	1	31	1.681793	1.699673
# 6	8	8	1	6	5	1	1	1	27	1.681793	1.658312

# 7	8	3	1	6	2	1	1	1 19	1.681793	1.705606
# 8	8	7	1	6	5	1	1	1 26	1.681793	1.712698
# 9	8	4	1	6	2	1	1	1 20	1.681793	1.632993
# 10	8	4	1	6	3	1	1	1 21	1.681793	1.732051

在上述输出的中心复合试验设计方案中,主要参数的意义如下:

n.c 是指立方试验点(共有 2^k 个)。

n0.c 是指中心试验点。

blks.c 是指区组数。

n.s 为星点试验。

n0.s 为中心试验点。

N 指的是总试验次数。

alpha.rot 和 alpha.orth 分别是指采用旋转或正交设计的星号臂长度。

如果要设计 ccd.pick( ) 函数列举出的中心复合试验设计方案中的一个,则可以使用 ccd( ) 函数,如 R 语言代码清单 12.4 所示。

代码清单 12.4 ccd.pick( )函数列举 3 因素中心复合试验方案 9

```
1  library(rsm)
2  ccd.up <- ccd( y ~ x1 + x2 + x3 , n0 = c(4,2) , alpha = "rotatable" , randomize = FALSE)
```

#	run.order	std.order	x1.as.is	x2.as.is	x3.as.is	y	Block
# 1	1	1	-1.000000	-1.000000	-1.000000	NA	1
# 2	2	2	1.000000	-1.000000	-1.000000	NA	1
# 3	3	3	-1.000000	1.000000	-1.000000	NA	1
# 4	4	4	1.000000	1.000000	-1.000000	NA	1
# 5	5	5	-1.000000	-1.000000	1.000000	NA	1
# 6	6	6	1.000000	-1.000000	1.000000	NA	1
# 7	7	7	-1.000000	1.000000	1.000000	NA	1
# 8	8	8	1.000000	1.000000	1.000000	NA	1
# 9	9	9	0.000000	0.000000	0.000000	NA	1
# 10	10	10	0.000000	0.000000	0.000000	NA	1
# 11	11	11	0.000000	0.000000	0.000000	NA	1
# 12	12	12	0.000000	0.000000	0.000000	NA	1
# 13	1	1	-1.681793	0.000000	0.000000	NA	2
# 14	2	2	1.681793	0.000000	0.000000	NA	2
# 15	3	3	0.000000	-1.681793	0.000000	NA	2

```
# 16       4         4       0.000000     1.681793     0.000000     NA      2
# 17       5         5       0.000000     0.000000    -1.681793     NA      2
# 18       6         6       0.000000     0.000000     1.681793     NA      2
# 19       7         7       0.000000     0.000000     0.000000     NA      2
# 20       8         8       0.000000     0.000000     0.000000     NA      2
#
# Data are stored in coded form using these coding formulas...
# x1 ~ x1.as.is
# x2 ~ x2.as.is
# x3 ~ x3.as.is
```

当然，也可以直接通过 ccd( ) 函数进行中心复合试验方案的设计。R 语言代码清单 12.5 设计了一个 3 因素的 22 次试验的中心复合试验的方案，仅设定了 3 个参数，因素数为 3，alpha 为 1.682，随机化的参数为 TRUE。

代码清单 12.5　CCD 设计示例 1

```
1  library(rsm)
2  (CCD1 <- ccd(3, alpha = 1.682, randomize = TRUE))
```

#	run.order	std.order	x1.as.is	x2.as.is	x3.as.is	Block
# 1	1	8	1.000	1.000	1.000	1
# 2	2	11	0.000	0.000	0.000	1
# 3	3	7	-1.000	1.000	1.000	1
# 4	4	2	1.000	-1.000	-1.000	1
# 5	5	4	1.000	1.000	-1.000	1
# 6	6	3	-1.000	1.000	-1.000	1
# 7	7	5	-1.000	-1.000	1.000	1
# 8	8	10	0.000	0.000	0.000	1
# 9	9	9	0.000	0.000	0.000	1
# 10	10	1	-1.000	-1.000	-1.000	1
# 11	11	6	1.000	-1.000	1.000	1
# 12	12	12	0.000	0.000	0.000	1
# 13	1	7	0.000	0.000	0.000	2
# 14	2	1	-1.682	0.000	0.000	2
# 15	3	10	0.000	0.000	0.000	2
# 16	4	2	1.682	0.000	0.000	2
# 17	5	8	0.000	0.000	0.000	2
# 18	6	3	0.000	-1.682	0.000	2
# 19	7	6	0.000	0.000	1.682	2

第十二章 中心复合试验设计

```
# 20      8      5      0.000    0.000   -1.682    2
# 21      9      4      0.000    1.682    0.000    2
# 22     10      9      0.000    0.000    0.000    2
# Data are stored in coded form using these coding formulas...
# x1 ~ x1.as.is
# x2 ~ x2.as.is
# x3 ~ x3.as.is
```

在 R 语言代码清单 12.6 中，对更多的参数进行了设定，因素个数仍然设置为 3，通过 n0 设定了中心试验点为 4 次，更为复杂的 coding 参数则设定 3 个因素的名称为 A，B，C，同时，设定了每个因素的具体水平。其中 A 因素的 3 个水平分别为 (32.2, 50, 67.8)，是通过 $x_1 \sim (A-50)/17.8$ 设置的；因素 B，C 也用同样的方式设定了具体的水平。在这里，星号臂的长度 alpha，则通过因素的具体水平间接设定了。

📖代码清单 12.6 CCD 设计示例 2

```
1  library(rsm)
2  CCD2 <- cube(3, n0 = 4, randomize = TRUE, coding = list(x1 ~ (A-50)/17.8, x2 ~ (B-100)/
   35.6, x3 ~ (C-4)/1.2));CCD2
```

```
#     run.order   std.order     A       B       C
# 1       1           3        32.2   135.6    2.8
# 2       2           6        67.8    64.4    5.2
# 3       3           8        67.8   135.6    5.2
# 4       4          12        50.0   100.0    4.0
# 5       5          11        50.0   100.0    4.0
# 6       6           4        67.8   135.6    2.8
# 7       7           5        32.2    64.4    5.2
# 8       8           7        32.2   135.6    5.2
# 9       9          10        50.0   100.0    4.0
# 10     10           9        50.0   100.0    4.0
# 11     11           1        32.2    64.4    2.8
# 12     12           2        67.8    64.4    2.8
#
# Data are stored in coded form using these coding formulas...
# x1 ~ (A - 50)/17.8
# x2 ~ (B - 100)/35.6
# x3 ~ (C - 4)/1.2
```

207

12.3　中心复合试验设计的数据分析

　　试验响应指标与因素之间的关系可能是线性的，也可能是非线性的，表现在响应面上，线性的为平面，非线性的为曲面。在整个响应面内，接近线性的地方距离较佳区域较远，曲面弯曲较大的在较佳区域的附近，在较佳区域里有更多的非线性关系。最为简单的获得最佳工艺条件的方法为描绘三维响应面图或者二维等高线图，能够从响应面上直接读取最佳工艺。

　　响应面试验设计就是主要考察多个定量因素对响应变量的非线性影响，并对其进行优化，因此通常采用回归分析的方法进数据分析，建立相应的回归数学模型，即响应曲面模型，从响应曲面上可以直观地找到因素不同取值时的响应值，而且在响应面上选取一定响应值也可以找出与之对应的因素的取值。简而言之，就是在确定响应曲面较佳试验响应指标范围后，对应求出较佳试验条件。所拟合的响应面模型的优劣用方差判别。

　　中心复合试验设计应当安排中心试验点的次数不低于2，这样才可以对回归方程进行失拟性检验。如果不安排中心试验点，对数据回归分析时进行回归方程的显著性检验，只能说明相对于残差平方和而言，各因素对试验结果的影响是否显著，即所建立的回归方程是否是显著的。即使所建立的回归方程是显著的，也只是反映回归方程在试验点上与试验结果拟合得较好，不能说明在整个研究范围内回归方程都能与试验值有较好的拟合。为了检验回归方程在整个研究范围内的拟合情况，通过安排不低于2次中心试验点进行回归方程的失拟性检验，当回归方程失拟不显著时，则认为所建立的回归方程拟合得较好，否则需要进一步改进回归模型，如引入别的因素或建立更高次的回归方程。只有回归方程显著、失拟检验不显著时，才能说明所建立的回归方程拟合得很好。

12.4　中心复合试验设计应用实例

　　☞例12-1　寻求春雷霉素发酵工艺的最优参数，对发酵培养基的成分及培养条件进行优化，从而提高春雷霉素的产量。前期已筛选出3个主要因素：装液量(B)、接种量(C)、黄豆粕粉(E)，进一步进行中心复合试验设计，进行参数优化。春雷霉素效价为响应变量，试验的因素水平见表 12－2。

表 12－2　春雷霉素发酵工艺试验因素水平表

因素	发酵条件	水平				
		－1.682	－1	0	1	1.682
B	装液量/mL	21.59	25	30	35	38.41
C	接种量/%	10.95	13	16	19	21.04
E	黄豆粕粉/%	5.318	6	7	8	8.682

12.4.1　试验方案的设计

首先进行试验方案的设计，R 语言代码清单 12.7 中，首先加载 rsm 扩展包，然后通过 ccd() 函数进行中心复合试验方案的设计，再将试验数据导入 R 语言程序中，进行数据的统计分析。

在输出的试验方案中，按 std.order 顺序排列，所有中心试验点排在最后，如果依次进行试验的话，随着试验操作者熟练程度的不同，越到后面的试验，操作者所带来的误差会越来越小。而 run.order 这一列则是将 std.order 这一试验顺序号进行随机排列的结果，具体试验时应按着 run.order 的顺序进行，将操作者的误差随机分布到因素的不同水平中，防止因为试验操作者的熟练程度的不同对试验结果所带来的影响。本例 3 因素 5 水平的中心复合试验设计方案，其中 14 次为析因试验，6 次为中心试验点，具体试验方案及试验结果数据输出如下所示。

📝代码清单 12.7　R 语言设计 CCD 试验方案应用实例

```
1  library(rsm)
2  ccd.design <- ccd.design(3,n0 = 3,alpha = "rotatable",coding = list(x1 ~ (B － 30)/5,x2 ~ (C －
   16)/3,x3 ~ (E －7)/1),inscribed = FALSE,oneblock = TRUE,randomize = FALSE)
3  Results <- c(3344,3234,3537,3337,3338,3218,3641,3451,3545,3543,3548,3577,3336,
   3235,3577,3275,3396,3539,3545,3541)
4  ccd.design$Results <- Results;ccd.design
```

```
#   run.order  std.order        B         C         E   Results
# 1      1          1     25.00000  13.00000  6.000000   3344
# 2      2          2     35.00000  13.00000  6.000000   3234
```

```
# 3      3       3 25.00000 19.00000 6.000000    3537
# 4      4       4 35.00000 19.00000 6.000000    3337
# 5      5       5 25.00000 13.00000 8.000000    3338
# 6      6       6 35.00000 13.00000 8.000000    3218
# 7      7       7 25.00000 19.00000 8.000000    3641
# 8      8       8 35.00000 19.00000 8.000000    3451
# 9      9       9 30.00000 16.00000 7.000000    3545
# 10    10      10 30.00000 16.00000 7.000000    3543
# 11    11      11 30.00000 16.00000 7.000000    3548
# 12     1       1 21.59104 16.00000 7.000000    3577
# 13     2       2 38.40896 16.00000 7.000000    3336
# 14     3       3 30.00000 10.95462 7.000000    3235
# 15     4       4 30.00000 21.04538 7.000000    3577
# 16     5       5 30.00000 16.00000 5.318207    3275
# 17     6       6 30.00000 16.00000 8.681793    3396
# 18     7       7 30.00000 16.00000 7.000000    3539
# 19     8       8 30.00000 16.00000 7.000000    3545
# 20     9       9 30.00000 16.00000 7.000000    3541
#
# Data are stored in coded form using these coding formulas...
# x1 ~ (B - 30)/5
# x2 ~ (C - 16)/3
# x3 ~ (E - 7)/1
```

12.4.2 试验数据的回归分析

通常采用回归模型对 CCD 试验数据进行统计分析。在 R 语言中，rsm 扩展包中的 rsm() 函数可以进行一阶、二阶回归模型的拟合，rsm() 函数对拟合的模型也给出了非常丰富的统计学检验结果，如回归系数的 t 检验、回归模型的方差分析等。

本例数据拟合二阶回归模型，见 R 语言代码清单 12.8。如需拟合一阶回归模型，仅需将 SO(x1, x2, x3) 改为 FO(x1, x2, x3) 即可。

📃代码清单 12.8   rsm() 函数拟合二阶回归模型

```
1  SO.model <- rsm( Results ~ SO( x1, x2, x3 ), data = ccd.design )
2  summary( SO.model )
```

```
# Call:
# rsm(formula = Results ~ SO(x1, x2, x3), data = ccd.design)
#
#                Estimate      Std. Error      t value     Pr(>|t|)
# (Intercept)    3.5436e+03    3.4110e+00      1038.8691   <2.2e-16***
# x1            -7.5077e+01    2.2631e+00      -33.1738    1.463e-11***
# x2             1.0304e+02    2.2631e+00       45.5289    6.290e-13***
# x3             2.9252e+01    2.2631e+00       12.9257    1.448e-07***
# x1:x2         -2.0000e+01    2.9569e+00       -6.7638    4.957e-05***
# x1:x3         -9.3832e-14    2.9569e+00        0.0000    1
# x2:x3          3.0000e+01    2.9569e+00       10.1457    1.392e-06***
# x1^2          -3.1411e+01    2.2031e+00      -14.2576    5.689e-08***
# x2^2          -4.9265e+01    2.2031e+00      -22.3618    7.188e-10***
# x3^2          -7.4191e+01    2.2031e+00      -33.6757    1.260e-11***
# ---
# Signif. codes:  0 '***' 0.001 '**' 0.01 '*' 0.05 '.' 0.1 ' ' 1
#
# Multiple R-squared: 0.998,    AdjustedR-squared: 0.9963
# F-statistic: 563.8 on 9 and 10 DF, p-value: 2.5e-12
```

输出内容首先给出了回归模型的类型，SO 即为二阶回归模型；然后就是二阶模型的回归系数。根据回归系数，可以得到二阶回归方程

$$Y = 3543.6 - 75.1x_1 + 103.04x_2 + 29.2x_3 - 20x_1x_2 - 9.38 \times 10^{-14} x_1 x_3 + 30 x_2 x_3 - 31.4 x_1^2 - 49.3 x_2^2 - 74.2 x_3^2$$

式中 Y 为春雷霉素含量的预测值，x_1，x_2，x_3 为编码变量，与实际因素装液量、接种量和黄豆粕粉的含量之间存在换算关系。输出结果也给出了回归系数的 t 检验以及回归模型的方差分析，方差分析表如下：

```
# Analysis of Variance Table
#
# Response: Results
#                 Df    Sum Sq    Mean Sq    F value      Pr(>F)
# FO(x1, x2, x3)   3    233655    77885      1113.485     6.404e-13
# TWI(x1, x2, x3)  3    10400     3467       49.561       2.619e-06
# PQ(x1, x2, x3)   3    110898    36966      528.482      2.612e-11
# Residuals       10    699       70
# Lack of fit      5    648       130        12.582       0.00737
# Pure error       5    52        10
```

12.4.3 最优试验方案的确定

12.4.3.1 回归分析方法确定最优方案

回归分析的输出结果中，列出了所拟合二阶回归方程的响应面驻点 (Stationary point of response surface) 信息如下：

```
# Stationary point of response surface:
#          x1           x2           x3
# -1.6863271    1.5430550    0.5091208
#
# Stationary point in original units:
#           B            C            E
#   21.568364    20.629165    7.509121
#
# Eigenanalysis:
# $ values
# [1] -26.02536   -47.23658   -81.60493
```

该点的特征根值 Eigenanalysis，如果特征根值均小于 0，说明驻点是最大值；若特征根值均大于 0，说明驻点为最小值；若特征根同时存在大于 0 和小于 0 的值，那么给出的驻点为鞍点。

本例中驻点的三个特征根均小于 0，表明驻点为最大值。在最大值位置的因素水平也已经给出，即编码变量，$x_1 = -1.686$，$x_2 = 1.543$，$x_3 = 0.509$，将 x_1，x_2，x_3 在驻点位置的值，代入到所得到的二阶回归模型，就可以求出回归模型的最大值。输出结果也给出了因素实际水平 $B = 21.568$，$C = 20.629$，$E = 7.509$。

12.4.3.2 图形分析法确定最优方案

还可通过图形分析响应面试验数据，用 R 语言基础安装包 graphics 中的 contour( ) 和 persp( ) 函数可绘制图形。contour( ) 与 persp( ) 函数有很多参数可根据需要设定，以绘制满足特定要求的图形，其使用方法见 R 语言代码清单 12.9，参数的使用方法参见帮助文档。

📝代码清单12.9 contour( )、persp( )函数的用法

```
1  contour(x = seq(0,1,length.out = nrow(z)),y = seq(0,1,length.out = ncol(z)),z,nlevels = 10,
   levels = pretty(zlim,nlevels),labels = NULL,xlim = range(x,finite = TRUE),ylim = range(y,finite =
   TRUE),zlim = range(z,finite = TRUE),labcex = 0.6,drawlabels = TRUE,method = "flattest",vfont,
   axes = TRUE,frame.plot = axes,col = par("fg"),lty = par("lty"),lwd = par("lwd"),add =
   FALSE,...)
2  persp(x = seq(0,1,length.out = nrow(z)),y = seq(0,1,length.out = ncol(z)),z,xlim = range(x),
   ylim = range(y),zlim = range(z,na.rm = TRUE),xlab = NULL,ylab = NULL,zlab = NULL,main =
   NULL,sub = NULL,theta = 0,phi = 15,r = sqrt(3),d = 1,scale = TRUE,expand = 1,col = "white",
   border = NULL,ltheta = -135,lphi = 0,shade = NA,box = TRUE,axes = TRUE,nticks = 5,ticktype
   = "simple",...)
```

在 R 语言代码清单 12.10 中,第 1,2,3 行分别绘制因素 B 与 C、B 与 E、C 与 E 对试验指标影响的等高线图(图 12 - 2)。第 4,5,6 行分别绘制因素 B 与 C、B 与 E、C 与 E 对试验指标影响的响应面图(图 12 - 3)。第 5 行命令对 contours 参数进行设置,将等高线投影在底部。第 6 行命令设置 contours = list(z ="top"),将等高线投影在顶部。

📝代码清单12.10 contour( )函数绘制等高线图,persp( )函数绘制响应面图

```
1  contour(SO.model,x1 ~ x2,at = xs(SO.model))
2  contour(SO.model,x1 ~ x3,at = xs(SO.model))
3  contour(SO.model,x2 ~ x3,at = xs(SO.model))
4  persp(SO.model,x1 ~ x2,at = xs(SO.model))
5  persp(SO.model,x1 ~ x3,at = xs(SO.model),contours = list(z = "bottom"))
6  persp(SO.model,x2 ~ x3,at = xs(SO.model),contours = list(z = "top"))
```

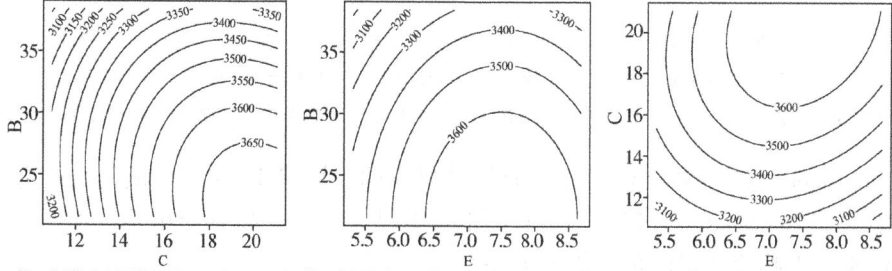

图 12 - 2 春雷霉素发酵工艺中心复合试验设计结果等高线图

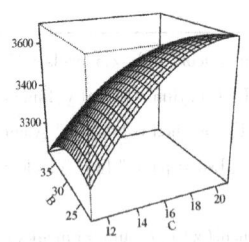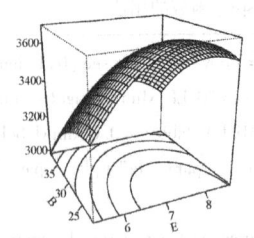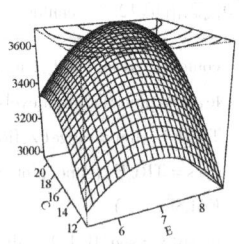

图 12-3 春雷霉素发酵工艺中心复合试验设计结果响应面曲面图

在绘制等高线或响应面图时，通过参数 at = xs(SO.model)，在图的下方给出了相应因素的最优水平，即 $x_1 = -1.686$，$x_2 = 1.543$，$x_3 = 0.509$。这里给出的最优水平的数值是编码变量的值，因素的真正水平也已经给出：$B = 21.57$，$C = 20.63$，$E = 7.51$。

12.4.3.3 岭脊分析法确定最优方案

还可通过岭脊分析确定最优方案，其原理可参考有关专著。在 rsm 扩展包中，steepest() 函数可以对拟合的二阶回归模型进行岭脊分析。本例求解过程见 R 语言代码清单 12.11，代码的第 1 行进行岭脊分析，第 2，3 行筛选出响应变量最大值及其对应的因素水平。

代码清单 12.11 steepest() 函数岭脊分析求解因素最佳水平及其预测值

```
1  optimal.solution <- steepest(SO.model, dist = seq(-3, 3, by = 0.01))
2  optimal.value <- optimal.solution[optimal.solution$yhat == max(optimal.solution$yhat),]
3  optimal.value
```

```
#        dist    x1      x2     x3 |     B        C       E  |   yhat
#  67    2.34  -1.685  1.542  0.509 |  21.575   20.626  7.509 |  3693.845
#  535   2.34  -1.685  1.542  0.509 |  21.575   20.626  7.509 |  3693.845
```

steepest() 函数进行的岭脊分析结果表明，因素 B，C，E 最优水平分别为 21.6，20.6，7.51，与通过图形分析结果一致。岭脊分析还给出了最优水平下响应变量的预测值 $Y = 3694$。

12.4.3.4 线性规划求解最优方案

获得回归方程之后，还可通过线性规划求解回归函数的最值来获得最优试验方案。在 R 语言中，可以通过线性约束优化的 constrOptim( ) 函数来求解线性不等式约束问题。它是基于障碍罚函数方法编写，其用法见 R 语言代码清单 12.12 所示，constrOptim( ) 函数可求目标函数的最小值。constrOptim( ) 函数中主要参数意义如下：

  theta：初始点，必须是约束问题的可行点。
  f：目标函数。
  grad：目标函数的梯度。
  ui 和 ci：分别为线性约束的系数矩阵及右端项，约束为 ≥。
  mu：为罚函数的控制参数，通常为一个较小的值，默认为 mu $= 1 \times 10^{-4}$。
  其他参数可以使用默认值。

📄代码清单 12.12 constrOptim( ) 函数的用法

```
1  constrOptim(theta,f,grad,ui,ci,mu = 1e - 04,control = list( ),method = if( is. null( grad) )" Nelder
   - Mead" else" BFGS" ,outer. iterations = 100 ,outer. eps = 1e - 05 ,... ,hessian = FALSE)
```

  根据前面所求得的回归方程，利用 constrOptim( ) 函数编写求解本例最优方案的程序见 R 语言代码清单 12.13。因 constrOptim( ) 函数本身是用于求解目标函数的最小值，因此在程序中，目标函数前加负号，表示求最大值。

📄代码清单 12.13 constrOptim( ) 函数求解最优方案

```
1  theta <- c( -1,0,1); fn <- function(x) {
2  x1 <- x[1]; x2 <- x[2]; x3 <- x[3]
3  -(3543.6 -75.077*x1 +103.04*x2 +29.252*x3 -20*x1*x2 -9.3832*10^(-14)*x1*
   x3 +30*x2*x3 -31.411*x1*x1 -49.265*x2*x2 -74.191*x3*x3)}
4  ui <- matrix(c(1,0,0, -1,0,0, 0,1,0,0, -1,0,0, 0,1,0,0, -1),nc = 3,byrow = T);ci
   <- c( -2, -2, -2, -2, -2, -2)
5  constrOptim(theta,fn,grad = NULL,ui,ci)
```

```
# $par
# [1] -1.6864780  1.5433639  0.5092546
# $value
# [1] -3693.849
# $counts
# function gradient
# 114         NA
# $convergence
```

```
# [1] 0
# $message
# NULL
# $outer.iterations
# [1] 2
# $barrier.value
# [1] -0.001147149
```

constrOptim()函数的返回值为列表，有 par(最优点)，value(最优函数值)，counts(目标函数和梯度的调用次数)，convergence(0 收敛，非 0 不收敛)，message(附件信息)，hessian(Hessian 矩阵，当参数中设置 hessian = TRUE 时才输出)，barrier.value(障碍罚函数值)。

本例中，constrOptim()函数的最优点 $x_1 = -1.686$，$x_2 = 1.5436$，$x_3 = 0.5096$，与回归分析、图形分析及岭脊分析结果一致。

需要注意的是，通过数据的统计分析处理，求得的最优水平可能包含在试验所设计的因素水平范围内，也可能不在该范围内。因此，还应根据求得的最优水平组合进行验证性试验，只有最优水平组合的验证性试验结果与预测的结果在可接受的范围内一致时，才是真正可靠的最优水平。

☞例12-2 为了提高某种淀粉类高吸水性树脂的吸水倍率，在其他合成条件一定的情况下，重点考察丙烯酸中和度及交联剂用量对试验指标(产品吸水倍率)的影响，已知丙烯酸中和度(x_1)的变化范围为 0.7~0.9，交联剂用量(x_2)的变化范围为 1~3mL，试验方案及结果见表 12-3。试用中心复合试验设计分析出这两个因素与指标(y)之间的关系。

(1)因素水平编码。因素为 2，如果取 0 水平试验点次数为 2，星号臂 α 的计算公式：

$$\alpha = \sqrt{\frac{\sqrt{(m_c + 2m + m_0)m_c} - m_c}{2}}$$

表 12-3 中心复合试验设计及结果

试验号	x_1	x_2	A	B	y
1	1	1	0.893	2.93	423
2	1	-1	0.893	1.07	486
3	-1	1	0.707	2.93	418
4	-1	-1	0.9	1.07	454

（续表 12-3）

试验号	x_1	x_2	A	B	y
5	1.078	0	0.7	2	491
6	-1.078	0	0.8	2	472
7	0	1.078	0.8	3	428
8	0	-1.078	0.8	1	492
9	0	0	0.8	2	512
10	0	0	0.8	2	509

公式中，m 为因素数，m_0 为 0 水平试验次数，m_c 为 2 水平试验次数。得出星号臂长度为 1.078。根据题意，由丙烯酸中和度及交联剂用量的上、下限得到因素水平的编码公式为 $x_1=(A-0.8)/0.093$，$x_2=(B-2)/0.93$。

（2）中心复合试验方案的设计。2 水平试验次数为 4 次，星号试验次数为 4 次，通过 R 语言设计相应试验方案如 R 语言代码清单 12.14 所示。

✎ 代码清单 12.14　高吸水性树脂中心复合试验方案的设计

```
1  library(rsm)
2  ccddesign2 <- ccd(2,n0 = 1,alpha = 1.078,coding = list(x1 ~ (A - 0.8)/0.093,x2 ~ (B - 2)/
   0.93),inscribed = FALSE,randomize = FALSE,oneblock = TRUE)
```

（3）拟合回归模型。通过 rsm 扩展包中的 rsm( ) 函数，拟合规范变量 x_1、x_2 与试验指标 y 之间的二阶回归方程，并进行统计学检验，见 R 语言代码清单 12.15。

✎ 代码清单 12.15　高吸水性树脂试验回归建模

```
1  ccddesign2 $ y <- c(454,486,418,423,512,472,491,492,428,509)
2  ccddesign2.model <- rsm(y ~ SO(x1,x2),data = ccddesign2)
3  summary(ccddesign2.model)
```

```
# Call:
# rsm(formula = y ~ SO(x1, x2), data = ccddesign2)
#
#              Estimate    Std. Error   t value    Pr(>|t|)
# (Intercept)  509.5885    2.1930       232.3731   2.058e-09***
# x1           9.0893      1.3856       6.5596     0.0027938**
```

x2   -26.5635   1.3856   -19.1704   4.363e-05 * * *
x1: x2   -6.7500   1.7423   -3.8742   0.0179298 *
x1^2   -23.2347   2.1201   -10.9591   0.0003938 * * *
x2^2   -41.7359   2.1201   -19.6855   3.928e-05 * * *

Signif. codes: 0 '* * *' 0.001 '* *' 0.01 '*' 0.05 '.' 0.1 ' ' 1
#
Multiple R - squared: 0.9957,   Adjusted R - squared: 0.9904
F - statistic: 186.6 on 5 and 4 DF, p - value: 7.935e-05

根据回归系数，可以得到编码变量二阶回归方程：

$$y = 509.588473 + 9.089259x_1 - 26.563494x_2 - 6.750000x_1x_2 - 23.234658x_1^2 - 41.735902x_2^2$$

t 检验表明，所有回归系数均有统计学意义。方差分析表明，所拟合的二阶回归模型有显著的统计学意义（$p = 7.935 \times 10^{-5}$），$R^2 = 0.9957$。方差分析表如下：

Analysis of Variance Table
#
Response: y
Df   Sum Sq   Mean Sq   F value   Pr(>F)
FO(x1, x2)   2   4984.9   2492.46   205.2665   9.311e-05
TWI(x1, x2)   1   182.2   182.25   15.0092   0.01793
PQ(x1, x2)   2   6164.8   3082.38   253.8490   6.111e-05
Residuals   4   48.6   12.14
Lack of fit   3   44.1   14.69   3.2645   0.38148
Pure error   1   4.5   4.50

（4）最优试验方案的确定。回归分析法确定最优方案。二阶回归模型输出的驻点信息如下：

Stationary point of response surface:
x1   x2
0.2446969   -0.3380207
#
Stationary point in original units:
A   B

```
# 0.8227568   1.6856407
#
# Eigenanalysis:
# $ values
# [1] -22.63822   -42.33234
```

根据驻点的两个特征根均小于 0,驻点为最大值,驻点所对应的因素水平即为最优方案,其编码水平为 $x_1 = 0.2446$,$x_2 = -0.3380$;实际水平 $A = 0.8227$,$B = 1.6856$。

岭脊分析法确定最优方案:进一步通过 steepest( ) 函数进行岭脊分析,求解对因素的最优水平,见 R 语言代码清单 12.16。

代码清单 12.16 高吸水性树脂试验最优水平求解

```
1  optimal.solution <- steepest(ccddesign2.model,dist = seq(-2,2,by = 0.01))
2  optimal.value <- optimal.solution[optimal.solution$yhat = = max(optimal.solution$yhat),];
   optimal.value
```

```
#       dist      x1      x2   |     A        B    |   yhat
# 159   0.42    0.247   -0.34  |  0.822971  1.6838 |  515.19
# 243   0.42    0.247   -0.34  |  0.822971  1.6838 |  515.19
```

岭脊分析输出结果表明,编码变量 $x_1 = 0.247$,$x_2 = -0.34$ 时,响应指标树脂吸水倍率最大值为 515,因素 A,B 的水平分别为 0.823,1.68。

线性规划法确定最优方案:根据回归方程,编写 R 语言代码清单 12.17,求解最优方案。

代码清单 12.17 constrOptim( ) 函数求解最优方案

```
1  theta <- c(0,0)
2  fn <- function(x){
3    x1 <- x[1]
4    x2 <- x[2]
5    -(509.588473 + 9.089259 * x1 - 26.563494 * x2 - 6.750000 * x1 * x2 - 23.234658 * x1 * x1 - 
     41.735902 * x2 * x2)}
6  ui <- matrix(c(-2,0,-1,0,0,-2,0,-2),nc = 2,byrow = T)
7  ci <- c(-2,-2,-2,-2)
8  constrOptim(theta,fn,grad = NULL,ui,ci)
```

```
#   $par
#   [1] 0.2450999    -0.3378130
#
#   $value
#   [1] -515.19
```

本例中，constrOptim( )函数返回的最优点 $x_1 = 0.245$，$x_2 = -0.338$，目标回归函数的最大值为 515.19，与前面的回归分析、图形分析及岭脊分析法确定的最优试验方案一致。

R 语言代码清单 12.18 绘制了本例两因素对指标影响的等高线图和响应面曲面图，见图 12-4 和图 12-5。

📖代码清单 12.18 contour( )函数绘制等高线图，persp( )函数绘制响应面图

```
1  contour(ccddesign2.model, x1 ~ x2, at = xs(ccddesign2.model))
2  persp(ccddesign2.model, x1 ~ x2, at = xs(ccddesign2.model))
```

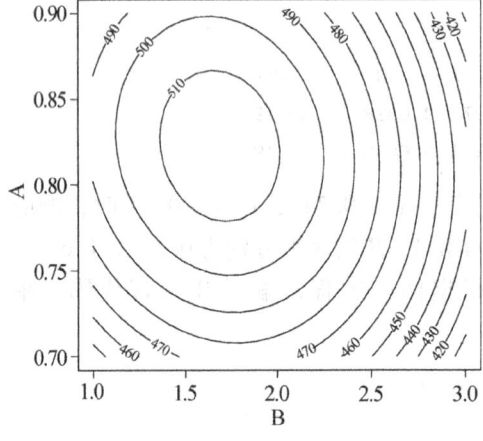
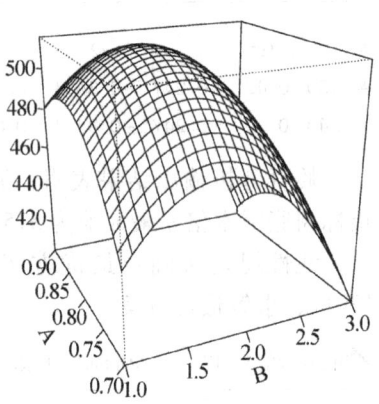

图 12-4　两因素影响的等高线图　　　图 12-5　两因素影响的响应面曲面图

通过以上两个实例可以看出，利用 R 语言进行中心复合试验设计，使得方案的设计及回归分析的计算非常简便，往往 1~2 行 R 语言代码就可以完成，从而快速、准确地得到回归分析的结果。

第十二章 中心复合试验设计

思考与练习

1. 简述中心复合试验设计试验设计的原理、特点和适应范围。
2. R语言中进行中心复合试验设计的扩展包与函数是什么，该函数中参数各有何意义？
3. 对表12－4中的数据拟合二次响应曲面方程，并计算因变量 y 的最值时，自变量 x 的取值分别是多少，同时，绘制出响应曲面图形。

表12－4　拟合二次响应曲面方程数据

序号	x_1	x_2	x_3	y	序号	x_1	x_2	x_3	y
1	-1	-1	-1	66	11	0	-1.682	0	68
2	-1	-1	1	70	12	0	1.682	0	63
3	-1	1	-1	78	13	0	0	-1.682	65
4	-1	1	1	60	14	0	0	1.682	82
5	1	-1	-1	80	15	0	0	0	113
6	1	-1	1	70	16	0	0	0	100
7	1	1	-1	100	17	0	0	0	118
8	1	1	1	75	18	0	0	0	88
9	-1.682	0	0	100	19	0	0	0	100
10	1.682	0	0	80	20	0	0	0	85

4. 采用中心复合试验设计方法，设计4因素3水平的SiC单晶片超声振动复合加工试验方案，以切向锯切力（Y_1）及表面粗糙度（Y_2）为目标，试验的因素水平见表12－5，试验方案及结果见表12－6。试通过多元二次拟合建立工艺参数优化模型。

表12－5　SiC单晶片超声振动复合加工试验因素水平表

因　素	水平		
	-1	0	1
线锯速度（A，m/s）	1.3	1.6	1.9
工件进给速度（B，mm/min）	0.025	0.050	0.080
工件转速（C，r/min）	8	12	16
超声波振幅（D，mm）	0	0.001	0.002

表12-6 SiC单晶片超声振动复合加工试验方案及结果

序号	A	B	C	D	Y_1	Y_2	序号	A	B	C	D	Y_1	Y_2
1	1.3	0.025	8	0	5.34	0.842	16	1.9	0.080	16	0.002	4.53	0.754
2	1.9	0.025	8	0	4.99	0.791	17	1.3	0.050	12	0.001	4.78	0.633
3	1.3	0.080	8	0	8.21	1.121	18	1.6	0.050	12	0.001	4.49	0.580
4	1.9	0.250	8	0	7.97	1.040	19	1.6	0.025	12	0.001	3.08	0.320
5	1.3	0.025	16	0	5.31	0.831	20	1.6	0.080	12	0.001	4.31	0.708
6	1.9	0.080	16	0	5.14	0.815	21	1.6	0.050	8	0.001	4.27	0.592
7	1.3	0.080	16	0	8.16	1.152	22	1.6	0.050	16	0.001	4.09	0.569
8	1.9	0.025	16	0	7.68	1.020	23	1.6	0.050	12	0	6.27	0.910
9	1.3	0.025	8	0.002	3.92	0.470	24	1.6	0.050	12	0.002	4.03	0.543
10	1.9	0.080	8	0.002	3.70	0.360	25	1.6	0.050	12	0.001	4.15	0.527
11	1.3	0.080	8	0.002	5.15	0.873	26	1.6	0.050	12	0.001	3.97	0.508
12	1.9	0.025	8	0.002	4.73	0.773	27	1.6	0.050	12	0.001	4.11	0.534
13	1.3	0.025	16	0.002	3.74	0.399	28	1.6	0.050	12	0.001	3.90	0.515
14	1.9	0.080	16	0.002	3.52	0.313	29	1.6	0.050	12	0.001	4.13	0.506
15	1.3	0.080	16	0.002	5.02	0.824	30	1.6	0.050	12	0.001	4.02	0.529

第十三章 Box-Behnken 试验设计

13.1 Box-Behnken 试验设计概述

Box-Behnken 试验设计是可以评价指标和因素间的非线性关系的一种试验设计方法,是一种拟合响应曲面的 2 阶 3 水平设计,由 2^k 析因设计与不完全区组设计组合而成,所得出的设计对所要求的试验次数来说十分有效,且它们是可旋转的或接近可旋转的。这种设计的另外一个优点就是它是球形设计,所有设计点都在半径为 $2^{1/2}$ 的球面上,即正方体各棱的中点以及一个中心试验点。

与中心复合试验设计不同,Box-Behnken 试验设计不需连续进行多次试验,并且在因素数相同的情况下,Box-Behnken 试验的试验组合数比中心复合试验设计少,因而更经济。Box-Behnken 试验设计常用于在需要对因素的非线性影响进行研究时的试验。

13.1.1 Box-Behnken 试验设计的原理

Box-Behnken 试验设计是一种符合旋转性或几乎可旋转性的球面设计。何谓旋转性?即试验区域内任意一点与设计中心点的距离相等,而变异数是此点至设计中心点的距离函数,与其他因素无关,所以是一种圆形设计。而且,所有的试验点都位于等距的端点上,并不包含各变量上下水平所产生于立方体顶点的试验,即不存在轴向点,而存在轴向点的中心复合试验却存在生成的轴向点可能超出安全操作区域或不在研究范围之内的问题。Box-Behnken 试验设计可以避免很多因受限于现实考虑而无法进行的试验。

13.1.2 Box-Behnken 试验设计的特点与应用范围

(1) 可以进行因素数在 3～7 个范围内的试验。

(2) 试验次数一般为 15～62 次。在因素数相同时比中心复合试验设计所需的试验次数少。当从 3 因素到 7 因素增加时，中心复合试验设计（包含全因子，未分组）所需要的实验次数依次为 13，20，31，52，90；而对应 Box-Behnken 试验设计所需试验次数依次为 15，27，46，54，62。在因素数相同的情况下，Box-Behnken 试验的试验组合数比中心复合试验设计少，因而更经济。

(3) 可以评估因素的非线性影响。Box-Behnken 试验设计一个重要的特性就是以较少的试验次数，去估计一阶、二阶与一阶具交互作用项之多项式模式，可称为具有效率的响应曲面设计法。它是一种不完全的三水平因子设计，其试验点的特殊选择使二阶模型中系数的估计比较有效。

(4) 适用于所有因素均为计量值的试验。

(5) 使用时无需多次连续试验。

(6) Box-Behnken 试验方案中没有将所有试验因素同时安排为高水平的试验组合，对某些有特别需要或安全要求的试验尤为适用。和中心复合试验设计相比，Box-Behnken 试验设计不存在轴向点，因而在实际操作时其水平设置不会超出安全操作范围。存在轴向点的中心复合试验却存在生成的轴向点可能超出安全操作区域或不在研究范围之内的问题。这是 Box-Behnken 试验设计的一个优势。

13.2 用 R 语言实现 Box-Behnken 试验方案的设计

在 R 语言中可以用 rsm 包进行 Box-Behnken 试验的设计及数据分析，可通过 bbd() 函数进行 Box-Behnken 试验 f 方案的设计，bbd() 函数的使用语法见代码清单 13.1。

📖代码清单 13.1 bbd() 函数的用法

| 1 | bbd(k,n0=4,block=(k==4|k==5),randomize=TRUE,coding) |

bbd()函数中主要参数的含义：

k：该参数有两种定义方式，一是正整数，即试验因素的个数；二是用公式的形式，如："y ~ A + B + C + D"，其中 y 为因变量，A，B，C，D 表示自变量，因变量在试验方案中会有以初始化值 NA 的形式出现，也可以添加多个因变量，其形式为："y1 + y2 ~ A + B + C + D"。

n0：在每个区组中的中心试验点数目。

block：逻辑参数，指定是否采用区组设计，或者是一个字符串（作为 TRUE）提供合适的名称块因子。只有 4 或 5 个因素的 Box-Behnken 试验设计才能使用区组化设计，4 因素 Box-Behnken 试验使用 3 个正交区组，每个区组内安排 12 个试验点；而 5 因素的 Box-Behnken 试验采用 2 个正交区组，每个区组安排 24 个试验点。

randomize：随机化参数，默认值为 TRUE，即将试验顺序随机化安排，以消除在试验过程中，操作的顺序对试验带来的影响。

coding：公式列表，表明将自然变量进行编码化成为规范变量。如果指定了 coding 公式对自然变量进行编码规范化，则在输出的试验方案中，将会给出指定的编码公式。

R 语言代码清单 13.2 设计了一个 3 因素的 Box-Behnken 试验方案，安排 3 个中心试验点，试验顺序进行了随机化，没有对自然变量进行编码规范化。要注意的是，参数 randomize = TRUE 的情况下，每次运行程序，随机化的结果会不一样。

📖 代码清单 13.2　bbd()函数设计 3 因素 Box-Behnken 试验方案

```
1   library(rsm)
2   bbd(3, n0 = 3, randomize = TRUE)
```

```
#     run.order  std.order  x1.as.is  x2.as.is  x3.as.is
# 1       1          2         1        -1         0
# 2       2         14         0         0         0
# 3       3          3        -1         1         0
# 4       4          7        -1         0         1
# 5       5         12         0         1         1
# 6       6          9         0        -1        -1
# 7       7          1        -1        -1         0
# 8       8          5        -1         0        -1
# 9       9         15         0         0         0
# 10     10         10         0         1        -1
# 11     11          4         1         1         0
```

```
# 12      12       8       1       0       1
# 13      13      11       0      -1       1
# 14      14      13       0       0       0
# 15      15       6       1       0      -1
#
# Data are stored in coded form using these coding formulas...
# x1 ~ x1. as. is
# x2 ~ x2. as. is
# x3 ~ x3. as. is
```

R语言代码清单13.3，同样设计了一个3因素的Box-Behnken试验方案，安排3个中心试验点，没有对试验顺序进行随机化。通过coding参数对因素的水平进行了编码规范化处理，将以因素名称(A, B, C)的实际水平出现在输出的试验方案中。

📖代码清单13.3　bbd( )函数设计3因素Box-Behnken试验方案

```
1  library( rsm)
2  bbd( y ~ x1 + x2 + x3, randomize = FALSE, n0 = 3, coding = list( x1 ~ ( A - 6 )/2, x2 ~ ( B - 15 )/5, x3
   ~ ( C - 2. 5 )/0. 5 ) )
```

```
#     run. order   std. order    A    B    C     y
# 1       1            1         4   10   2.5   NA
# 2       2            2         8   10   2.5   NA
# 3       3            3         4   20   2.5   NA
# 4       4            4         8   20   2.5   NA
# 5       5            5         4   15   2.0   NA
# 6       6            6         8   15   2.0   NA
# 7       7            7         4   15   3.0   NA
# 8       8            8         8   15   3.0   NA
# 9       9            9         6   10   2.0   NA
# 10     10           10         6   20   2.0   NA
# 11     11           11         6   10   3.0   NA
# 12     12           12         6   20   3.0   NA
# 13     13           13         6   15   2.5   NA
# 14     14           14         6   15   2.5   NA
# 15     15           15         6   15   2.5   NA
#
# Data are stored in coded form using these coding formulas...
# x1 ~ (A - 6)/2
# x2 ~ (B - 15)/5
# x3 ~ (C - 2.5)/0.5
```

从以上两个例子可以看出，通过R语言的rsm包的bbd( )函数进行Box-Behnken试验方案的设计非常简便，而且可以进行定制。

13.3　Box-Behnken 试验设计应用实例

下面通过一个具体案例，说明 R 语言在进行 Box-Behnken 试验方案的设计及数据分析中的应用。

☞例 13-1　采用 Box-Behnken 试验设计法优化宝泻灵凝胶膏剂的处方，对聚丙烯酸钠 NP800(A)、甘羟铝(B)、填充剂(C)的用量进行优化，设计 3 因素 3 水平共 17 个试验点的 Box-Behnken 试验，12 个析因点和 5 个零点。以凝胶膏剂初黏力、均匀性等多个指标的综合评分为响应值(y)，试验数据见表 13-1。

表 13-1　宝泻灵凝胶膏剂配方优化的 Box-Behnken 试验方案与结果

试验号	x_1	x_2	x_3	A	B	C	初黏力	综合感官	评价总分
1	1	1	0	1	0.03	2	4	32	36
2	0	1	1	0.8	0.03	3	4	54	58
3	1	-1	0	1	0.01	2	4	72	76
4	1	0	-1	1	0.02	1	16	84	100
5	0	-1	-1	0.8	0.01	1	4	68	72
6	-1	0	1	0.6	0.03	3	8	52	60
7	-1	-1	0	0.6	0.01	2	4	56	60
8	0	-1	1	0.8	0.01	3	20	56	76
9	0	0	0	0.8	0.02	2	16	96	112
10	0	0	0	0.8	0.02	2	20	100	120
11	0	1	-1	0.8	0.03	1	8	72	80
12	-1	0	-1	0.6	0.02	1	16	68	84
13	0	0	0	0.8	0.02	2	16	96	112
14	0	0	0	0.8	0.02	2	16	100	116
15	1	0	1	1	0.02	3	8	40	48
16	-1	1	0	0.6	0.03	2	4	48	52
17	0	0	0	0.8	0.02	2	16	100	116

通过 R 语言设计 Box-Behnken 试验方案，见 R 语言代码清单 13.4。通过 coding 参数将因素的自然变量进行编码处理，$x_1 \sim (A-0.8)/0.2$，用编码变量 x_1 表示因素 A，中间水平为 0.8，各水平值之间的差为 0.2；$x_2 \sim$ (B-0.02)/0.01 表示因素 B 的编码变量为 x_2，其高、中、低水平值分别

为 0.03，0.02，0.01。同理设置了因素 C。

📘代码清单 13.4　bbd( ) 函数设计 3 因素 Box-Behnken 试验方案的应用

```
1  library(rsm)
2  design <- bbd(y1 + y2 + y ~ x1 + x2 + x3, n0 = 5, randomize = FALSE, coding = list(x1 ~ (A - 0.8)/
   0.2, x2 ~ (B - 0.02)/0.01, x3 ~ (C - 2)/1)); design
```

#	run.order	std.order	A	B	C	y1	y2	y
# 1	1	1	0.6	0.01	2	NA	NA	NA
# 2	2	2	1.0	0.01	2	NA	NA	NA
# 3	3	3	0.6	0.03	2	NA	NA	NA
# 4	4	4	1.0	0.03	2	NA	NA	NA
# 5	5	5	0.6	0.02	1	NA	NA	NA
# 6	6	6	1.0	0.02	1	NA	NA	NA
# 7	7	7	0.6	0.02	3	NA	NA	NA
# 8	8	8	1.0	0.02	3	NA	NA	NA
# 9	9	9	0.8	0.01	1	NA	NA	NA
# 10	10	10	0.8	0.03	1	NA	NA	NA
# 11	11	11	0.8	0.01	3	NA	NA	NA
# 12	12	12	0.8	0.03	3	NA	NA	NA
# 13	13	13	0.8	0.02	2	NA	NA	NA
# 14	14	14	0.8	0.02	2	NA	NA	NA
# 15	15	15	0.8	0.02	2	NA	NA	NA
# 16	16	16	0.8	0.02	2	NA	NA	NA
# 17	17	17	0.8	0.02	2	NA	NA	NA

```
#
# Data are stored in coded form using these coding formulas...
# x1 ~ (A - 0.8)/0.2
# x2 ~ (B - 0.02)/0.01
# x3 ~ (C - 2)/1
```

第 2 步，输入数据，进行回归模型的拟合。数据输入及回归模型拟合见 R 语言代码清单 13.5。Box-Behnken 试验数据的回归模型拟合，可使用 rsm 包中的 rsm( ) 函数进行。

第十三章 Box-Behnken 试验设计

📝 代码清单 13.5　宝泻灵凝胶膏剂配方优化的 Box-Behnken 试验数据分析

```
1  y1 <- c(4, 4, 4, 4, 16, 16, 8, 8, 4, 8, 20, 4, 16, 16, 20, 16, 16)
2  y2 <- c(56,72,48,32,68,84,52,40,68,72,56,24,96,100,100,100,96)
3  y = y1 + y2
4  design$y1 = y1
5  design$y2 = y2
6  design$y = y
7  BBD.model <- rsm(formula = y ~ SO(x1,x2,x3), data = design)
8  summary(BBD.model)
```

回归系数及其检验结果：

```
# Call:
# rsm(formula = y ~ SO(x1, x2, x3), data = design)
#
#              Estimate   Std. Error   t value    Pr(>|t|)
# (Intercept)  115.2000    2.0894     55.1347    1.693e-10 ***
# x1             0.5000    1.6518      0.3027    0.7709207
# x2           -11.0000    1.6518     -6.6592    0.0002881 ***
# x3           -15.5000    1.6518     -9.3835    3.249e-05 ***
# x1:x2         -8.0000    2.3361     -3.4246    0.0110663 *
# x1:x3         -7.0000    2.3361     -2.9965    0.0200409 *
# x2:x3        -14.0000    2.3361     -5.9930    0.0005461 ***
# x1^2         -25.1000    2.2769    -11.0237    1.121e-05 ***
# x2^2         -34.1000    2.2769    -14.9765    1.420e-06 ***
# x3^2         -17.1000    2.2769     -7.5102    0.0001361 ***
# ---
# Signif. codes: 0 '***' 0.001 '**' 0.01 '*' 0.05 '.' 0.1 ' ' 1
#
# Multiple R-squared: 0.9891,    Adjusted R-squared: 0.975
# F-statistic: 70.44 on 9 and 7 DF, p-value: 4.921e-06
```

所得回归模型系数的统计学检验（t 检验）结果中，除了 x_1 的系数外，大部分的 p 值都很小，相关系数 $R^2 = 0.9891$，说明该模型可以很好地描述试验数据。

由输出结果可以得到二次回归方程模型为

$$Y = 115.20 + 0.50x_1 - 11.00x_2 - 15.50x_3 - 8.00x_1x_2 -$$
$$7.00x_1x_3 - 14.00x_2x_3 - 25.10x_1^2 - 34.10x_2^2 - 17.10x_3^2$$

方程中各项系数绝对值的大小直接反映了各因素对指标值的影响程度,系数的正负反映了其影响的方向。各因素对凝胶膏剂质量影响的次序为 C > B > A,即填充剂 > 甘羟铝 > 聚丙烯酸钠 NP800。

回归方程的方差分析结果:

```
# Analysis of Variance Table
#
# Response: y
#                  Df    Sum Sq    Mean Sq    F value    Pr( > F)
# FO(x1, x2, x3)   3     2892.0    964.0      44.1623    6.462e - 05
# TWI(x1, x2, x3)  3     1236.0    412.0      18.8743    0.0009835
# PQ(x1, x2, x3)   3     9710.7    3236.9     148.2878   1.071e - 06
# Residuals        7     152.8     21.8
# Lack of fit      3     108.0     36.0       3.2143     0.1444411
# Pure error       4     44.8      11.2
```

模型失拟项表示模型预测值与实际值不拟合的概率。本例中,失拟项(Lack of fit)p 值为 0.1444 > 0.05,说明该方程对试验结果拟合良好。

```
# Stationary point of response surface:
#          x1              x2              x3
# 0.08387838   - 0.08141068   - 0.43705845
#
# Stationary point in original units:
#          A               B               C
# 0.81677568   0.01918589   1.56294155
#
# Eigenanalysis:
# $ values
# [1]   - 14.20334   - 23.63222   - 38.46444
```

在驻点信息输出结果中,因其特征根(Eigenanalysis)均小于 0,实际上就是最佳试验条件下的试验指标的最大值,因此因素的最佳水平为 $A = 0.8168$, $B = 0.01918589$, $C = 1.5629$。

因素的最佳水平还可以根据岭脊分析(steepest( )函数)的方法来求解。岭脊分析方法还直接计算出最优条件下试验指标的预测值,见 R 语言代码清单 13.6。

📖代码清单13.6 岭脊分析求解最优条件

```
1  optimal.solution <- steepest(BBD.model,dist = seq(-1,1,by = 0.01))
2  optimal.value <- optimal.solution[optimal.solution$yhat = = max(optimal.solution$yhat),];
   optimal.value
```

```
#       dist    x1      x2       x3  |    A        B       C   |    yhat
# 56    0.45   0.083  -0.082   -0.435 |  0.8166  0.01918  1.565 |  119.056
# 146   0.45   0.083  -0.082   -0.435 |  0.8166  0.01918  1.565 |  119.056
```

由上可得出，在 NP800 为 0.8166g、甘羟铝为 0.0192g、填充剂为 1.565g 的条件下，其最大评价总分为 119.056。

还可以通过 rsm 包中的 canonical.path() 函数来求最优条件，实际上也是通过岭脊分析的方法来计算最优条件。canonical.path() 函数中的参数 dist 确定变量变化快慢及范围，前两个数字的正负表示与中心水平的方向，"by"为变化的速度。在实际应用过程中，可以先将 by 的数值设置大一些，在初步寻优的基础上，进一步将参数 by 的数值减少，以便找到最优解，见 R 语言代码清单13.7。

📖代码清单13.7 canonical.path() 函数求解最优条件

```
1  canonical.path(BBD.model,dist = seq(-1,1,by = 0.2))
```

```
#       dist     x1      x2       x3   |    A        B        C    |   yhat
# 1    -1.0    0.278   0.209   -1.374  |  0.8556  0.02209   0.626  | 104.854
# 2    -0.8    0.239   0.151   -1.187  |  0.8478  0.02151   0.813  | 109.959
# 3    -0.6    0.200   0.093   -0.999  |  0.8400  0.02093   1.001  | 113.947
# 4    -0.4    0.162   0.035   -0.812  |  0.8324  0.02035   1.188  | 116.780
# 5    -0.2    0.123  -0.023   -0.624  |  0.8246  0.01977   1.376  | 118.489
# 6     0.0    0.084  -0.081   -0.437  |  0.8168  0.01919   1.563  | 119.056
# 7     0.2    0.045  -0.140   -0.250  |  0.8090  0.01860   1.750  | 118.489
# 8     0.4    0.006  -0.198   -0.062  |  0.8012  0.01802   1.938  | 116.779
# 9     0.6   -0.033  -0.256    0.125  |  0.7934  0.01744   2.125  | 113.942
# 10    0.8   -0.072  -0.314    0.312  |  0.7856  0.01686   2.312  | 109.973
# 11    1.0   -0.110  -0.372    0.500  |  0.7780  0.01628   2.500  | 104.851
```

与中心复合试验设计一样，Box-Behnken 试验数据也可以进行图形分析，R 语言代码清单13.8 为绘制 3 因素两两之间等高线图程序，见图13-1。

📘代码清单 13.8 Box-Behnken 试验数据等高线图形分析

1	contour(BBD.model,x1 ~ x2,at = xs(BBD.model))
2	contour(BBD.model,x1 ~ x3,at = xs(BBD.model))
3	contour(BBD.model,x2 ~ x3,at = xs(BBD.model))

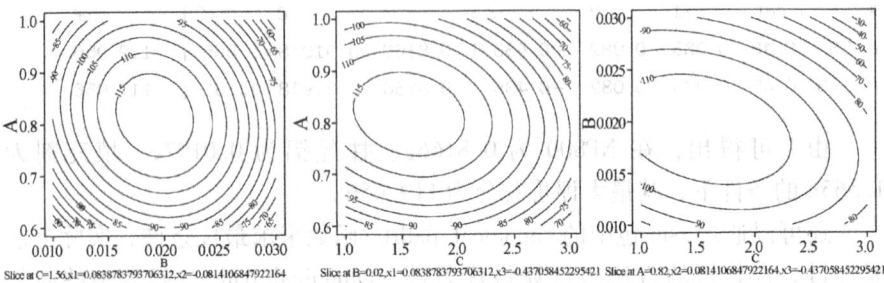

图 13-1 宝泻灵凝胶膏剂配方优化 Box-Behnken 试验结果等高线图

R 语言代码清单 13.9 给出了绘制响应面图形的程序，分别绘制了 3 个因素两两之间的响应面曲面图形，见图 13-2。

📘代码清单 13.9 Box-Behnken 试验数据响应面图形分析

1	persp(BBD.model,x1 ~ x2,at = xs(BBD.model))
2	persp(BBD.model,x1 ~ x3,at = xs(BBD.model))
3	persp(BBD.model,x2 ~ x3,at = xs(BBD.model))

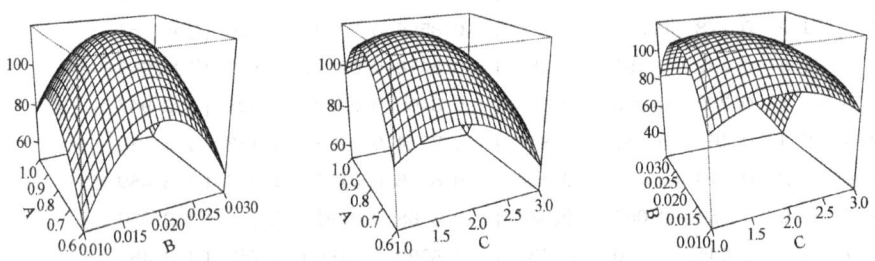

图 13-2 宝泻灵凝胶膏剂配方优化 Box-Behnken 试验结果响应曲面图

思考与练习

1. 简述 Box – Behnken 试验设计的原理、特点和适应范围。

2. R 语言中进行 Box – Behnken 试验设计的扩展包与函数是什么？该函数中参数各有何意义？

3. 通过 Box – Behnken 试验优化鼻衄颗粒一步制粒的显著性因素，以颗粒合格率 (R_1,%)、含水量 (R_2,%) 为考察指标，选取 A (进风温度,℃)、B (进样速度,r·min^{-1})、C (浸膏相对密度) 3 个因素为自变量，试验设计的因素水平见表 13 – 2，试验方案及结果见表 13 – 3。

(1) 试通过 R 语言重新设计该试验方案；

(2) 对试验结果进行回归分析，并进行回归模型的可靠性分析，获取最佳工艺参数；

(3) 绘制响应曲面图与等高线图。

表 13 – 2　Box – Behnken 试验优化鼻衄颗粒一步制粒因素水平表

水平	A (进风温度,℃)	B (进样速度, r/min)	C (浸膏相对密度)
-1	70	30	1.10
0	80	40	1.15
1	90	50	1.20

表 13 – 3　鼻衄颗粒一步制粒优化试验

试验号	A	B	C	R_1	R_2
1	1	0	-1	86.41	3.04
2	0	0	0	94.56	3.68
3	1	-1	0	82.64	3.11
4	0	0	0	95.02	3.70
5	0	-1	-1	95.84	3.48
6	0	0	0	93.98	3.69
7	0	1	-1	92.15	3.72
8	1	0	1	84.16	3.15
9	-1	1	0	88.72	3.95
10	1	1	0	82.56	3.25
11	-1	-1	0	90.84	3.91
12	-1	0	-1	89.57	3.86
13	-1	0	1	91.04	3.89
14	0	-1	1	90.28	3.57
15	0	1	1	91.37	3.90

4. 利用 Box - Behnken 试验优化萃取海带中叶绿素的工艺，选择萃取压力、萃取温度、夹带剂用量 3 个对海带叶绿素含量影响较大的因素，因素水平如表 13-4 所示，以提取物中叶绿素含量（Y, mg/g）为指标，试验方案及结果见表 13-5。试对各因素进行多元回归拟合，求出二次回归方程的响应面图及等高线图，分析萃取的最佳工艺参数。

表 13-4 海带叶绿素萃取工艺因素水平表

因素	因素编码	因素水平		
		-1	0	1
萃取温度/℃	X_1	30	40	50
萃取压力/MPa	X_2	10	12	14
夹带剂用量/(mL/g)	X_3	2	4	6

表 13-5 海带叶绿素萃取工艺试验

试验号	X_1	X_2	X_3	Y
1	1	1	0	2.617
2	0	-1	1	2.872
3	-1	0	-1	2.820
4	0	-1	-1	2.748
5	-1	1	0	2.630
6	0	1	1	2.739
7	1	-1	0	2.635
8	1	0	-1	2.583
9	0	0	0	3.121
10	0	0	0	3.164
11	-1	-1	0	2.906
12	-1	0	1	2.946
13	1	0	1	2.731
14	0	1	-1	2.689
15	0	0	0	3.058

第十四章 混料试验设计

在工农业生产和科学研究中,常碰到混料的配比问题。例如,将多种原料按百分比混合在一起形成饲料,原料各占多少百分比对动物生长更有利?又如,某种不锈钢由铁、镍、铜和铬4种元素组成,想知道每种元素所占百分比与抗拉强度的数量关系。在化工、医药、食品、材料等工业领域,许多产品是多种组分按一定比例混合起来加工而成,试验指标仅与各种成分所占的百分比有关,而与混料的总数量没有关系,这一类型试验通常采用混料试验来完成。混料试验设计(Mixture Experiment Design)又称配方试验设计(Formula Experiment Design),其目的就是合理地选择少量的试验点,通过不同配比的试验得到试验指标与不同成分之间比例的回归方程,进一步探讨各组分的组成与指标间的内在规律,从而得到最佳的产品配方。

14.1 混料试验设计概述

混料试验设计自1958年由H. Scheffe首先提出,至今已经近60年。由于这种试验设计方法与工农业生产及科学试验有密切的关系,所以不论在理论研究还是在实际应用上都有了很大的发展。在工业试验方面,合金、混凝土、油漆、混纺纤维、医药、食品等的配方和生产制造都广泛地应用混料试验设计方法。

在混料试验中,每个组分的贡献都表示成混料的比例,每个组分的含量必须是非负的,而且组分之和必须是1。这决定了混料试验是一种受条件约束的试验。在实际混料问题中,除了上述两个混料条件外,可能还需加上其他一些约束条件,比如对其中某些组分在配方中的含量不低于某值,也不高于某值,也就是说,还可能有上、下边界条件的约束。

14.2 混料试验设计的类型

混料试验设计中,在组分所占比例非负、其和为1的约束条件下,有几种常用的方法如单纯形混料设计、极端顶点混料设计、对称单纯形混料设计、倒数混料设计、随机混料设计等等。本章介绍单纯形格子试验设计（Simplex-Lattice Design）、单纯形重心试验设计（Simplex-Centroid Design）、有上下界约束的混料试验设计等几种最基本的单纯形混料试验设计。

14.2.1 单纯形格子试验设计

单纯形格子试验设计是混料试验设计方法中最早出现的，是 Scheffe 于 1958 年提出的，它是混料试验设计中最基本的方法，其他一些方法都要用到单纯形格子试验设计。

单纯形是代数拓扑中最基本的概念，是三角形和四面体的一种泛化。一个 k 维单纯形是指包含 $k+1$ 个节点的凸多面体。一维单纯形是线段；二维单纯形是三角形；三维单纯形则是四面体。

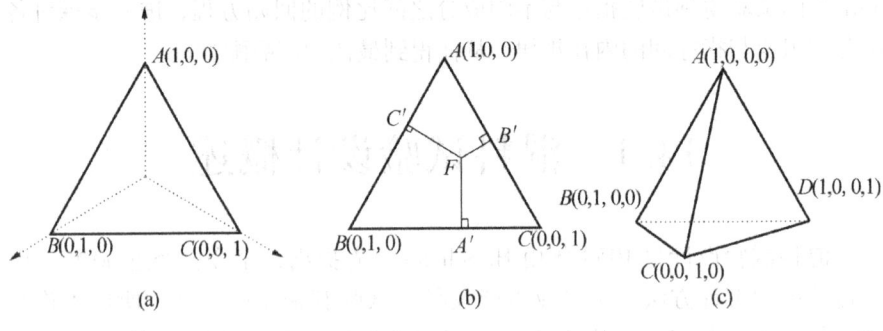

图 14-1 二维、三维单纯形

在混料问题中，各组分百分比的变化范围受约束条件的限制，所以在几何上，各组分的变化范围可由一个 $m-1$ 维正规单纯形来表示。平面上的正规单纯形是等边三角形，三维空间的正规单纯形是正四面体，如图 14-1a、14-1c 所示。当维数 >3 时，正规单纯形不能绘制出图形。正规单纯形的顶点代表单一组分的混料，棱上的点代表两种成分组成的混料，面上的点代表多于两种而少于 m 种成分组成的混料，而内部的点则代表全部 m 种成分组成的混料，如图 14-1b 所示。

单纯形格子试验设计的原理如下：以 $p=3$ 的单纯形为例，把等边三角形的三条边各二等分，则此三角形具有三个顶点和三个边中点，把此三角形的三个顶点与三个边中点的总体称为二阶格子点集，记为$\{3,2\}$。其中"3"表示单纯形顶点个数，"2"表示每条边等分段数。显然，它总共有 6 个点，这 6 个点就是三因素二阶混料试验设计的试验点。如果将等边三角形各边三等分，并把对应分点连成与一边平行的直线，则这等边三角形上形成许多格子。这些格子的顶点的全体称为三因素三阶格子点集，记为$\{3,3\}$。其中共有 10 个点，就是三因素三阶混料试验设计的试验点。类似地，若将等边三角形四等分，可得三因素四阶混料试验设计的试验点$\{3,4\}$，见图 14 – 2。

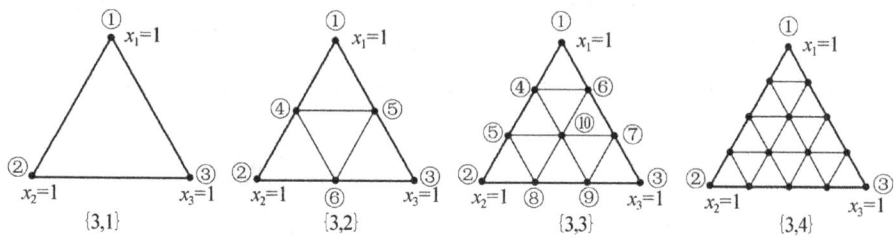

图 14 – 2　单纯形格子点分布图

推而广之，可以做出其他格子点集，一般记为$\{p,d\}$，其中 p 为单纯形顶点个数，d 表示将单纯形边长等分段数。将试验点取在相应阶数的正规单纯形格子点上，这样的试验设计称为单纯形格子试验设计。单纯形格子试验设计是混料回归设计方案中最先出现的，也是最基本的设计方案，很多其他设计方案的构成要用到单纯形格子试验设计。对于由约束条件构成的正规单纯形因子空间，当采用完全形规范多项回归模型时，试验点可以取在正规单纯形格子点上，构成单纯形格子设计。它可以保证试验点分布均匀，而且计算简单、准确，回归系数只是相应格子点的响应值的简单函数。

14.2.2　单纯形重心试验设计

在一个$\{p,d\}$单纯形格子试验设计中，当回归模型的阶数 $d>2$ 时，某些混料各组分的比例不相等。能否对单纯形格子试验设计进行适当的改进，使试验中各组分的比例相同呢？另外，单纯形格子试验设计的试验次数还是比较多的(试验次数可以通过公式 C_{n+d-1}^{d} 计算)，能否进一步减少试验次数呢？为此，提出了单纯形重心试验设计，对单纯形格子试验设计加以改进。

在单纯形重心试验设计中，试验点取在单纯形顶点及其重心点：

p 个顶点$(1, 0, \cdots, 0), \cdots, (0, 0, \cdots, 1)$，共有 C_p^1 个点；

两个顶点的重心点，共有 C_p^2 个点；

三个顶点的重心点,共有 C_p^3 个点;

……

p 个顶点的重心点,共有 $C_p^p=1$ 个点。显然,单纯形重心试验设计的全部试验点的坐标不依赖于 d。

当 $p=3$ 时,单纯形重心试验设计共有 $C_p^1+C_p^2+C_p^3=7$ 个试验点(图 14-3a)。以此类推,$p=4$ 时,单纯形重心试验设计共有 15 个试验点(图 14-3b)。在正规四面体单纯形中,圆形点为顶点,方形为两个顶点的重心点,五角星点为三个顶点的重心点,三角形点为四个顶点的重心点。

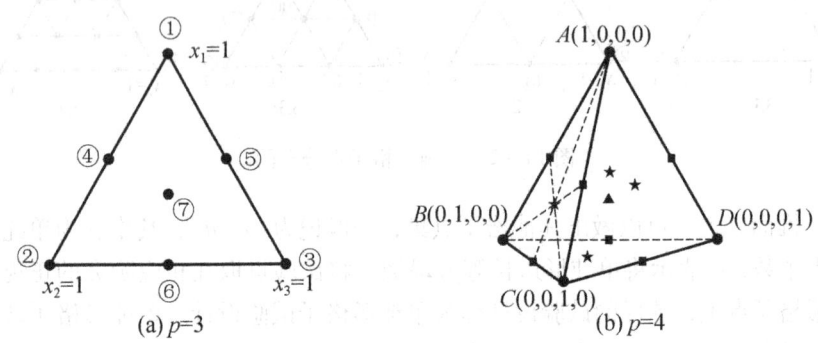

图 14-3 单纯形重心试验点的分布

14.2.3 有上下界约束的混料试验设计

在有些混料配比问题中,除了各组分所占比例非负、各组分所占比例总和为 1 这两个约束条件外,可能还会有上下界约束条件的限制,表现为混料中各组分所占百分比有最小或最大的约束。没有这种约束条件的混料试验,其方案可以通过单纯形来设计,即便没有相应软件,也可以设计其方案。但是这种有上下界约束条件的混料配比问题,其试验方案的设计相对较为复杂。

有下界约束的混料试验点的安排如图 14-4 所示,试验区域是正三角形 $x_1x_2x_3$ 内的小正三角形 $x_1'x_2'x_3'$。对于小正三角形 $x_1'x$

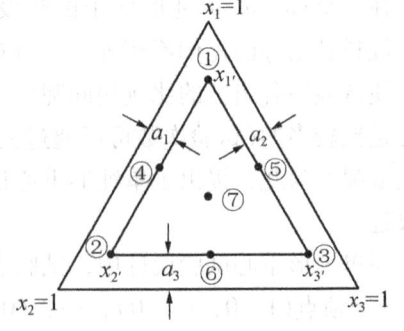

图 14-4 有下界约束的混料试验区域

$x_2'x_3'$ 上任一点，如采用其正规单纯形坐标系 $x_1'-x_2'-x_3'$ 表示，将大正三角形坐标系存在下界约束的混料试验转化为对于小正三角形坐标系无约束的混料试验，于是就可以在小正三角形上进行单纯形格子试验设计或单纯形重心试验设计。

对于有下界约束的混料试验设计，在选用单纯形格子试验设计时，应将自然变量 x_j 转换成规范变量 z_j（编码值），编码公式如下：

$$a_j = \left(1 - \sum_{j=1}^{m} a_j\right) z_j \quad (j = 1, 2, \cdots, m)$$

或者

$$z_j = \frac{x_j - a_j}{1 - \sum_{j=1}^{m} a_j} \quad (j = 1, 2, \cdots, m)$$

公式中，a_j 为各自然变量 x_j 对应的下界，即最小值，有 $x_j \geqslant a_j$。若各自然变量 x_j 的下界均为 0，则 $x_j \geqslant z_j$，此时规范变量与自然变量值相等，也就是无约束的混料设计。

同理，也可以采用类似的方法进行有上界约束，或同时有上、下界约束的混料试验设计。

14.3 用 R 语言实现混料试验方案的设计

单纯形格子试验或者单纯形重心试验的混料试验方案，可以根据上述试验点的分布情况，直接设计出相应试验方案。

在 R 语言中，可以通过 qualityTools 扩展包中的 mixDesign() 函数来设计单纯形格子试验或单纯形重心试验。mixDesign() 函数的基本用法见 R 语言代码清单 14.1。

📘代码清单 14.1　mixDesign() 函数的基本用法

```
1  mixDesign(p, n = 3, type = "lattice", center = TRUE, axial = FALSE, delta, replicates = 1, lower, total =
   1, randomize, seed)
```

mixDesign() 函数中参数的具体意义，可参考其在线帮助文档，其中部分重要参数意义如下：

p：因素的个数。

type：指定单纯形试验设计的种类，即设定为单纯形格子试验设计

(lattice)或单纯形重心设计(centroid),默认为单纯形格子试验设计。

  center:逻辑参数,默认为 TRUE,即在试验点中是加入中心的。

  replicates:试验点的重复数,默认情况下设置为"1",即不重复。

  randomize:逻辑参数,表示试验点是否随机排序,默认是随机。

  R 语言代码清单 14.2,首先加载 qualityTools 扩展包,然后利用 mixDesign()函数进行 4 因素的单纯形重心试验方案的设计。

📝代码清单 14.2　mixDesign()函数单纯形重心试验方案设计

```
1  library(qualityTools)
2  centroid.design <- mixDesign(p = 4, n = 2, type = "centroid")
3  centroid.design
```

输出的 4 因素的单纯形重心试验方案如下:

#	StandOrder	RunOrder	Type	A	B	C	D	y
# 1	1	7	3 - blend	0.3333333	0.0000000	0.3333333	0.3333333	NA
# 2	2	8	2 - blend	0.5000000	0.0000000	0.5000000	0.0000000	NA
# 3	3	5	2 - blend	0.0000000	0.5000000	0.0000000	0.5000000	NA
# 4	4	13	2 - blend	0.5000000	0.0000000	0.0000000	0.5000000	NA
# 5	5	15	1 - blend	0.0000000	1.0000000	0.0000000	0.0000000	NA
# 6	6	3	3 - blend	0.0000000	0.3333333	0.3333333	0.3333333	NA
# 7	7	10	1 - blend	0.0000000	0.0000000	0.0000000	1.0000000	NA
# 8	8	4	1 - blend	0.0000000	0.0000000	1.0000000	0.0000000	NA
# 9	9	2	3 - blend	0.3333333	0.3333333	0.3333333	0.0000000	NA
# 10	10	14	2 - blend	0.0000000	0.5000000	0.5000000	0.0000000	NA
# 11	11	6	3 - blend	0.3333333	0.3333333	0.0000000	0.3333333	NA
# 12	12	1	center	0.2500000	0.2500000	0.2500000	0.2500000	NA
# 13	13	11	1 - blend	1.0000000	0.0000000	0.0000000	0.0000000	NA
# 14	14	9	2 - blend	0.5000000	0.5000000	0.0000000	0.0000000	NA
# 15	15	12	2 - blend	0.0000000	0.0000000	0.5000000	0.5000000	NA

  在试验方案中,RunOrder 一列为随机排序的试验次序号,Type 一列说明试验点的性质,1 - blend 试验点为顶点、2 - blend 的试验点为 2 个顶点的重心点、3 - blend 的试验点为 3 个顶点的重心点。

  只需要将 mixDesign()函数中的 type 参数设置为"lattice"就可以设计单纯形格子试验方案设计,见 R 语言代码清单 14.3。

📖代码清单 14.3　mixDesign( )函数单纯形格子试验方案设计

```
1  library(qualityTools)
2  latticedesign <- mixDesign(p=4,n=2,type="lattice")
3  latticedesign
```

#	StandOrder	RunOrder	Type	A	B	C	D	y
# 1	1	9	2-blend	0.00	0.50	0.50	0.00	NA
# 2	2	7	1-blend	0.00	1.00	0.00	0.00	NA
# 3	3	6	center	0.25	0.25	0.25	0.25	NA
# 4	4	8	1-blend	0.00	0.00	1.00	0.00	NA
# 5	5	2	1-blend	0.00	0.00	0.00	1.00	NA
# 6	6	1	2-blend	0.50	0.00	0.50	0.00	NA
# 7	7	11	2-blend	0.50	0.50	0.00	0.00	NA
# 8	8	4	2-blend	0.50	0.00	0.00	0.50	NA
# 9	9	10	1-blend	1.00	0.00	0.00	0.00	NA
# 10	10	5	2-blend	0.00	0.00	0.50	0.50	NA
# 11	11	3	2-blend	0.00	0.50	0.00	0.50	NA

除 qualityTools 包外，mixexp 扩展包中的函数可以更加方便地设计单纯形格子试验和单纯形重心试验。其中 SLD( )函数用于设计单纯形格子试验，SCD( )函数用于设计单纯形重心试验。

SLD( )函数需要提供因素个数及因素水平两个参数用于单纯形格子试验方案的设计，而 SCD( )函数仅需提供因素个数这一个参数就可以进行单纯形重心试验方案的设计。

下面用实例说明 SLD( )和 SCD( )函数的用法。在 R 语言代码清单 14.4 中，首先加载 mixexp 扩展包，然后分别使用 SCD( )和 SLD( )函数进行单纯形格子和重心试验方案的设计。

📖代码清单 14.4　SLD( )及 SCD( )函数的用法

```
1  library(mixexp);SLD(3,3);SCD(4)
```

命令 SLD(3,3)设计了一个 3 因子 3 水平的单纯形格子试验方案：

```
#           x1          x2          x3
# 1   1.0000000   0.0000000   0.0000000
# 2   0.6666667   0.3333333   0.0000000
# 3   0.3333333   0.6666667   0.0000000
```

```
# 4  0.0000000  1.0000000  0.0000000
# 5  0.6666667  0.0000000  0.3333333
# 6  0.3333333  0.3333333  0.3333333
# 7  0.0000000  0.6666667  0.3333333
# 8  0.3333333  0.0000000  0.6666667
# 9  0.0000000  0.3333333  0.6666667
# 10 0.0000000  0.0000000  1.0000000
```

命令 SCD(4) 输出设计了一个 4 因素的单纯形重心试验方案：

```
#           x1         x2         x3         x4
# 1  1.0000000  0.0000000  0.0000000  0.0000000
# 2  0.0000000  1.0000000  0.0000000  0.0000000
# 3  0.0000000  0.0000000  1.0000000  0.0000000
# 4  0.0000000  0.0000000  0.0000000  1.0000000
# 5  0.5000000  0.5000000  0.0000000  0.0000000
# 6  0.5000000  0.0000000  0.5000000  0.0000000
# 7  0.5000000  0.0000000  0.0000000  0.5000000
# 8  0.0000000  0.5000000  0.5000000  0.0000000
# 9  0.0000000  0.5000000  0.0000000  0.5000000
# 10 0.0000000  0.0000000  0.5000000  0.5000000
# 11 0.3333333  0.3333333  0.3333333  0.0000000
# 12 0.3333333  0.3333333  0.0000000  0.3333333
# 13 0.3333333  0.0000000  0.3333333  0.3333333
# 14 0.0000000  0.3333333  0.3333333  0.3333333
# 15 0.2500000  0.2500000  0.2500000  0.2500000
```

对于 3 因素的单纯形格子试验设计，mixexp 扩展包中的 DesignPoints( ) 函数可以绘制出 3 因素不高于 5 水平的混料试验设计试验点的分布图形，如 3 因素 4 水平、3 因素 5 水平的单纯形格子试验方案。R 语言代码清单 14.5 用 DesignPoints( ) 函数绘制的试验点分布图形见图 14-5、图 14-6。

📖代码清单 14.5 DesignPoints( ) 函数绘制 3 因素单纯形格子试验点的分布图

```
1  library(mixexp);DesignPoints(SLD(3,4));DesignPoints(SLD(3,5))
```

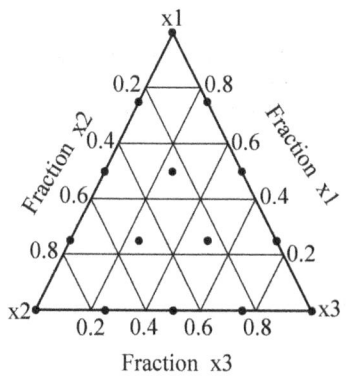
图 14-5 {3,4}单纯形格子
试验点分布

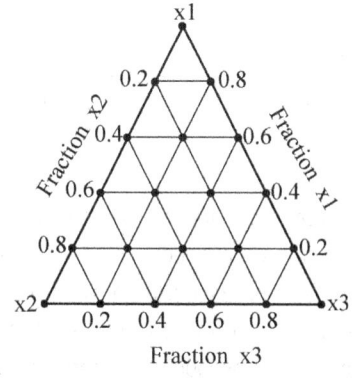
图 14-6 {3,5}单纯形格子
试验点分布

有上、下界约束的混料试验方案，可通过 mixexp 扩展包中的 Xvert( ) 函数来完成。Xvert( ) 函数的用法见 R 语言代码清单 14.6。

📝代码清单 14.6 Xvert( ) 函数的用法

```
1   Xvert(nfac = 3,uc = c(0,0),lc = c(0,0),nlc = 0,lb = c(0,0),ub = c(0,0),coef,ndm = 0,plot =
    TRUE,cornerlabs = c("x1","x2","x3"),axislabs = c("x1","x2","x3"),pseudo = TRUE)
```

Xvert( ) 函数主要参数的意义如下：

nfac：混料的成分数。本参数为整数，最大能设置 12 个混料成分。

uc：上界约束条件。

lc：下界约束条件。

nlc：线性约束，默认为 0。

ndm：为整数。本参数设置在试验方案中添加边、面中心试验点，默认 ndm = 0。在默认情况下，试验点包括顶点和一个重心试验点；当 ndm = 1 时，表示除顶点、重心点试验外，还会加入边中心试验点；当 ndm = 2 时，除了顶点、重心试验点、边中心试验点外，还会加入面的中心试验点。

plot：plot 默认参数为 TRUE。当成分数为 3 时，将绘制试验点分布图形。

其他参数的意义参考其帮助文档。

R 语言代码清单 14.7 设计了一个 4 组分有上、下界约束的混料试验方案，只包含顶点和重心点，约束条件为 $0.124 \leq x_1 \leq 0.188$，$0.064 \leq x_2 \leq$

0.128，0.374≤x_3≤0.438，0.374≤x_4≤0.438。

📖代码清单14.7　Xvert( )函数设计有上、下界约束的混料试验方案(包含顶点和重心点)

```
1    Xvert(nfac=4,uc=c(0.188,0.128,0.438,0.438),lc=c(0.124,0.064,0.374,0.374))
```

```
#        x1      x2           x3      x4     dimen
# 1    0.124   0.06400000    0.374   0.438     0
# 2    0.188   0.06400000    0.374   0.374     0
# 3    0.124   0.12800001    0.374   0.374     0
# 4    0.124   0.06400000    0.438   0.374     0
# 5    0.140   0.08000001    0.390   0.390     3
```

输出的试验方案中，dimen 为 0 的试验点为顶点，4 个因素，共 4 个顶点。dimen 为 3 的试验点为重心点，共 1 个重心点。

如果在试验方案中需要加入边的中心试验点，仅需在代码中指定 ndm 参数等于 1 即可，将增加 6 个边中心试验点，见 R 语言代码清单 14.8。

📖代码清单14.8　Xvert( )函数设计有上、下界约束的混料试验方案(包含顶点、边中心点、重心点)

```
1    Xvert(nfac=4,uc=c(0.188,0.128,0.438,0.438),lc=c(0.124,0.064,0.374,0.374),ndm=1)
```

```
#        x1      x2           x3      x4     dimen
#  1    0.124  0.06400000    0.374   0.438     0
#  2    0.188  0.06400000    0.374   0.374     0
#  3    0.124  0.12800001    0.374   0.374     0
#  4    0.124  0.06400000    0.438   0.374     0
#  5    0.124  0.06400000    0.406   0.406     1
#  6    0.124  0.09600000    0.374   0.406     1
#  7    0.124  0.09600000    0.406   0.374     1
#  8    0.156  0.06400000    0.374   0.406     1
#  9    0.156  0.06400000    0.406   0.374     1
# 10    0.156  0.09600000    0.374   0.374     1
# 11    0.140  0.08000001    0.390   0.390     3
```

R 语言代码清单 14.9 设计包含顶点、边和面中心点、重心点的约束混料试验方案。

📝 代码清单14.9 Xvert( )函数设计有上、下界约束的混料试验方案

```
1  Xvert(nfac=4,uc=c(0.188,0.128,0.438,0.438),lc=c(0.124,0.064,0.374,0.374),ndm=2)
```

```
#            x1          x2          x3          x4   dimen
#  1    0.1240000   0.06400000   0.3740000   0.4380000    0
#  2    0.1880000   0.06400000   0.3740000   0.3740000    0
#  3    0.1240000   0.12800001   0.3740000   0.3740000    0
#  4    0.1240000   0.06400000   0.4380000   0.3740000    0
#  5    0.1240000   0.06400000   0.4060000   0.4060000    1
#  6    0.1240000   0.09600000   0.3740000   0.4060000    1
#  7    0.1240000   0.09600000   0.4060000   0.3740000    1
#  8    0.1560000   0.06400000   0.3740000   0.4060000    1
#  9    0.1560000   0.06400000   0.4060000   0.3740000    1
# 10    0.1560000   0.09600000   0.3740000   0.3740000    1
# 11    0.1240000   0.08533334   0.3953333   0.3953333    2
# 12    0.1453333   0.06400000   0.3953333   0.3953333    2
# 13    0.1453333   0.08533334   0.3740000   0.3953333    2
# 14    0.1453333   0.08533334   0.3953333   0.3740000    2
# 15    0.1400000   0.08000001   0.3900000   0.3900000    3
```

14.4 混料试验的数据分析方法

由于混料试验的约束条件：

$$x_1 + x_2 + \cdots + x_m = 1 \quad x_i \geq 0 (i = 1,2,\cdots,n)$$

试验因素为各组分的百分比，因素不是独立的，不能用前面介绍的因素独立的试验数据分析法。

混料试验同样要建立试验指标与因素之间的回归方程，再利用回归方程推断最佳混料比。混料试验的约束条件决定了混料试验设计不能采用一般的多项式作为回归模型，混料试验设计常采用Scheffe多项式回归模型。

常规三元二阶回归方程为

$$y = b_0 + b_i x_i + b_{ii} x_i^2 + b_{ij} x_i x_j$$

混料设计中的三组分的Scheffe多项式回归模型为

$$y = b_i x_i + b_{ij} x_i x_j$$

Scheffe 多项式回归模型有其自身的特点，它没有常数项与平方项，只有一次项与交叉项，最优的混料比可以通过对回归方程求极值获得。

14.5 混料试验设计应用实例

下面通过一个实例说明 R 语言在混料试验方案的设计及数据分析中的应用。

☞例 14-1 某种葡萄汁饮料主要由纯净水 x_1、白砂糖 x_2 和红葡萄浓缩汁 x_3 三种成分组成，其中要求红葡萄汁 x_3 的含量不得低于 10%。试通过混料试验确定使试验指标 y 最大的配方。试验方案及结果见表 14-1。

第一步，设计试验方案。在本例中，除了各组分所占比例非负、百分含量之和为 1 这两个约束条件之外，还有红葡萄汁 x_3 的含量不得低于 10%，其中一个组分有下界约束。可以将自然变量转换为编码变量，然后在小的正规三角形中进行单纯形格子点试验设计。本实例试验方案的设计，可通过 qualityTools 扩展包的 mixDesign( ) 函数来实现，见 R 语言代码清单 14.10。要注意的是，这里的试验方案，变量为编码变量，分别用 A，B，C 表示。

表 14-1 葡萄汁饮料配方单纯形试验设计方案及结果

试验号	z_1	z_2	z_3	x_1	x_2	x_3	评分 y
1	1	0	0	0.9	0	0.1	6.5
2	0	1	0	0	0.9	0.1	5.5
3	0	0	1	0	0	1	7.5
4	0.5	0.5	0	0.45	0.45	0.1	8.5
5	0.5	0	0.5	0.45	0	0.55	6.8
6	0	0.5	0.5	0	0.45	0.55	5.4

✍ 代码清单 14.10 葡萄汁饮料配方单纯形格子试验设计

```
1  library(qualityTools)
2  des <- mixDesign(p = 3, n = 2, type = "lattice", center = FALSE, randomize = FALSE)
3  des
```

```
#   StandOrder   RunOrder    Type      A     B     C     y
#1      1           1      1 - blend  1.0   0.0   0.0   NA
#2      2           2      2 - blend  0.5   0.5   0.0   NA
#3      3           3      2 - blend  0.5   0.0   0.5   NA
#4      4           4      1 - blend  0.0   1.0   0.0   NA
#5      5           5      2 - blend  0.0   0.5   0.5   NA
#6      6           6      1 - blend  0.0   0.0   1.0   NA
```

第2步，Scheffe 多项式回归模型的拟合。导入试验数据，通过 lm( ) 函数拟合 Scheffe 多项式回归模型仅需要在 lm( ) 函数中改写一下回归公式的形式，在回归自变量中增加"-1"表示没有系数项，见 R 语言代码清单 14.11。

📄代码清单 14.11　葡萄汁饮料配方单纯形格子试验数据回归模型拟合

```
1   y <- c(6.5,8.5,6.8,5.5,5.4,7.5)
2   response(des) <- y
3   des.model <- lm(y ~ A + B + C + A:B + A:C + B:C + A:B:C - 1, data = des)
4   des.model$coeffcients
```

```
#     A     B     C    A:B    A:C    B:C   A:B:C
#   6.5   5.5   7.5   10.0   -0.8   -4.4    NA
```

根据求得的回归模型的系数，试验指标 y 与编码变量之间的回归方程为

$$y = 6.5z_1 + 5.5z_2 + 7.5z_3 + 10z_1z_2 - 0.8z_1z_3 - 4.4z_2z_3$$

第3步，饮料最佳配方的求解。这里，利用 constrOptim( ) 函数这一规划求解工具。根据上述回归方程和约束条件，计算回归方程的试验指标最大值及其对应的编码变量取值，求解过程见 R 语言代码清单 14.12。constrOptim( ) 函数的用法介绍见 12.4.3.4 及其帮助文档。

📄代码清单 14.12　葡萄汁饮料最佳配方的求解

```
1   start <- c(0.3,0.5)
2   fn <- function(z){z1 <- z[1]; z2 <- z[2]; z3 <- 1 - (z1 + z2)
3   f <- -(6.5 * z1 + 5.5 * z2 + 7.5 * z3 + 10 * z1 * z2 - 0.8 * z1 * z3 - 4.4 * z2 * z3)}
4   ui <- rbind(c(1,0),c(-1,0),c(0,1),c(0,-1),c(1,1),c(-1,-1))
5   ci <- c(0,-1,0,-1,0,-1)
6   constrOptim(start,fn,NULL,ui,ci)
```

```
# $par
# [1] 0.5500211  0.4499789
#
# $value
# [1] -8.525
#
# $counts
# function gradient
#     200      NA
#
# $convergence
# [1] 0
#
# $message
# NULL
#
# $outer.iterations
# [1] 3
#
# $barrier.value
# [1] 0.0001376269
```

根据规划求解的结果得到该回归方程在 $z_1 = 0.55$，$z_2 = 0.45$，$z_3 = 0$ 时，试验指标值 y 的最大值为 8.52。进一步根据编码变量与自然变量的换算关系可以计算出自然变量的取值 $x_1 = 0.495$，$x_2 = 0.405$，$x_3 = 0.1$ 时，饮料的试验指标值最大。要注意的是，这是根据回归方程预测的，还应该对其进行试验验证。

思考与练习

1. 一种火箭推进剂由三种成分 A（固定剂）、B（氧化剂）、C（燃料）混合制成。采用单纯形格子{3，2}进行混料试验，表 14-2 给出了该推进剂的混料试验方案及结果。试通过分析，求出回归方程及推进剂的最佳配比。

表14-2 一种火箭推进剂的混料试验方案及结果

试验号	编码			实际成分			观测值 Y
	x_1	x_2	x_3	z_1(固定剂)	z_2(氧化剂)	z_3(燃料)	
1	1	0	0	0.400	0.400	0.200	22.0
2	0	1	0	0.200	0.600	0.200	26.0
3	0	0	1	0.200	0.400	0.400	19.0
4	0.5	0.5	0	0.300	0.500	0.200	31.0
5	0.5	0	0.5	0.300	0.400	0.300	26.0
6	0	0.5	0.5	0.200	0.500	0.300	41.0

2. 某种产品由三种成分组成，三种成分的最小值分别为0.2，0.4，0.2。选用{3,3}单纯形重心设计安排试验，试验方案及结果见表14-3。试验的目的是要找出目标变量 Y>3000 的混料。

(1)通过R语言，重新设计该试验方案；
(2)求出回归方程，得出试验结论。

表14-3 有下界约束的混料试验方案及结果

试验号	编码成分			实际成分			Y
	x_1	x_2	x_3	z_1	z_2	z_3	
1	1	0	0	0.4	0.4	0.2	2350
2	0	1	0	0.2	0.6	0.2	2450
3	0	0	1	0.2	0.4	0.4	2650
4	0.5	0.5	0	0.3	0.5	0.2	2400
5	0.5	0	0.5	0.3	0.4	0.3	2750
6	0	0.5	0.5	0.2	0.5	0.3	2950
7	0.333	0.333	0.333	0.266	0.466	0.266	3000

3. 对来源于三个不同生产厂家的纤维素酶进行复配以提高纤维素酶的水解效率，以玉米秸秆酶水解液中还原糖浓度为评价指标，采用混料试验设计优选纤维素酶的复配条件。试验过程中的酶最高不超过3mL，混料试验方案及结果见表14-4。

(1)判断该混料试验设计是单纯形格子设计还是单纯形重心设计。
(2)对不同来源的纤维素酶复配条件建立回归拟合方程，得出试验的结果与结论。

表14-4 纤维素酶复配混料试验方案与结果

试验号	编码组分			实际组分			糖含量(g/L)
	X	Y	Z	A(高润杰)	B(泽生)	C(高能科)	
1	0	0	1	0.00	0.00	3.00	1.91
2	1	0	0	3.00	0.00	0.00	1.88
3	0	1	0	0.00	3.00	0.00	1.91
4	0.500	0.500	0	1.50	1.50	0.00	2.23
5	0	0.500	0.500	0.00	1.50	1.50	2.66
6	0.167	0.667	0.167	0.50	2.00	0.50	2.43
7	0.167	0.167	0.667	0.50	0.50	2.00	2.33
8	0.333	0.333	0.333	1.00	1.00	1.00	2.33
9	0.667	0.167	0.167	2.00	0.50	0.50	1.95
10	0.500	0	0.500	1.50	0.00	1.50	2.06

附录　R语言扩展包及函数索引

add.response(), 193
aggregate(), 89
agricolae, 132, 146, 149, 157, 159, 163, 165
allEffects, 194, 195
anova.table(), 78, 79, 89, 137, 151, 180, 184
aov(), 77, 88, 137, 139, 151, 180, 184
array(), 28
as.character(), 34
avPlots(), 122
barplot(), 38, 184
bartlett.test(), 86
bbd(), 224-226
boxplot(), 38, 95
BSMD, 95
c(), 27, 178
canonical.path(), 231
car, 85, 87, 115, 116, 118-122, 124
cbind(), 35, 178
ccd(), 203, 205, 206, 209
ccd.pick(), 204, 205
citation(), 20
constrOptim(), 215, 216, 247
contour(), 212
cor.test(), 103
ctv, 21
cube(), 203
dae, 147, 152
Danielplot, 195
data.frame(), 29
design.crd(), 132, 133, 164

design.lsd(), 157
design.rcbd(), 146, 149
design.youden(), 163-165
DesignPoints(), 242
DoE.base, 173
dubinWatsonTest(), 116
effects, 194
fac.layout(), 147, 152
factor(), 30
filled.contour(), 39
fligner.test(), 87
foreign, 34
FrF2, 178, 190, 191, 194
getwd(), 26
ggplot(), 40
ggplot2, 40
glht(), 84, 140
gplots, 90, 139
grapics, 35, 212
gvlma, 119
gvlma(), 119
help.start(), 224
HH, 87, 91
hist(), 37
Hmisc, 34
hov(), 87
interaction.plot(), 90, 95, 179, 180
interaction2wt(), 91
interval_estimate1(), 61
is.character(), 34
is.data.frame(), 34
is.factor(), 34
is.logical(), 34
is.matrix(), 34

is. numeric( ), 34
is. vector( ), 34
lattice, 41
LenthPlot( ), 195, 196
library( ), 20
list( ), 31
lm( ), 23, 86, 101, 105, 110, 112, 126, 127, 247
matrix( ), 28
mean( ), 54
median( ), 56
MEPlot( ), 178, 194, 195
merge( ), 35
mixDesign( ), 239, 240, 246
mixexp, 241-243
multcomp, 84, 136, 137, 140
ncvTest( ), 116
oa. design( ), 173-175, 177
order( ), 34
outlierTest( ), 121
pairwise. t. test( ), 80, 81
pb( ), 190-192
persp( ), 40, 212
plot( ), 36, 37, 79, 194
plotmeans( ), 90, 138
powerTransform( ), 120
predict( ), 106
qqPlot( ), 85, 115
qualityTools, 239, 240, 246
rbind( ), 35

RcmdePlugin. DoE, 24
RColorBrewer, 38
read. spss( ), 34
read. ssd( ), 34
read. table( ), 32
read. xlsx( ), 33, 93, 110, 182
rsm, 203, 204, 209, 210, 214, 217, 224, 228, 228, 231
rsm( ), 210, 217, 228
sample( ), 146
sas. get( ), 34
star( ), 203
steepest( ), 214, 219, 230
step( ), 112
summary( ), 77, 105, 111, 178, 197
t. test( ), 62, 65, 68, 71, 135
table( ), 30, 88
tapply( ), 183TukeyHSD( ), 82, 83, 139, 153
var( ), 58
vif( ), 119
vioplot, 40
vioplot( ), 40
wireframe( ), 41
write. foreign, 34
write. table, 33
write. xlsx, 33, 165
xlsx, 33, 93
Xvert( ), 243
xyplot( ), 41

参考文献

［1］ R Core Team. R：A language and environment for statistical computing. R Foundation for Statistical Computing, Vienna, Austria. https：//www.R-project.org/. 2015.

［2］ John Lawson, Cameron Willden. mixexp：Design and Analysis of Mixture Experiments. R packageversion1.2.3. https：//CRAN.R-project.org/package=mixexp. 2015.

［3］ John Lawson. daewr：Design and Analysis of Experiments with R. R package version 1.1-6. https：//CRAN.R-project.org/package=daewr. 2015.

［4］ Frank E Harrell Jr, with contributions from Charles Dupont and many others. Hmisc：Harrell Miscellaneous. R package version 3.17-1. https：//CRAN.R-project.org/package=Hmisc. 2015.

［5］ Ulrike Grömping. R Package FrF2 for Creating and Analyzing Fractional Factorial 2-Level Designs. Journal of Statistical Software, 56（1）, 1-56. http：//www.jstatsoft.org/v56/i01/. 2014.

［6］ 薛毅, 陈丽萍. R语言实用教程［M］. 北京：清华大学出版社, 2014.

［7］ Robert I Kabacoff. R in Action Data Analysis and Graphics with R［M］. 高涛, 肖楠, 陈钢, 译. 北京：人民邮电出版社, 2013.

［8］ Norman Matloff. The Art of R Programming［M］. 陈堰平, 邱怡轩, 潘岚锋, 译. 北京：机械工业出版社, 2013.

［9］ Hadley Wickham. ggplot2. Elegant Graphics for Data Analysis［M］. 统计之都译. 西安：西安交通大学出版社, 2013.

［10］ 何映平. 试验设计与分析［M］. 北京：化学工业出版社, 2013.

［11］ Thomas Roth. qualityTools：Statistics in Quality Science. R package version 1.54. http：//www.rqualitytools.org. 2012.

［12］ 茆诗松. 试验设计［M］. 2版. 北京：中国统计出版社, 2012.

［13］ 王玉顺. 试验设计与统计分析SAS实践教程［M］. 西安：西安电子科技大学出版社, 2012.

［14］ 王岩, 隋思涟. 试验设计与MATLAB数据分析［M］. 北京：清华大学出版社, 2012.

［15］ Grömping, U. Tutorial for designing experiments using the R package RcmdrPlugin. DoE［R］. Reports in Mathematics, 2011.

［16］ 张仲欣, 杜双奎. 食品试验设计与数据处理［M］. 郑州：郑州大学出版社, 2011.

［17］ Phil Spector. Data Manipulation with R［M］. 朱钰, 柴文义, 张颖, 译. 西安：西安交通大学出版社, 2010.

［18］ 徐向红, 何明珠. 试验设计与Design-Expert、SPSS应用［M］. 北京：科学出

版社,2010.
- [19] Grömping, U. Design of Experiments in R. Presentation at UseR! in Rennes, France. 2009.
- [20] Lalanne, C. R Companion to Montgomerys Design and Analysis of Experiments. 2009.
- [21] Russe Ⅱ V. Lenth. Response-Surface Methods in R, Using rsm. Journal of Statistical Software, 32 (7), 1 – 17. URL http：//www.jstatsoft.org/v32/i07/. 2009.
- [22] 汤银才. R 语言与统计分析 [M]. 北京：高等教育出版社,2008.
- [23] 李云雁,胡传荣. 试验设计与数据处理 [M]. 2 版. 北京：化学工业出版社,2008.
- [24] 邱轶兵,张文利,闵凡飞,等. 试验设计与数据处理 [M]. 合肥：中国科学技术大学出版社,2008.
- [25] 薛毅,陈丽萍. 统计建模与 R 软件 [M]. 北京：清华大学出版社,2007.
- [26] Douglas C. Montgomery. Design and Analysis of Experiment [M]. 6 版. 影印版. 北京：人民邮电出版社,2007.
- [27] Vikneswaran. An R companion to"Experimental Design". 2005.
- [28] 陈魁. 试验设计与分析 [M]. 北京：清华大学出版社,2005.
- [29] 苏均和. 试验设计 [M]. 上海：上海财经大学出版社,2005.
- [30] 王万中. 试验的设计与分析 [M]. 北京：高等教育出版社,2004.
- [31] 任露泉. 试验优化设计与分析 [M]. 北京：高等教育出版社,2003.
- [32] 孙振球,徐勇勇. 医学统计学 [M]. 北京：人民卫生出版社,2002.
- [33] 杨德. 试验设计与分析 [M]. 北京：中国农业出版社,2002.
- [34] 贺石林,陈修. 医学科研方法导论 [M]. 北京：人民卫生出版社,1998.